保险问道
之
债券投资风险管理

中国保险资产管理业协会 ▪ 编著

中国财经出版传媒集团
中国财政经济出版社

图书在版编目（CIP）数据

保险问道之债券投资风险管理／中国保险资产管理业协会编著 . -- 北京：中国财政经济出版社，2022.5
ISBN 978 – 7 – 5223 – 1339 – 9

Ⅰ. ①保… Ⅱ. ①中… Ⅲ. ①保险公司－投资－风险管理－中国 Ⅳ. ①F842

中国版本图书馆 CIP 数据核字（2022）第 061228 号

责任编辑：郁东敏　　　　　　责任校对：张　凡
封面设计：中通世奥　　　　　　责任印制：刘春年

保险问道之债券投资风险管理
BAOXIAN WENDAO ZHI ZHAIQUAN TOUZI FENGXIAN GUANLI

中国财政经济出版社 出版

URL：http：//www.cfeph.cn
E – mail：cfeph@ cfeph.cn

（版权所有　翻印必究）

社址：北京市海淀区阜成路甲 28 号　邮政编码：100142
营销中心电话：010 – 88191522
天猫网店：中国财政经济出版社旗舰店
网址：https：//zgczjjcbs.tmall.com
北京时捷印刷有限公司印刷　各地新华书店经销
成品尺寸：170mm×240mm　16 开　20 印张　336 000 字
2022 年 5 月第 1 版　　2022 年 5 月北京第 1 次印刷
定价：62.00 元
ISBN 978 – 7 – 5223 – 1339 – 9
（图书出现印装问题，本社负责调换，电话：010 – 88190548）
本社质量投诉电话：010 – 88190744
打击盗版举报热线：010 – 88191661　QQ：2242791300

编 委 会

主　　任：曹德云

编委会委员：梁风波　张　浩　罗力力　张仲明　林文杰
　　　　　　陈浩川　刘　剑

执 笔 人：（按课题顺序排序）
　　　　　孙徐旭　王志雄　彭　丹　朱晓峰　程世静
　　　　　周怡然　张亦弛　方　茜　赵晨星　赵　丽
　　　　　戈　霖　白育龙　朱文卓　易玥杞　黄　晶
　　　　　徐　佳　林炼风　江　川　张漫春　陈　悦
　　　　　肖志成　袁泽燕　王禹珂　董洪延　李　铭
　　　　　林　斌　简奖平　于昊翔　简尚波　申学峰
　　　　　张　妍　冯祖涵　杨安澜　梅芷菁　李贤杰
　　　　　罗力力　李果夫　李燕婷　高寒冰　李毅琳
　　　　　王　超　张　骅　戴嘉冀　李映萱　蒋　迪
　　　　　张又允

统　　稿：李书轩　乔国荣

PREFACE 前言

当前,我国保险资管行业保持良好发展态势,保险资金运用稳中有进。从配置结构看,截至2021年末,保险资金配置银行存款2.42万亿元,占比10.42%;投资各类债券9.07万亿元,占比39.04%;投资股票和证券投资基金2.44万亿元,占比10.49%;投资包括长期股权、债权投资计划、股权投资计划,投资性不动产等另类资产在内的其他资产9.3万亿元,占比40.13%。可以看出,保险资金的配置结构日趋稳健多元,但债券始终是保险资金的最主要的配置品种,做好债券投资风险管理显得尤为重要。

近年来,随着利率中枢趋势性下行背景下优质"资产荒"的加剧,固定收益类资产配置有所上升。与此同时,随着我国利率市场化的推进,利率对经济环境变化的敏感性增加,债券市场的波动和市场风险增加。在国际形势复杂动荡、国内增长压力持续加大的背景下,如何定价评估、有效应对、科学管理债券投资风险,对于保险资金运用而言成为日益重要的课题。

本书在"2021 IAMAC年度课题"成果的基础上,精选来自平安资管、生命资产、光大永明资产、远东资信四家机构的课题成果,既有产业债的风险管理,又有城投债的风险预警;既有信用风险的量化定价,又有非信用风险的趋势研判;既有前瞻性违约风险预警,又有固收产品组合的投后管理;既有历史经验的归纳概括,又有方法论的落地实践,不仅充分展现了保险资管行业对业务发展创新的总结、思考与探索,也是行业智慧和前沿成果的集中体现。

期待本书能为当前形势下我国保险资管行业的转型发展提供理论参考和现实借鉴。同时对参与年度课题活动的机构表示衷心感谢，希望业内外机构能够继续深入研究，形成更为丰富的研究成果，为我国保险资管行业的发展贡献力量。

中国保险资产管理业协会
执行副会长兼秘书长
2022 年 4 月

CONTENTS 目录

专题一 多因子模型在固定收益前瞻性市场风险监控中的研究与实践

第一章 绪论 ·· 2
　第一节 研究背景和意义 ··· 2
　第二节 研究方法和内容 ··· 3
　第三节 研究创新与难点 ··· 10

第二章 中国固收市场因子体系构建 ··· 11
　第一节 多因子定价模型的必要性 ·· 11
　第二节 KYZ中国固收因子体系构建 ·· 13
　第三节 KYZ中国固收因子体系归因验证 ·································· 21

第三章 前瞻性风险计量 ·· 23
　第一节 评价指标和实验设计 ·· 23
　第二节 回测结果 ·· 25

第四章 组合管理中的运用 ··· 33
　第一节 组合构建和优化 ··· 33
　第二节 组合风险分析 ·· 34
　第三节 组合压力测试 ·· 39

第五章 模型在平安资管KYZ系统工程化实践 ································· 43
　第一节 KYZ系统结构介绍 ··· 43

第二节　模型的工程化实现 …………………………………… 45

第六章　总结与建议 …………………………………………… 52
　　第一节　总结 ……………………………………………………… 52
　　第二节　建议 ……………………………………………………… 53
　　第三节　展望 ……………………………………………………… 54

本专题参考文献 ………………………………………………… 54

专题二　保险机构信用风险管理体系建设与溢价获取能力研究

第一章　引言 …………………………………………………… 59
　　第一节　选题背景及意义 ………………………………………… 59
　　第二节　研究方法 ………………………………………………… 62
　　第三节　本文框架 ………………………………………………… 62

第二章　量化信用评级模型的构建及效果 ……………………… 63
　　第一节　量化信用评级模型的构建背景 ………………………… 63
　　第二节　量化信用评级模型的构建 ……………………………… 64
　　第三节　模型效果和优势 ………………………………………… 70

第三章　信用债量化定价模型的构建及效果 …………………… 75
　　第一节　信用债量化定价模型的构建背景 ……………………… 75
　　第二节　信用债量化定价模型的构建 …………………………… 78
　　第三节　模型效果和优势 ………………………………………… 82

第四章　构建信用策略及提升溢价获取能力的设想 …………… 85
　　第一节　保险机构资产配置现状 ………………………………… 85
　　第二节　利用量化方法构建信用策略模型 ……………………… 88
　　第三节　模型设想的可行性和主要优势 ………………………… 94

第五章　总结与建议 ····· 95
第一节　主要工作与创新点 ····· 95
第二节　不足与局限 ····· 96

本专题参考文献 ····· 97

专题三　城投债风险定价模型在保险资金投资中的应用研究

第一章　引言 ····· 101
第一节　国内外研究现状及分析 ····· 101
第二节　研究方向及创新点 ····· 104

第二章　我国城投债定价概况 ····· 105
第一节　城投债市场 ····· 105
第二节　城投债定价概况 ····· 108
第三节　城投债流动性 ····· 109

第三章　城投债定价实证分析 ····· 110
第一节　分析框架描述 ····· 111
第二节　实证分析 ····· 113
第三节　经济解释 ····· 122

第四章　城投债定价经验估计 ····· 125
第一节　定价方法 ····· 125
第二节　箱线图方法 ····· 126
第三节　模型估计 ····· 134

第五章　回顾与总结 ····· 135

本专题参考文献 ····· 137

保险问道之债券投资风险管理

专题四　我国城投债信用风险分级预警系统研究

第一章　城投债的信用风险特征 140
  第一节　城投债发展轨迹 140
  第二节　城投债的信用特征 145
  第三节　城投债的信用风险（城投政策周期视角） 148
  第四节　城投债信用风险事件及特征 152

第二章　城投债信用风险预警系统相关研究及本文总体框架 156
  第一节　城投债信用风险预警系统相关研究 156
  第二节　建立城投债信用风险预警体系的总体框架 166

第三章　城投债信用风险分级预警系统指标体系设置 170
  第一节　城投债信用风险分级预警系统指标框架 170
  第二节　政府支持指标选择与阈值设置 174
  第三节　城投平台指标选择与阈值设置 176
  第四节　融资环境指标选择与阈值设置 185

第四章　城投债信用风险分级预警系统实证研究——以山东省为例 188
  第一节　样本选取与样本数据处理 188
  第二节　实证结果分析 191

第五章　研究结论 196

本专题参考文献 197

专题五　基于神经网络的城投债信用风险分级预警系统的研究与应用

第一章　研究背景 ·· **201**
　　第一节　城投公司的定义 ··· 201
　　第二节　近年来城投债市场发展状况 ··· 201
　　第三节　BP 神经网络 ·· 206
　　第四节　文献综述 ·· 208
　　第五节　研究意义 ·· 211

第二章　确定城投公司信用风险影响因素 ·· **211**
　　第一节　地方政府对城投公司的支持能力 ······································· 212
　　第二节　地方政府对城投公司的支持意愿 ······································· 217
　　第三节　城投公司个体信用状况 ·· 220

第三章　基于神经网络的城投债信用风险分级预警系统的搭建和测试 ······ **224**
　　第一节　城投债信用风险分级预警系统基本架构 ······························ 224
　　第二节　预警系统搭建、模型训练与测试 ······································· 226

第四章　信用风险分级预警系统测试结果评价 ···································· **233**
　　第一节　六种场景下的模型训练结果横向比较 ·································· 233
　　第二节　采用不同分级模式的输出变量所得到的模型训练结果
　　　　　　比较 ··· 235
　　第三节　模型测试结果小结 ·· 238

第五章　总结 ·· **239**
　　第一节　主要工作和创新点 ·· 239
　　第二节　风险预警系统在保险资管机构的应用 ·································· 241
　　第三节　课题的局限性和未来可进行的研究 ····································· 241

附表　用于模型测试的 210 家城投公司样本 ······································ **242**

本专题参考文献 ·· **249**

专题六 我国信用风险评价体系构建与产业债信用风险分级预警系统研究

第一章　国内外研究现状述评及研究意义　253
  第一节　研究背景及意义　253
  第二节　国内外相关研究　253
  第三节　信用风险评价体系在投融资中的角色与作用　255

第二章　信用风险评价体系的现状分析　256
  第一节　我国外部信用评级服务现状　256
  第二节　我国外部信用评级的局限性和改革进展　257
  第三节　传统信用风险建模方法及其局限　259
  第四节　国外信用债违约预警建模经验　260

第三章　大数据与人工智能在信用风险预警中的价值和优势　263
  第一节　大数据技术的发展历史和现状　263
  第二节　人工智能技术的发展历程　267
  第三节　大数据与人工智能在信用风险分级预警中的价值和优势　270

第四章　基于大数据与人工智能的分级预警系统的架构设计　271
  第一节　分级预警系统的五维标签体系的构建　271
  第二节　分级预警系统的主模型与子模块架构　273
  第三节　分级预警系统的实证分析　280

第五章　预警模型主要模块具体建模方法　283
  第一节　多模块融合构建预警系统　283
  第二节　预警系统的主预测模型　284
  第三节　综合舆情评分模型　287
  第四节　财务造假检测模型的构建　292
  第五节　风险传导模型的构建　296

第六章　基于智能分级预警系统的风险管控体系……………………297
　　第一节　投资业务线的分级预警管控方法体系………………297
　　第二节　另类业务线的分级预警管控方法体系………………299
　　第三节　人机结合的风险控制合作体系………………………300

第七章　结论与展望……………………………………………302

本专题参考文献…………………………………………………304

专题一

多因子模型在固定收益前瞻性市场风险监控中的研究与实践

课题单位：平安资产管理有限责任公司
课题负责人：张　浩
课题组成员：孙徐旭　　王志雄　　彭　丹　　朱晓峰
　　　　　　程世静　　周怡然　　张亦弛　　方　茜
　　　　　　赵晨星

　　自马科维茨（Markowitz，1952）提出现代投资组合理论（MPT）以来，分散化投资成为组合构建的重要思想，但在应用于固收组合的构建时，若直接对所有债券头寸应用均值方差分析法会出现计算复杂度过高、结果对输入参数过于敏感等问题，极端情况下，甚至出现波动率为0但预期收益率为正的"无风险套利"组合。其本质原因，是参数估计的目标协方差矩阵维度过大，历史数据相对不足。

　　Stephen Ross（1976）提出多因子模型（APT），固收组合收益预期可以由一系列系统性风险因子的线性组合来解释。从APT出发，结合海外最新实践，本文对人民币债券构建了利率、利差、套息三大类收益风险因子，并通过损益归因方式验证了其合理性。多因子体系解决了组合构建中的参数估计问题，形成分散化投资的可行方法论。

　　在对因子协方差矩阵的估计中，本文从准确性和稳定性两个角度对各种波动率预测模型和各类因子相关性矩阵估计方法的回测结果给出了评价。最终为固收组合管理全流程提供了模型化解决方案，包括组合构建与优化、组合风险分析、组合业绩归因和组合压力测试。

　　在将上述所有模型方法论转化为实际可用工具的工程化实践过程中，产生了模型实施与落地的大量经验积累和实践创新，本文也一并进行了归纳总结。

第一章　绪　论

第一节　研究背景和意义

一、研究背景

据波士顿咨询研究显示，2020 年中以来，全球资产管理行业从新冠肺炎疫情中恢复，发展势头强劲，2020 年末达到 103 万亿美元。其中，中国是全球第二大资产管理市场，仅次于美国。2020 年中国资产管理规模增长 10%，总量约达 9.4 万亿美元。据中国保险资产管理业协会统计，作为我国资管行业的重要组成部分，保险资管在 2021 年 9 月的资金运用余额达 224 426 亿元人民币，其中银行存款 26 059 亿元，占比 11.63%；债券 87 806 亿元，占比 39.12%；股票和证券投资基金 27 293 亿元，占比 12.16%；其他投资 83 232 亿元，占比 37.09%。债券投资在保险资管投资中占据了重要地位。

另一方面，随着我国利率市场化的推进，利率对经济环境变化的敏感性增加，加大了债券市场的波动和市场风险。无论是国际金融市场利率上升或下降，还是各种市场经济变化，甚或是银行客户变更还贷或取款时间等，都可能对利率产生一定程度的影响。《关于规范金融机构资产管理业务的指导意见》进一步指出，我国资产管理业务在快速发展的同时存在"部分业务发展不规范、多层嵌套、刚性兑付、规避金融监管和宏观调控等问题"，要求"金融机构对资产管理产品应当实行净值化管理，净值生成应当符合企业会计准则规定，及时反映基础金融资产的收益和风险，由托管机构进行核算并定期提供报告，由外部审计机构进行审计确认，被审计金融机构应当披露审计结果并同时报送金融管理部门"。债券组合从摊余法向净值化管理的转变要求债券投资者必须能够在合理定价债券产品的基础上，准确计量和控制各类风险敞口，从而有效管理净值波动的风险。

二、研究意义

对于金融市场而言，某种金融产品要想在市场中存在并且稳定和有序的交易，一个重要的前提是市场必须能科学地对该金融产品进行定价，同时还要让定价和风险模型在配套信息化系统中有效实施部署，以为其市场运行提供服务。作为金融产品中对计量模型要求较高的债券产品和复杂金融衍生品，其定价和风险计量更是离不开作为金融市场基础设施的市场风险系统。外资厂商的市场风险系统如 Aladdin、RiskMetrics、Algo 等具有多年的发展历史和项目实施经验，不论在金融模型还是技术方案上，相对于国内同类产品而言客观上都具有领先性与某种程度的不可替代性。因此，如何打造中国本土具有先进性、影响力和竞争力的市场风险乃至投资分析系统，打破外资厂商的垄断，受到了空前关注。特别是，在中美大国竞争的背景下，中国近年在芯片和基础研究的诸多领域不同程度地遇到了"卡脖子"的问题，我们不禁要问，中国金融行业是否存在类似的问题？中国本土金融机构是否具备了自主制造金融领域"芯片"的能力？由此可见，当下对金融领域复杂金融模型和先进技术方案的研究探索，具有空前的必要性和紧迫性。

第二节 研究方法和内容

一、研究方法

针对多因子模型在固定收益前瞻性市场风险监控中的研究与实践，本文从如下四个方面展开：固收多因子体系、前瞻性风险计量、组合管理中的运用、模型实施与落地。

其中，固收多因子体系解决了 Markowitz 现代投资组合理论应用于实践中遇到的计算复杂度、参数敏感性以及最重要的模型与市场相结合等问题；前瞻性风险计量用于估计因子协方差矩阵。固收多因子体系与前瞻性风险计量二者相结合，解决了固收组合风险计量问题，形成了组合分散化投资的可行方法论。组合管理中的运用介绍了该方法论在固收组合管理各个环节的实际应用，模型实施与落地则介绍了该方法论在平安资管 KYZ 平台落地实施、从方法变为工具过程中的工程实践。

（一）固收多因子体系

本文基于现代投资组合理论（Modern Portfolio Theory，MPT）和套利定价理论（Arbitrage Pricing Theory，APT），结合国际先进经验和中国市场实践，构建了固收多因子体系。

1. 现代投资组合理论（MPT）

早期人们不能清楚地认识到投资的"风险"概念，投资被认为是简单地持有一系列"好"的资产的活动。

Harry M. Markowitz（1952）提出现代投资组合理论（MPT），其核心思想是从收益与风险两个维度综合衡量一笔投资，并使用概率统计的数学工具来分析投资问题：用随机变量 R 代表一笔投资的收益，用其期望 E(R) 衡量投资收益，方差 D(R) 衡量投资风险。有效投资组合定义为在特定的风险水平 D(R) 上，最大化期望收益 D(R) 的组合，即所谓的均值方差（Mean - Variance）分析法。所有有效投资组合的集合构成马科维茨有效前沿（Markowitz Efficient Frontier）。基于 Markowitz 投资组合理论，可通过分散化投资获得更有效的投资组合，当组合中资产个数足够多时，投资组合的方差趋近于证券间的平均协方差。

Markowitz 模型在投资组合理论上具有重大意义，但在应用于实践中时会遇到各种问题。其中，最显而易见的问题是计算烦琐，当资产个数 n = 50 时，需要 n = 50 个期望收益率的估计量、n = 50 个方差的估计量、n(n - 1)/2 = 1 225 个协方差的估计量，总共 1 325 个估计量。当 n = 3 000 时，需要 450 万个估计量！另外，模型应用层面存在更深层次问题。

Michaud（1989）完整地分析了在使用 Markowitz 理论时遇到的问题，主要有以下几点：首先，模型的输出对输入参数非常敏感，经常会给高收益产品过高权重，低收益产品过低权重，导致非正常结果出现；其次，模型不关心资产市值，小市值高收益的资产会得到更高权重，也会带来问题。

2. 套利定价理论（APT）

James Tobin（1958）提出两步投资原则：投资者先确定最优风险资产；再根据自身风险偏好，确定风险资产和无风险资产的投资比例。他指出，在均值方差分析法框架下，对所有风险偏好的投资者而言，存在相同的最优风险资产——市场组合，对股票市场而言就是市场指数。

William F. Sharpe（1964）将单个股票的系统风险定义为股票与市场组合价格的协方差，用此协方差除以股票自身方差，得到的系数定义为 β 系数，用 β 系数来度量股票系统性风险大小，从而提出资本资产定价模型（Capital Asset Pricing Model，CAPM）：

$$E(R_i) - r_f = \beta_i [E(R_m - r_f)] \quad (1-1)$$

其中，R_i 代表股票投资收益，R_m 是市场组合投资收益，r_f 是无风险资产投资收益。

从经济意义上理解，系统风险是指整个市场的波动，主要是宏观经济、政治以及社会环境等因素的变化造成的，系统风险不可通过分散化投资避免。与之相对应，非系统风险/异质风险/个别风险（non-systematic risk/idiosyncratic risk/unique risk）是由公司的异质因素引起的，如公司的经营状况和财务状况等。异质风险可以通过分散化投资消除。CAPM 假设完全竞争市场，无税收和交易成本，所有投资者具有相同的无风险利率、投资期以及对资产的期望收益、标准差、协方差。其假设较强，应用范围有限。CAPM 本身是一个单因子模型，β 是该模型的唯一风险因子系数。单因子模型假设证券的收益率受到一个系统因子的影响（比如宏观因素的加总），并假设除此以外的不确定性是公司特有的。单因子模型在现实投资活动中，也受到各种挑战，其中最著名的是关于小盘股相对大盘股能产生超额收益的讨论。

Stephen Ross（1976）基于一价定律和资本市场无套利的假设，提出套利定价理论（APT），其普适性更强，无须市场组合的前提假设，就可以得出"期望收益率——β 系数"关系。APT 并未对投资者的风险偏好作出规定，CAPM 假定了投资者对待风险的类型，即风险规避的投资者。同时，APT 可以扩展为多因子模型，即所有资产（如市场上所有的个债）的未来收益可以归结为由一系列系统因子驱动：

$$E[R_{PF}] = r_f + \sum \beta_j \lambda_F \qquad (1-2)$$

其中，$E[R_{PF}]$ 是组合预期收益，r_f 是无风险收益，β_j 是所有风险因子系数，λ_F 是各风险因子。

3. 固收因子体系构建

有效的因子体系需能同时解释大量资产的未来收益，同时要直观、好用。基于多因子的债券风险模型在国外已有成熟的实践。

雷曼兄弟的 Dynkin 和 Hyman（Fabozzi & Markowitz, 2002）详细论述了基于多因子的债券风险模型。

MSCI Barra 的 Breger（Fabozzi 2003）也详细论述了 MSCI 的固定收益风险模型。

知名机构 PIMCO 的体系中，组合的风险管理是多方面的：既包括多因子结构化风险模型，也包括常规的个券集中度约束、压力测试、跟踪误差控制等。

本文将人民币债券和固收组合的因子定义为利率、利差、套息三大类，每类因子有其相关的一系列因子指标。在利率风险因子中，除了久期和凸性，更强调关键久期因子的运用；在信用风险因子中，除了利差久期外，重点实施行业调整后利差久期；套息因子指如果没有市场变化，在未来的一定时期的静态持有收益。从回测债券历史收益的多因子归因解释度的角度上，本文验证了所构建多因子体系的有效性。

借助基于 APT 的固收多因子体系，先分析所有个券在各因子上的风险暴露程度，再在组合层面汇总，结合因子间的协方差矩阵（前瞻性波动率×相关性矩阵），可得投资组合风险测量公式：

$$\sigma_p = \sqrt{e_p' \Psi e_p} \tag{1-3}$$

其中，e_p 代表投资组合对各因子敞口的向量，Ψ 代表因子之间的协方差矩阵。

上述基于因子体系的组合波动率模型大大简化了均值方差分析中的估计量和计算量，同时较好地解决了在组合模型应用层面的参数敏感性等实际问题，形成了实现投资分散化的可行方法论。

（二）前瞻性组合风险度量

在多因子框架下，测算投资组合风险（即组合波动率）需对因子间的协方差矩阵进行合理估计。金融资产的收益序列通常具有斜偏、厚尾、尖峰等非正态属性，因此有研究采用更加复杂的数理模型，如 Copula、机器学习等方法。

Sklar（1959）提出了 Copula 理论。"Copula" 这个单词源于拉丁语，意为"连接"，能将每个变量自身的边缘分布和这些变量之间的联合分布连接起来，因此 Copula 函数也被称为"连接函数"。假设 X_1，X_2，…，X_d 是 d 个随机变量，其边缘分布分别为 $F_1(X_1)$，$F_2(X_2)$，…，$F_d(X_d)$，且 d 维的联合分布为 F，则存在 $F(X_1, \cdots, X_d) = C(F_1(X_1), \cdots, F_d(X_d))$。也就是说，分别给定一个边缘分布和一个 Copula 函数，可以构建一个联合分布。而协方差矩阵是因子之间多维联合分布的数字特征。

本文吸取借鉴了 Copula 模型的思想，将因子风险模型构建分为两步：第一步为度量单个因子的风险水平，即预测各个因子的边际分布，常用方法包括简单移动平均法、指数加权移动平均法、衍生品隐含波动率法、Garch 法等；第二步为预测因子之间风险传导路径，即连接函数。本文实现了学界业界常用的因子前瞻性风险指标计量方法，并通过回测客观比较在固定收益因子上的分布拟合效力，选择在不同市场环境下适当的方法。

1. 边缘分布

简单移动平均法（SMA）是估计因子波动率最简单的方式，即用样本方差作为因子方差的估计值。

$$\widehat{D(X)}_t = \frac{\sum_{t=1}^{T}(x_t - \bar{x})^2}{T-1} \quad (1-4)$$

其中，$\bar{x} = \dfrac{\sum_{t=1}^{T} x_t}{T}$ 为样本均值。

SMA 概念直观，计算简单，不需要假定因子的统计分布或者输入参数，能够有效避免模型风险。但 SMA 无法反映金融时间序列时变性，且对每一天的方差被赋予了相同的权重，但实际中越贴近当前观察期的方差对预测值的影响越大。

在指数加权移动平均模型（EWMA）下，当前的方差是前一期方差和前一期收益率平方的加权平均，且加权系数呈指数式衰减。

$$\sigma_n^2 = \lambda \sigma_{n-1}^2 + (1-\lambda)u_{n-1}^2, 0 < \lambda < 1 \quad (1-5)$$

其中，σ_n^2 为方差，u_n^2 为收益率的平方。

EWMA 给近期的收益率赋予的权重要高于远期，更能反映近期波动率变化的趋势，但无法实现波动率的均值回复。

Engle（1982）提出了 ARCH 模型以分析时间序列的异方差性，解决了传统的计量经济学假定时间序列变量的方差恒定，不能反映实际中金融时序的波动率时变和聚集的问题。

Bollerslev（1986）提出 GARCH 模型，即广义自回归条件异方差模型。GARCH 模型将 ARMA 模型应用在了时间序列的方差上，方差由一个自回归项和一个移动平均项构成。GARCH（p，q）模型下的条件异方差满足下式，其中，σ_t^2 为条件方差，w_t 为独立同分布的随机变量：

$$\sigma_t^2 = \alpha_0 + \sum_{i=1}^{p} \alpha_i \varepsilon_{t-i}^2 + \sum_{j=1}^{q} \beta_j \sigma_{t-j}^2 \quad (1-6)$$

$$\varepsilon_t = \sigma_t w_t, w_t \sim N(0,1) \quad (1-7)$$

但 GARCH（p，q）假定条件方差是滞后的残差平方的线性函数，正负价格变化对条件方差的影响是对称的，无法解释实务中利空消息出现伴随波动的增加，利好消息出现波动趋于减小的现象。另外，GARCH（p，q）模型为了保证条件方差的非负性，等式右边所有系数均大于零，使得 GARCH 模型可能随着任意滞后项的变化而剧烈震荡。故本文采取 Bootstrap 的方法对波动率增加上下限的限制，以防止波动率过度波动，后文中简化为 VolonVol 的设置。具体方法为：首先在原始样本中用重抽样的方式得到 Bootstrap 样本，计算每一个 Bootstrap 样本的波动率，然后计算这组波动率的波动率以及置信区间，最后结合该置信区间对单元 GARCH 的估计结果进行修正。

衍生品隐含波动率法将期权市场价格及波动率以外的 4 个参数代入 BS 公式，反解波动率 σ：

$$V_0 = S_0 N(d_1) - K e^{-rT} N(d_2) \tag{1-8}$$

$$d_1 = \frac{\ln(S_0) + \left(r + \frac{1}{2}\sigma^2\right)T - \ln(K)}{\sigma\sqrt{T}} \tag{1-9}$$

$$d_2 = d_1 - \sigma\sqrt{T} \tag{1-10}$$

其中，V_0 为看涨期权的期初价值；S_0 为标的股票的期初价格；K 为期权的执行价格；r 为连续复利的年化无风险利率；T 为期权有效期限；σ 为波动率；N( ) 为正态分布的累计概率分布函数。

2. 连接函数

连接函数的简单移动平均法 SMA 与边缘函数中的 SMA 相似，用过去一段时间的两个时间序列 x_t 和 y_t 的样本相关系数作为因子间相关系数的估计值。

$$\widehat{CORR(X,Y)}_t = \frac{\sum_{t=1}^{T}(x_t - \bar{x})(y_t - \bar{y})}{\sqrt{\sum_{t=1}^{T}(x_t - \bar{x})^2}\sqrt{\sum_{t=1}^{T}(y_t - \bar{y})^2}} \tag{1-11}$$

其中，$\bar{x} = \frac{\sum_{t=1}^{T} x_t}{T}$，$\bar{y} = \frac{\sum_{t=1}^{T} y_t}{T}$ 为样本均值。虽然用样本相关系数进行估计可能出现当因子数量远大于回测区间时，样本相关系数矩阵不满秩不可逆的情况，在多因子体系下因子数量往往相对回测区间较小，估计误差也较小。

Bollerslev（1988）提出 Vector Garch Model，即多元 GARCH 模型，对协方差矩阵中的每个元素建立一元 GARCH 模型，但在定义上难以保证估计量的正定性。

Bollerslev（1990）提出的常相关多元 GARCH 模型（CCC）和 Engle（2003）优化的动态相关系数模型（DCC），对每个资产都建立了一个一元 GARCH 模型，同时对相关系数建立了一个多元 GARCH 模型，大大减少了估计参数。假设有 N 个资产，其未知参数的总数为 N(p+q) + N(N+1)/2。

Engle 和 Kroner（1995）提出的 BEKK 模型虽相比 VEC 模型大大减少了所需参数，但依旧太多。

Ledoit - Wolf（2004）将压缩矩阵估计法应用在了方差协方差矩阵的估计中，先后提出了最为经典的三种线性压缩目标。其核心思想为：S 是利用样本估计出的协方差矩阵,为真实协方差矩阵的无偏估计,但估计误差大;F 是压缩目标,通过多因子模型等结构化方法估计得到,估计误差较小;α 是压缩强度,为 0~1 的常数。简单来说,压缩法通过在 F 和 S 中间寻找一个平衡点,用 Frobenius 距离来衡量并最小化组合方差协方差矩阵与真实矩阵之间的距离。

$$L(\alpha) = \|\alpha F + (1-\alpha)S - \Omega\| \tag{1-12}$$

压缩估计方法推导复杂,但在实际应用中模型参数相对较少,输入简单。且压缩目标 F 的正定和压缩强度 α 的非负性能很容易保证最终压缩得到的矩阵是正定的。

(三) 组合管理中的运用

固收多因子体系及前瞻性风险模型可运用于组合管理的投前、投中、投后的全过程,包括组合构建及优化,组合风险分析,组合业绩归因和组合压力测试。其中,组合业绩归因过程在本文第二章第三节对固收因子体系的验证过程中有详细展示。另外三个应用场景在第四章详述。

(四) 模型实施与落地

理论方法论在实际数据中得到回测验证之后,将进入工程部署阶段。这部分涉及大数据量因子库的计算、客户持仓数据的 ETL 处理、模型代码的工程化等。在处理海量公开市场数据、加速模型计算效率、提升系统并发访问性能等关键性问题上,我们也进行了多次的试错和尝试,最终形成了一套高效、稳定的模型工程化方案。目前已在平安资管债券一体化平台 KYZ 系统中上线,以 7×24 小时的实时服务方式持续赋能平安集团内外部投资、风控条线用户。

二、研究内容

本文介绍了平安资管 KYZ 平台开发过程中固收多因子体系的构建以及利用前瞻性风险计量模型对因子协方差模型的研究及其在 KYZ 平台上落地过程中的技术实践方案。

其中,第一章绪论,介绍了研究背景和意义、研究方法和内容、创新与难点。研究背景和意义方面,指出当今金融市场大环境下,中国本土市场风险类工具的研发具有空前的必要性和紧迫性;研究方法和内容方面,概述了本文的主要内容和结构安排,对涉及的主要参考文献的研究成果进行了综述小结。

第二章介绍了 KYZ 固收多因子体系。本章从组合构建的角度,介绍了固收多因子体系的必要性;对固收多因子体系构建过程的介绍,侧重指出了其主要构建逻辑和假设,而不是简单给出因子计算公式;最后,从组合业绩归因的角度，验证了多因子体系的合理性和准确性。

第三章是本文的核心，介绍了 KYZ 前瞻性风险模型的构建与验证过程。主要是实现和回测了海外主要波动率和相关系数的预测模型，从准确性和稳定性角度，对回测结果进行了讨论分析。

第四章介绍了模型在固收组合管理中的具体应用。在组合构建和优化方面，结合遗传算法，构建了多目标优化 MOPO 组合构建工具；在风险分析方面，模型给出了组合波动率，参数法 VaR、CVaR 和跟踪误差的估计方法；在压力测试方面，模型提供了估计因子风险传导的因子协方差矩阵工具。

第五章介绍了金融模型在 KYZ 平台落地的技术实践方案。对 KYZ 系统的架构和主要技术实用场景的实现方案进行了较为全面的介绍。

第六章是总结、建议以及对未来的展望。总结了本文所做的工作，给出了加强对金融机构端金融科技产品研发支持力度的政策建议，同时对未来金融市场发展和金融科技在金融市场领域发挥越来越重要作用的前景进行了展望。

第三节　研究创新与难点

一、研究创新

第一，风险指标构建客观科学。本文运用国内外前沿的数理方法科学定量分析固定收益中前瞻性风险指标的建立和度量，同时，依照固定收益产品和国内市场的数据特点进行方法迭代。指标构建客观、科学。

第二，因子划分结合国内实际。国内多因子法在股票行业应用较多，在固收领域运用还处于初期阶段，考虑到固定收益在保险资管行业占比较高，具有研究价值，因此在结合国外成熟经验的同时，本文在因子的提炼和划分上密切结合了国内实务背景。

第三，综合考虑工程化难度。除了理论研究和数据回测之外，本文希望最终完成工程化并实际落地，因此在考虑模型效果的同时也平衡了工程难度。

二、研究难点

第一，国内固收市场的特殊性，难以直接沿用国外经验。其一，国内债券市场还处在发展中，流动性较高的活跃券在市场上占比较少，而流动性水平较低的券定价干扰因素较多。其二，国内打破刚兑时间较短，市场对于信用风险的反应还在培育中，因此需要对国内违约状况有充分了解。其三，中国衍生品市场还在发展中，因此国外隐含波动率模型在国内效果有待考察。

第二，风险指标无法直接观测。风险水平在实际中无法直接观测，因此相对于收益率的预测验证而言，前瞻性风险指标的验证相对困难。

第三，金融数据的特殊属性。金融数据一般具有非对称、尖峰厚尾等非正态性属性，并且在经济环境、政策指导的变化下，金融数据的分布一般具有时变性，因此建模难度较大。

第四，工程化计算中量和速度的平衡。计算多因子模型和风险模型一般涉及大量数据和复杂模型计算，而模型结果对于投资经理和风控经理有较强的时效性要求，因此在工程实现上有较大难度。

第二章　中国固收市场因子体系构建

第一节　多因子定价模型的必要性

一、固收资产特点角度

固收资产不同于股票资产。以债券资产为例，其到期收益率随剩余期限变化而变化：例如对于某个债券而言，即使其对应的到期收益率曲线不变，随着剩余期限变短，其个券到期收益率指标也会发生变化。若仅从该债券的到期收益率时间序列数据来度量，会得到产生其价值波动的结论。而实际上该债券（假定该债券相对曲线无利差）除了期限变短之外，其内在风险因素均未变化。

本质上看，由于债券价格和剩余期限有关，相同债券在风险因子不变（忽略期限相关因子）的情况下仅由于剩余期限变化其价格也会不同，因此直接用价格或到期收益率指标度量风险不够直观，需将其分解为各类风险因子加以分析。

以上可看出，债券资产需要借助多因子定价模型，分离价格受到的系统风险因子影响以及个券异质风险因子的影响，方能更好地进行风险分析。

二、模型实际应用角度

不采用多因子定价模型的前提下,对组合资产直接应用 Markowitz 均值方差分析法除了会引起计算复杂度的问题,还会带来模型应用层面更深层次问题,本节将详细说明这一点。本节采用投资组合波动率作为组合风险度量指标。

(一) 无定价模型的风险估计

在不对资产采用任何因子定价模型的情形下,根据 Markowitz 均值方差分析法,每个资产的投资收益都用一个不同的随机变量R_i来表示,并且用期望$E(R_i)$度量资产投资收益,用方差$D(R_i)$度量资产风险。组合收益用随机变量R_p表示,并且用期望$E(R_p)$度量组合收益,$E(R_p)$是所有组合资产$E(R_i)$的加权平均;组合风险用方差$D(R_p)$度量,且:

$$D(R_p) = w_p' COV w_p \qquad (2-1)$$

其中,w_p代表投资组合对各资产权重的向量;COV 代表资产收益之间的协方差矩阵。

下面的例子说明,在某些情况下用历史数据直接估计 COV,进而推算$D(R_p)$可能存在严重的问题:历史数据估计出来的协方差矩阵可能和真实值存在严重偏差,导致可能构建出一个波动率为0但预期收益率为正的组合。而这个无风险套利的空间,只是数学游戏造成的。

假定个券有1 000 个,而历史记录是500 天(用2 年的历史数据计算1 000 个券的协方差矩阵),这个协方差矩阵秩为499,而不是1 000。那么,一定存在一个非0权重$\vec{W}$,使得$\vec{W}^T \cdot COV \cdot \vec{W} = 0$;除非采用4 年以上的历史数据(1 001 天以上),那么 COV 可能满秩,那么就不存在非0权重$\vec{W}$,使得$\vec{W}^T \cdot COV \cdot \vec{W} = 0$。

造成协方差矩阵 COV 估计偏差的数学本质是:COV 是一个庞大的矩阵,理论上的自由度 = 1 000×1 000/2 + 1 000/2 = 500 500。因此,需要比500 500 多得多的数据去估计 COV 才能得到准确的估计。而2 年历史数据条数为500×1 000 = 500 000,比 COV 的自由度都小。

即便是当组合风险用 VaR 来度量时,也会存在相似的结果。当组合中资产数量远大于组合的历史数据时,一定存在一个非0权重$\vec{W}$,使得组合每天的收益均为0,那么 VaR 值也是0。这个投资组合将不存在任何市场风险,结果显然不符合常识。造成这个现象的本质是历史数据不够，采用历史样本法可能造成过拟合，把噪声当成了合理的东西。

因此，问题不是能不能使用因子的协方差矩阵，而是如何准确地估计协方差矩阵。

（二）基于多因子定价模型的风险估计

根据 APT 模型，资产的未来收益可以归结为由一系列的系统因子驱动：

$$E[R_{iF}] = r_f + \sum \beta_j \lambda_{iF} + \varepsilon_i \tag{2-2}$$

其中，$E[R_{iF}]$ 是资产预期收益；r_f 是无风险收益；β_j 是所有风险因子系数或系统性变量系数；λ_{iF} 是各风险因子；ε_i 是资产异质变量。

假定：<u>系统性变量</u>和 <u>资产异质变量</u>相互独立，<u>资产异质变量</u>内部相互独立；无须假定<u>系统性变量</u>内部之间呈何种分布。只需要知道<u>系统性变量</u>之间的协方差矩阵，<u>资产异质变量</u>的波动率，便可以确定组合收益率的波动率。

假定系统性变量 β_j 个数为 50 个，异质变量为 1 个，资产个数 1 000 个，历史收益率 250 天，整个模型待估参数及其数量为：n = 50 个方差的估计量，n(n-1)/2 = 1 225 个协方差的估计量，资产异质变量的波动率自由度 = 1 000 个，总共 2 275 个估计量。而历史数据条目数为 250 × 50 = 12 500，远大于 2 275。简言之，我们有充分的数据进行模型估计。因子之间的协方差矩阵 COV 总是正定的（当然也是满秩的）。

采用以上模型更为本质的好处是，通过假定资产异质风险和系统性风险无关，保障了模型的鲁棒性和合理性，且得出的衍生结论符合常识：(1) 如果所有资产均在系统性风险上存在正暴露，且不允许做空，那么系统性风险无法通过分散化投资不同资产而分散；反之，则可以通过分散化投资对冲掉系统性风险；(2) 个券异质风险无法通过多空组合对冲掉，但可以通过分散化投资大幅降低至趋于 0。

第二节　KYZ中国固收因子体系构建

一、固收资产风险收益特征

固定收益证券泛指具有未来确定性现金流（票息和本金）收入的证券。由于现金流确定（对于含权债，事先规定好可能的几种变化的情形），证券的到期收益率仅取决于买入时的价格。

实际情况下，发债人的资质不一、债券的条款不一、债券的流动性不一，以及其他潜在存在的差异，使得即便是相同现金流的债券，其到期收益率也不一样。个券到期收益率相比无风险债券的到期收益率的差异即为风险溢价，是债券持有者因承担的风险获得的风险补偿。具体而言，债券投资者面临以下风险：

（一）期限结构的风险

不妨假定投资者需要进行一笔10年期的投资，比较两种不同的投资逻辑：
方法1：直接购买10年期国债；
方法2：购买一笔1年期国债，持有到期后继续购买1年期国债，滚动10年。

方法1相比方法2，面临以下几个风险：一是未来利率可能上升（经济增长，通货膨胀），方法1无法通过每年一次的滚动，以上升后的利率进行投资。二是利率存在波动，方法1比方法2债券的久期更长，相同到期收益率率变化下，方法1的净值波动更大。如果投资者中途需要卖出债券，方法1相比方法2可能以更不利的价格卖出。以上两个风险均体现在期限利差中。

（二）流动性风险

如果一个债券交易不是很活跃，那么买入方不得不考虑买入后再次卖出时的难度。因此，越是不活跃的债券，越需要以更高的到期收益率交易，作为对持有者承担的流动性风险的补偿。

（三）信用风险

信用风险，就是债券发行方可能发生违约导致利息或本金兑付出现损失，或者发行方的主体信用恶化等因素导致信用利差大幅走阔的风险。存在信用风险的债券，需要以更高的到期收益率进行交易，以弥补潜在违约可能造成的损失。

（四）行权风险

属于债券发行者的行权条款（如赎回权），相比不含权的情况，会抬高债券到期收益率，作为对债券持有者承担债券发行人行权（做出有利于债券发行人决定）风险的补偿。

属于债券持有者的行权条款（如回售权），相比不含权的情况，会降低债券到期收益率，作为对债券发行人承担债券持有者行权（做出有利于债券持有者决定）风险的补偿。

根据中债债券分类，不同类型债券承担的风险大致描述如表1-2-1所示。

表1-2-1　　　　债券类型及承担的风险（根据中债分类）

	期限风险	流动性风险	信用风险	行权风险
国债	有	低	无	无
地方政府债	有	中	低	视实际情况
央行票据	有	中	低	无
政策性银行债券	有	低	低	无
商业银行债券	有	中	中	视实际情况
非银行金融债券	有	中	中	视实际情况
企业债券	有	高	高	视实际情况

资料来源：平安资管

二、海外固收因子体系

债券的风险包括多个方面，一个外国债券至少面临如表1-2-2所列的风险。

表1-2-2　　　　外国债券面临的风险及应对措施

风险	应对措施
市场风险	组合层面监控和管理市场风险 组合层面的压力测试
个券特质风险	约束行业和个券集中度
流动性风险	现金流管理，流动性资产管理 组合短期层面的压力测试
交易对手风险	使用风险委员会同意的交易对手 货币远期合约确保有足够抵押金
监管风险	积极响应监管要求

资料来源：平安资管

对于国外公司债而言，上述风险对应如表1-2-3所列的风险因子。

表1-2-3　　　　外国债券对应的风险因子

风险因子	因子描述
信用类	利差久期 个券利差、市场利差、行业利差、信用等级利差
利率类	利率久期、关键利率久期 凸性
汇率类	汇率风险

资料来源：平安资管

应对以上风险，一方面可以用风险因子定量描述和管理；另一方面可以通过适当的规章规则进行约束。

三、KYZ中国固收因子体系

（一）构建逻辑与假设

1. 定价模型

一般认为，构建风险因子的前提是对资产的合理定价，每个资产有了自己的价格后，再看不同风险因子的变化对这个价格的影响，从而计算不同风险因子指标的数值。

以债券为例，存在基于到期收益率曲线的定价和基于即期收益率曲线的定价两种方式，也对应了两套不同的因子体系。到期收益率易从市场中直接观察得到，市场参与者习惯使用到期收益率作为定价参考。因此，基于到期收益率曲线构建的因子更符合投资交易角度的业务直观。而基于即期曲线构建来因子体系，可以将资产的每笔现金流精确匹配到其对应期限的不同贴现利率上，更符合定价和风险计算的模型直观。

到期收益率是建立在"债券在其生命周期内的利率都能按照赎回收益率进行再投资"这一假设基础上的，而在实际中债券持有人会面临利息的再投资风险。特别是，对于部分较长期的信用债，由于票息较高，票息再投资也显得尤为重要，此时基于即期收益率曲线的定价会更加准确。

本文在计算的底层均采用即期收益率定价法，所有基于到期收益率曲线的风险因子的计算，均须先将到期收益率曲线转化与其一一对应的即期收益率曲线，再进行计算。对定价和风险指标的精确计算有利于减少套利空间，充分发挥市场的定价功能和提高市场有效性，并通过提高债券发行种类、频率，通过利率互换、国债期货等衍生品加强国债/国开债的定价功能。

2. 风险因子

除了以上对定价模型逻辑的讨论外，我们还对风险因子做出了部分假设，即风险因子包括系统性风险因子和个券异质风险因子，并且：

（1）信用债的利差，受其所在行业信用利差影响。

（2）个券的异质风险，体现在扣除行业信用利差后的剩余利差上，可能由个券的信用、流动性、票息税收效应等其他因素的共同造成。最终采用的定价公式可描述为：

Price＝P（债券参数，无风险收益率曲线，行业利差，异质利差）

具体表达式为标准的债券 DCF 定价公式：

$$P^t = \sum_i \frac{CF_i^t}{(1+y_i^t+s^t)^{Y_i^t}} \qquad (2-3)$$

其中，t 表示 t 时；P^t 是 t 时刻债券的价格；CF_i^t 是第 i 笔现金流（票息或本金等）；Y_i^t 是 t 时刻第 i 笔现金流的剩余期限；y_i^t 是第 i 笔现金流在中债国债或国开债即期收益率曲线上对应的即期利率；s^t 是债券的利差。

对于信用债，把行业信用利差作为一个系统风险因子，因此 s^t 被拆分为 $s_{credit,j}^t + s_{idiosyncratic}^t$，即等于（个券所属的）"第 j 个行业的信用利差 + 个券的异质利差"。

从考察资产价格受到哪些方面因素的影响角度，有如下分析。以债券为例，当前时刻为 t，站在当前时刻看 t+1 时刻债券的价格 P^{t+1}，假定 t~t+1 时债券没有发生付息，那么：

$$CF_i^{t+1} = CF_i^t = CF_i \qquad (2-4)$$

$$P = P(\vec{y}(\vec{r},G),\vec{Y},s) \qquad (2-5)$$

即：

$$P^t = P(\vec{y}(\vec{r}(t),\vec{G}(t)),\vec{Y}(t),s(t)) \qquad (2-6)$$

$$P^{t+1} = P(\vec{y}(\vec{r}(t+1),\vec{G}(t+1)),\vec{Y}(t+1),s(t+1)) \qquad (2-7)$$

其中，$\vec{y}[\vec{r}(t),\vec{G}(t)]$ 是债券在即期收益率曲线上取到的贴现利率，由 N 笔现金流的贴现利率构成，是一个矢量；$\vec{y}[\vec{r}(t),\vec{G}(t)]$ 受到了两方面因素的影响：①$\vec{r}(t)$ 也就是无风险收益率曲线，②$\vec{G}(t)$ 是由 N 笔现金流剩余期限构成的矢量；$\vec{Y}(t)$ 是现金流贴现公式分母中的指数项，是现金流在 t 时刻的剩余期限，数值上等于 $\vec{G}(t)$；$s(t)$ 是债券的利差；$\vec{r}$、$\vec{G}$、$\vec{Y}$、s 是债券的四类因子。

我们将会看到：$\vec{r}$ 的变化导致的债券损益，称为"利率因子损益"；$\vec{G}$ 的变化导致的损益，称为"骑乘套息损益"；$\vec{Y}$ 引起的损益就是"到期收益率套息"；s 引起的损益，称为"利差因子损益"。也就是：

P(t+1) - P(t) = 到期收益率套息 + 骑乘套息 + 利率因子损益 + 利差因子损益

从数学上，对 P 做泰勒展开，得到：

$$dP = \left(\frac{\partial P}{\partial \vec{r}}d\vec{r} + \frac{\partial^2 P}{\partial \vec{r}^2}d\vec{r}^2 + \cdots\right) + \left(\frac{\partial P}{\partial \vec{G}}d\vec{G} + \frac{\partial^2 P}{\partial \vec{G}^2}d\vec{G}^2 + \cdots\right)$$

$$+ \left(\frac{\partial P}{\partial \vec{Y}}d\vec{Y} + \frac{\partial^2 P}{\partial \vec{Y}^2}d\vec{Y}^2 + \cdots\right) + \left(\frac{\partial P}{\partial s}ds + \frac{\partial^2 P}{\partial s^2}ds^2 + \cdots\right)$$

$$+ \left(\frac{\partial P}{\partial \vec{r} \partial \vec{G}} d\vec{r} d\vec{G} + \frac{\partial^2 P}{\partial \vec{r} \partial \vec{Y}} d\vec{r} d\vec{Y} + \cdots \right) + \cdots$$

如果只保留前4项，忽略交叉项，则：

$$dP = \left(\frac{\partial P}{\partial \vec{r}} d\vec{r} + \frac{\partial^2 P}{\partial \vec{r}^2} d\vec{r}^2 + \cdots \right) + \left(\frac{\partial P}{\partial \vec{G}} d\vec{G} + \frac{\partial^2 P}{\partial \vec{G}^2} d\vec{G}^2 + \cdots \right)$$

$$+ \left(\frac{\partial P}{\partial \vec{Y}} d\vec{Y} + \frac{\partial^2 P}{\partial \vec{Y}^2} d\vec{Y}^2 + \cdots \right) + \left(\frac{\partial P}{\partial s} ds + \frac{\partial^2 P}{\partial s^2} ds^2 + \cdots \right)$$

$$= dP(\text{利率因子}) + dP(\text{rolldown}) + dP(\text{carry}) + dP(\text{利差因子})$$

以上是债券线性定价公式的微分表达。但微分计算并不直观。实际应用中，我们会取该式的一阶项。通过导数值×参数变化计算来计算，也能得到足够的精度：

$$dP = \frac{\partial P}{\partial \vec{r}} d\vec{r} + \frac{\partial P}{\partial \vec{G}} d\vec{G} + \frac{\partial P}{\partial \vec{Y}} d\vec{Y} + \frac{\partial P}{\partial s_{credit}} ds_{credit} + \frac{\partial P}{\partial s_{idio}} ds_{idio}$$

其中，$\frac{\partial P}{\partial \vec{r}} d\vec{r}$ 是利率因子损益；$\frac{\partial P}{\partial \vec{G}} d\vec{G}$ 是骑乘套息损益；$\frac{\partial P}{\partial \vec{Y}} d\vec{Y}$ 是到期收益率套息损益；$\frac{\partial P}{\partial s_{credit}} ds_{credit}$ 是行业利差损益；$\frac{\partial P}{\partial s_{idio}} ds_{idio}$ 是个券异质利差损益。这里的导数值，下文称之为"因子暴露"，参数变化称之为"因子值"。

（二）因子体系构成

1. 关键利率久期（Key Rate Duration，KRD）

$\frac{\partial P}{\partial \vec{r}} d\vec{r}$ 描述了利率曲线变化引起的债券价格变化，即利率因子损益。本文用关键利率久期度量利率因子损益的敏感度，下文利率因子损益也称为关键利率久期损益。站在 t 时刻看 t+1 时刻，t+1 时刻的利率曲线未知，是随机变量，我们定义 $\vec{r}(t+1) = \vec{r}(t) + \overrightarrow{\Delta KR}$，在 KYZ 中 $\overrightarrow{\Delta KR}$ 为由 16 个 $\delta(kr)$ 定义的折线[纵轴为 $\delta(kr)$，横轴为剩余期限]。

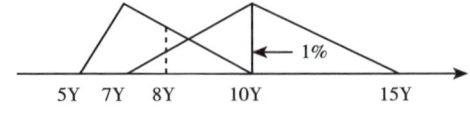

图 1-2-1 关键期限利率变化（$\overrightarrow{\Delta KR}$）解释

图 1-2-1 中 7 年和 10 年是两个关键期限利率，关键期限利率变化的影响线性衰减，到相邻关键期限时衰减为 0，那么：

$$\frac{\partial P}{\partial \vec{r}} d\vec{r} = \sum_i KRD_i \cdot \Delta KR_i \quad (2-8)$$

其中，KRD_i 是个券第 i 个关键利率的久期。

$$KRD_i = \frac{P_- - P_+}{2 \times \Delta KR_i \times P} \quad (2-9)$$

其中，ΔKR_i 是风险因子，站在 t 时刻未知。KRD_i 是个券在第 i 个 KR 上的因子暴露，站在 t 时刻已知。P_-、P_+ 分别是定价公式中，其他参数都不变的情况下，关键利率下降或上升 ΔKR_i 引起的债券价格变化。

到期收益率曲线和即期收益率曲线一一对应。我们可以即期收益率曲线关键利率作为风险因子，或者以到期收益率曲线关键利率作为风险因子，分别对应了 Spot KRD、ΔSpotKR；Par KRD、ΔParKR。

2. 行业信用利差久期（Credit Spread Duration，CSD）和个券异质利差久期（Z Spread Duration，ZSD）

$$\frac{\partial P}{\partial s_{credit}} ds_{credit} = CSD \cdot \Delta CreditSpread \quad (2-10)$$

$$\frac{\partial P}{\partial s_{idio}} ds_{idio} = ZSD \cdot \Delta ZSpread_{idio} \quad (2-11)$$

其中，

$$CSD = \frac{P_- - P_+}{2 \times \Delta CreditSpread \times P} \quad (2-12)$$

$$ZSD = \frac{P_- - P_+}{2 \times \Delta ZSpread_{idio} \times P} \quad (2-13)$$

CreditSpread 称为"行业信用利差"，由不考虑行业信用利差时的个券异质利差 ZSpread 加权平均得到。ZSpread 扣除 CreditSpread 后，称为"考虑信用利差情况下的个券异质利差"。

3. 到期收益率套息（Yield-to-maturity Carry，表示为 carry）

到期收益套息等于 $\frac{\partial P}{\partial \vec{Y}} d\vec{Y}$，可以用到期收益率代替 $\frac{\partial P}{\partial \vec{Y}}$，也可以获得较高的精度。$d\vec{Y}$ 是持有时间。

4. 骑乘套息（表示为 rolldown）

骑乘套息等于 $\frac{\partial P}{\partial \vec{G}} d\vec{G}$，本质上是零息债券到期收益率变化引起的债券价格变动，可以用债券到期收益率变化（剩余期限保持不变）引起的债券价格变动代替，也可以获得较高的精度。

设债券的剩余期限为 t 年，在无风险收益率曲线上对应的收益率为 y_1，δt 之后（目前取值为 3 个月，即 0.25 年），即 t - 0.25 年的无风险收益率曲线上对应的收益率为 y_2，债券的久期为 d，则：

$$\text{rolldown} = d \times (y_1 - y_2) \tag{2-14}$$

此外，我们定义 total carry = carry + rolldown。

5. 因子汇总

至此，我们可以得到个券 t+1 时刻的风险度量。t+1 时刻债券价格是一个随机变量 P：

$$P = \hat{P} + \sum_i KRD_i \cdot \Delta KR_i + CSD \cdot \Delta CreditSpread$$
$$+ ZSD \cdot \Delta ZSpread_{idio} \tag{2-15}$$

简记为：

$$P = \hat{P} + \vec{\beta}_{system} X_{system} + \beta_{idio} X_{idio} \tag{2-16}$$

其中，$\hat{P}$ 是 t 时刻 t+1 价格的估计值，$\hat{P} = (YTM + Rolldown) \cdot dt$，t 时刻已知；$X_{system} = \begin{matrix} KRD_0 \\ \cdots \\ CSD \end{matrix}$ 是关键利率久期和行业利差久期，t 时刻已知；$X_{idio} = ZSD$ 是个券异质利差 Z Spread 久期，t 时刻已知；未知部分是随机变量，包括 $\vec{\beta}_{system} = \begin{matrix} \Delta KR_0 \\ \cdots \\ \Delta CreditSpread \end{matrix}$ 以及 $\beta_{idio} = \Delta ZSpread_{idio}$。$\vec{\beta}_{system}$ 是系统性风险因子，$\vec{\beta}_{system}$ 内部存在相关。β_{idio} 属于个券独有的异质风险因子，一般假定和系统风险 $\vec{\beta}_{system}$ 独立无关，且不同债券的 β_{idio} 相互独立。

因此，若以波动率作为风险度量，对于个券：

$$\text{stdev}(P) = X_s^T COV(\vec{\beta}_s) X_s + X_i \cdot \text{stdev}(\beta_i) \cdot X_i \tag{2-17}$$

对于组合：

$$\text{stdev}(P_{组合}) = \vec{W}^T COV_{组合} \vec{W} = \vec{W}^T (X_s^T COV(\vec{\beta}_s) X_s$$
$$+ X_i \cdot \text{stdev}(\beta_i) \cdot X_i) \vec{W} \tag{2-18}$$

其中，COV 表示因子的协方差；stdev 表示波动率；$\vec{W}^T$ 是组合的成分权重。

进一步地，如果假定 $\vec{\beta}_{system}$ 呈多元正态分布，β_{idio} 是正态分布，那么 P 呈正态分布。当 P 是正态分布时，可以根据波动率 stdev 方便地得到在险价值 VaR。

第三节 KYZ中国固收因子体系归因验证

本节基于债券多因子模型对个券日度收益进行分解，然后把日度收益逐日累计成月度值，通过月度收益的归因精度来说明多因子体系的合理性。

把全市场所有债券分成两组，按组进行分析归因的精度。两组债券分别为：利率债——发行人为财政部、政策性银行发行的债券；信用债——财政部、政策性银行以外的其他发行人发行的债券。

其中，业绩分解为：

$$\text{dirty\_return} = \text{carry return} + \text{rolldown return} + \text{krd\_return}$$
$$+ \text{sector\_spread\_return} + \text{z\_spread\_return}$$
$$+ \text{unexplained\_return} \tag{2-19}$$

其中，unexplained_return 是线性模型未能解释的 return：

$$\text{unexplained\_return} = \text{dirty\_return} - \text{carry return} - \text{rolldown return}$$
$$- \text{krd\_return} - \text{sector\_spread\_return}$$
$$- \text{z\_spread\_return} \tag{2-20}$$

z_spread_return + unexplained_return 合并称为"个券异质收益"（Idiosyncratic Return）。样例如表1-2-4所示。

表1-2-4　两组债券的收益分解（2020-01-01 至 2020-02-01）

债券代码	全价收益[BP]	YTM套息	骑乘套息	关键利率久期收益	行业信用利差久期收益	个券特质收益 idiosyncratic return	
Bond Code	Dirty Return	Carry Return	Rolldown Return	KRD Return	Sector Spread Return	ZSpread Return	Unexplained Return
190007.IB	105.02	23.76	3.24	71.49	0	10.13	-3.60
1920075.IB	50.20	32.04	2.62	-15.18	19.73	11.87	-0.88

资料来源：平安资管

用R2来度量收益分解的精度，R2按照MSCI Barra给的定义：

$$R2 = 1 - \frac{\sum_i \epsilon_i^2}{\sum_i y_i^2} \qquad (2-21)$$

其中，ϵ_i 是模型不能解释的收益；y_i 是个券收益。

对于债券多因子模型，定义如下两个 R2：

$$R2(\text{unexplained}) = 1 - \frac{\text{unexplained\_return}_i^2}{\sum \text{dirty\_return}_i^2} \qquad (2-22)$$

$$R2(\text{idiosyncratic}) = 1 - \frac{\text{idiosyncratic\_return}_i^2}{\sum \text{dirty\_return}_i^2} \qquad (2-23)$$

其中，R2(unexplained) 用来说明债券多因子定价模型相对非线性的债券标准定价公式的精度，我们希望 R2(unexplained) 比较高。R2(idiosyncratic) 用来说明个券特质收益占整体收益的比例，对于部分信用债，个券的信用利差损益占主导地位，R2(idiosyncratic) 不一定会很高。

图 1-2-2 展示了 2018 年 7 月至 2020 年 3 月利率债（约 1 000 个）、信用债（约 50 000 个）的 R2，1 个月 1 个 R2。可以看到，对于利率债的 R2(unexplained) 均值达到 0.97 以上，信用债的 R2(unexplained) 也达到了 0.9，说明多因子定价模型具有较高精度。

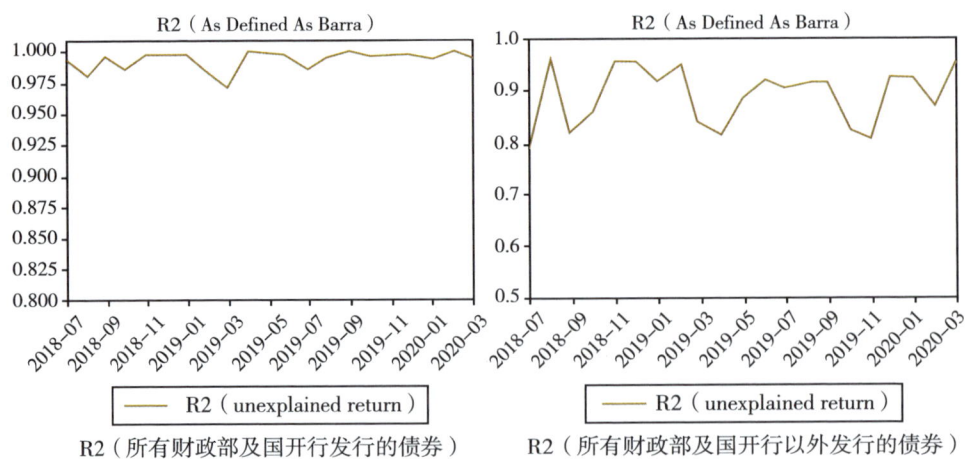

图 1-2-2　债券多因子模型月度收益归因的 R2

第三章 前瞻性风险计量

本文采用前瞻性波动率模型方法估计因子间的协方差矩阵,研究范围包括:首先,研究并实现学界业界常用的因子前瞻性风险计量方法;其次,通过回测,客观比较各种方法在固定收益因子上的分布拟合效力;最后,选择在不同市场环境下的适当方法。

第一节 评价指标和实验设计

一、评价指标

风险水平无法直接观测,因此在后验回测中没有一个"标准答案"来评价波动率模型的效果好坏。评价指标上,本文将结合准确性和稳定性这两个维度,分别构造评价指标比较各种数理模型的优劣,权衡"高阶"模型相对于经典模型的增值是否值得模型复杂度的增加,寻找在普世意义下的最佳参数配置。同时,由于本文最终目的是将整个方法论实施落地,并运用于投资经理和风控经理实际工作中,因此将着重权衡分析复杂数理模型相对于经典模型的增值是否值得工程上难度的增加。

(一)准确性

1. 经验覆盖率

经验覆盖率(Empirical Coverage Rate)的基本思想是:由于预测因子波动率的本质上是预测每个因子时变分布,因此准确性指标的基本思想是考察理论预测分布与实际分布的接近程度。越接近实际分布,说明对应的数理模型越适用该组数据。具体方法为比较实际超过VaR_α值的比例是否足够接近$1-\alpha$,最终合成一个分布拟合准确性指标,越大说明准确性越高。主要分为以下步骤:

(1)计算因子在 t 时刻的VaR_α值。

(2)计算在 $0 \sim T$ 时刻中,实际突破$VaR_{t,\alpha}$的比例。

$$1 - \tilde{\alpha} = Pr(-r_t > VaR_{t,\alpha}), t \in [1, T] \quad (3-1)$$

其中,Pr( ) 表示实际占比。

（3）比较 $1-\alpha$ 与 $1-\tilde{\alpha}$ 的差异。运用 Fisher 精确检验比较 $1-\alpha$ 与 $1-\tilde{\alpha}$ 的差异，用伴随概率 Pvalue 表示，数值越大表示波动率预测准确性越好。

$$Pvalue_\alpha = Fisher(1-\alpha, 1-\tilde{\alpha}, T) \qquad (3-2)$$

（4）合成分布拟合准确性指标

将多个分位点的伴随概率取中位数，合成一个分布拟合准确性指标。本回测中，取分位点 1、5、20、40、60、80、95、99。

$$VaRPvalueMedian = Median(Pvalue_\alpha) \qquad (3-3)$$

其中，$\alpha \in [1, 5, 20, 40, 60, 80, 95, 99]$。

2. Bias Statistic

借鉴《The Barra US Equity Model》一文，本文以实际风险与预测风险的比值来衡量风险模型的准确性，即 Bias Statistic。假设组合 n 在 t 时间段内的收益率为 R_{nt}。R_{nt} 符合正态分布，且期初用组合波动率算法预测的波动率为 σ_{nt}。标准化之后的收益率 b_{nt} 服从标准正态分布，其标准差为 1。b_{nt} 的实际标准差 B_n 即为 Bias Statistic，数值越接近 1 说明准确性越好。简单来说，当实际分布计算的波动率和正态分布预测的波动率足够接近时，可认为实际分布与正态分布足够接近。

$$b_{nt} = \frac{R_{nt}}{\sigma_{nt}} \qquad (3-4)$$

$$B_n = \sqrt{\frac{1}{T-1}\sum_{t=1}^{T}(b_{nt}-\bar{b}_n)^2} \qquad (3-5)$$

实际回测过程中，选取最具有代表性的国债可投池中的个券构造单月无交易的若干虚拟组合，用全价收益叠加现金流调整计算虚拟组合的收益，由这个虚拟组合扣除 carry 后的实际收益率和组合波动率构造 Bias Statistic。

（二）稳定性

对于波动率序列，利用 HP 滤波剔除趋势性之后，计算剩余部分的标准差，越小说明稳定性越好。

$$hpresidStd = std(Vol_t - HP(Vol_{1\sim T})_t), t \in [1, T] \qquad (3-6)$$

二、实验设计

本文首先以经验覆盖率（Empirical Coverage Rate）作为准确性指标，滤波残差波动率（hpresidStd）作为稳定性指标，选择因子波动率估计的最优模型。

在此基础上，运用虚拟组合实际波动率和模型波动率的比率构造 Bias 统计量作为准确性指标，反推因子相关系数矩阵估计的最优模型。以 GARCH 法为例，协方差矩阵估计流程如图 1-3-1。

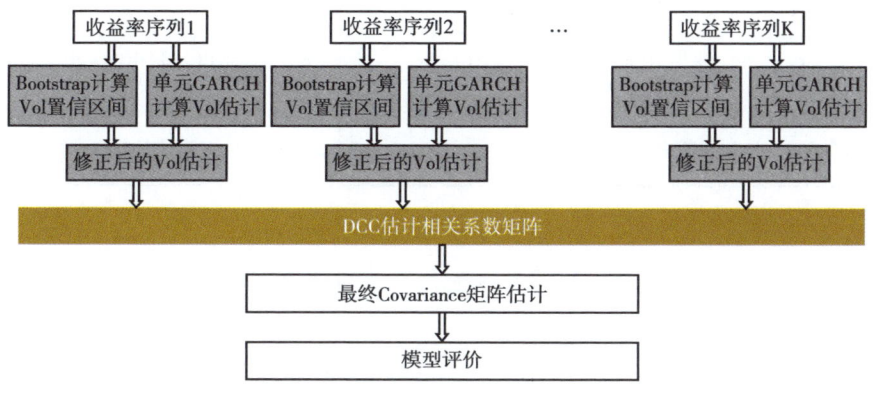

图 1-3-1　协方差矩阵估计流程

资料来源：平安资管

第二节　回测结果

一、因子波动率

（一）回测范围

1. 参数说明

因子波动率的回测基于因子的日频收益率预测日频波动率，回测范围为 2017-01-01 至 2020-11-09，其中利差因子的回测区间为 2018-01-03 至 2020-11-09。参数说明见表 1-3-1。

表 1-3-1　　　　　　　因子波动率回测参数说明

Item	候选参数	说明
频率	周频、日频	当用周频预测日频时，将本周波动率和均值按照复利摊到日频
滚动窗口	周频：26 天、52 天 日频：63 天、125 天、250 天	
均值函数	零均值、历史均值	

续表

Item	候选参数	说明
模型选择	简单移动平均法、GARCH法、指数加权移动平均法	其中指数加权移动平均法的半衰期为3
GARCH分布	Normal	
GARCH参数	GARCH(p=1, q=1, o=1) GARCH(p=1, q=1, o=0)	o=1表示GJR-GARCH,用于非对称数据
VolOnVol	是否有VolOnVol	通过重抽样对统计量分布进行估计

资料来源：平安资管

2. 因子范围（见表1-3-2）

表1-3-2　　　　　　因子波动率回测因子范围

因子类别	因子
债券曲线关键点	国债曲线、国开债曲线
信用利差	1—5年不含权，按照如下行业聚合：银行、非银、地产、城投、产业
股票	沪深300、上证50、中小板指、中证500、创业板指、国企指数、恒生指数
其他	Au99.95、Au99.99、黄金连续、中债-银行间资产支持证券指数、中证转债、原油连续、大宗商品、沪铜连续、螺纹钢连续、货币基金

资料来源：平安资管

（二）回测结果

1. 针对所有因子

频率选择上，综合来看日频优于周频，说明同频预测的效果更优（见表1-3-3）。滚动期限越长，准确性和稳定性越好，滚动期为1年时最优。

表1-3-3　　　所有因子：不同频率、滚动期的回测结果

频率	滚动窗口（天）	准确性指标（%）	稳定性指标
日频	63	21.56	0.00775
	125	22.69	0.00655
	250	31.31	0.00614
周频	26	17.59	0.00704
	52	22.25	0.00650

资料来源：平安资管

均值函数选择上,对于日频数据而言,一季度滚动窗口建议选择历史均值;对于半年期或者一年期,建议用零均值(见表1-3-4)。说明在一个季度的区间,一般趋势还在持续,而对于更长的时间段存在均值回复。对于周频数据,不同均值函数的回测结果差异不大。后续的分析会进一步说明关于均值函数的选择没有统一结论,需针对每个序列做出周期上的判断。

表1-3-4　所有因子:不同频率、滚动期和均值的回测结果

频率	滚动窗口(天)	均值函数	准确性指标(%)	稳定性指标
日频	63	历史均值	26.57	0.0076
日频	63	零均值	20.11	0.0083
日频	125	历史均值	21.05	0.0064
日频	125	零均值	27.15	0.0066
日频	250	历史均值	26.52	0.0061
日频	250	零均值	32.88	0.0064
周频	26	历史均值	17.59	0.0071
周频	26	零均值	17.77	0.0070
周频	52	历史均值	22.05	0.0065
周频	52	零均值	22.42	0.0065

资料来源:平安资管

在模型选择上,整体较优的是GARCH + VolOnVol 和简单移动平均法。而对于GARCH模型,普通GARCH效果比GJR - Garch效果好(见表1-3-5和表1-3-6)。

表1-3-5　所有因子:不同模型、VolOnVol 的回测结果

模型选择	VolOnVol	准确性指标(%)	稳定性指标
GARCH法	重抽样	22.65	0.005
GARCH法	无	20.91	0.011
简单移动平均法	—	21.23	0.002
指数移动平均法	—	21.73	0.013

资料来源:平安资管

表1-3-6　　所有因子：不同VolOnVol、GARCH_o的回测结果

VolOnVol	GARCH_o	准确性指标（%）	稳定性指标
重抽样	0	23.72	0.0044
重抽样	1	22.65	0.0046
无	0	22.89	0.0093
无	1	19.46	0.0127

资料来源：平安资管

综上，针对所有因子，预测日频波动率的最优模型参数组合为日频+简单移动平均法+250天滚动期+零均值或日频+GARCH(1,1,0)+VolOnVol+250天滚动期+零均值。

2. 针对债券曲线因子

在频率和滚动期的选择上，结论与所有因子的回测结果类似（见表1-3-7）。而对于均值函数的选择，曲线因子较为特殊，除日频+250天滚动期的情况外，建议选择简单移动平均法。

表1-3-7　　债券曲线因子：不同频率、滚动期和均值的回测结果

频率	滚动窗口（天）	均值函数	准确性指标（%）	稳定性指标
日频	63	历史均值	13.60	0.006415
日频	63	零均值	7.57	0.006889
日频	125	历史均值	17.99	0.005716
日频	125	零均值	13.29	0.005773
日频	250	历史均值	19.71	0.004946
日频	250	零均值	24.36	0.005054
周频	26	历史均值	9.64	0.005399
周频	26	零均值	4.93	0.005349
周频	52	历史均值	12.60	0.004749
周频	52	零均值	9.07	0.004809

资料来源：平安资管

对于GARCH模型，由于曲线因子有一定的偏度，在设置VolOnVol时GARCH_o=1即GJR-Garch的效果较好（见表1-3-8）。

表1-3-8　　债券曲线因子：不同 VolOnVol 和 GARCH_o 的回测结果

VolOnVol	GARCH_o	准确性指标（%）	稳定性指标
重抽样	0	12.53	0.00336
	1	14.95	0.00363
无	0	12.58	0.00778
	1	10.87	0.00953

资料来源：平安资管

综上，针对债券曲线因子，表1-3-9列示的参数组合的模型较优。

表1-3-9　　　　　　　债券曲线因子：推荐模型

频率	模型	VolOnVol	GARCH_o	GARCH 分布	均值函数	滚动期
日频	GARCH	重抽样	0	正态	零均值	250
日频	SMA	—	—	—	零均值	250
日频	GARCH	重抽样	0	正态	历史均值	125
日频	GARCH	重抽样	1	正态	零均值	250
日频	SMA	—	—	—	历史均值	250

资料来源：平安资管

3. 针对股票因子

频率上依旧日频优于周频，滚动周期长短的差异不明显，且各种频率下历史均值均优于零均值。因此，股票建议滚动期为一季度的简单移动平均法，或者一年期的 GARCH + VolOnVol，并且采用历史均值（见表1-3-10至表1-3-12）。

表1-3-10　　　　股票因子：不同频率、滚动期的回测结果

频率	滚动窗口（天）	准确性指标（%）	稳定性指标
日频	63	41.11	0.282907
	125	38.67	0.239206
	250	44.14	0.212536
周频	26	28.47	0.209609
	52	35.91	0.181813

资料来源：平安资管

表 1-3-11　　　股票因子：不同频率、滚动期和均值的回测结果

频率	滚动窗口（天）	均值函数	准确性指标（%）	稳定性指标
日频	63	历史均值	47.49	0.282199
		零均值	36.94	0.284125
	125	历史均值	41.25	0.239206
		零均值	37.01	0.237965
	250	历史均值	45.90	0.213175
		零均值	37.21	0.212311
周频	26	历史均值	36.62	0.209777
		零均值	25.49	0.198818
	52	历史均值	39.37	0.182382
		零均值	32.04	0.181813

资料来源：平安资管

表 1-3-12　　　股票因子：推荐模型

频率	模型	VolOnVol	GARCH_o	GARCH 分布	均值函数	滚动期
周频	GARCH	重抽样	1	正态	历史均值	52
日频	GARCH	重抽样	1	正态	历史均值	250
日频	GARCH	重抽样	0	正态	历史均值	250
日频	SMA	—	—	—	历史均值	63

资料来源：平安资管

4. 针对利差因子

相比周频，日频准确性显著较高。在日频数据下，一季度、半年和一年的滚动周期相差不大。在均值函数选择上没有统一结论。综上，推荐使用日频 + 短滚动周期的简单移动平均法，或者一年期的 GARCH（见表 1-3-13 和表 1-3-14）。

表 1-3-13　　　利差因子：不同频率、滚动期的回测结果

频率	滚动窗口（天）	准确性指标（%）	稳定性指标
日频	63	63.6	0.004006
	125	67.9	0.003673
	250	61.0	0.003310
周频	26	25.7	0.002246
	52	45.6	0.001748

资料来源：平安资管

表1-3-14　　　　　　　　　利差因子：推荐模型

频率	模型	VolOnVol	GARCH_p	GARCH_q	GARCH_o	GARCH分布	均值函数	滚动期
日频	SMA	—	—	—	—	—	零均值	63
日频	SMA	—	—	—	—	—	零均值	125
日频	GARCH	重抽样	1	1	1	正态	历史均值	250
日频	GARCH	重抽样	1	1	0	正态	历史均值	250

资料来源：平安资管

二、因子相关系数

（一）回测范围

因子相关系数的回测基于因子月频收益率数据预测月频波动率，回测时间段为2018年1月至2020年11月。由于相关系数矩阵需要用到债券个券指标值，受制于数据长度，可测时间段较短，因此不对稳定性进行测试（见表1-3-15）。

表1-3-15　　　　　　　因子相关系数回测参数说明

Item	候选参数	说明
频率	日频、月频	当用高频预测低频时，选取距离待估计日期最新的高频相关系数作为模型输出。例如为计算2021年1月的相关系数矩阵，当选择日频时，会用2021年1月第一个工作日的预测值代替
滚动窗口	日频：250天、125天 月频：24天、12天	相关系数矩阵在一般建模中希望较为稳定，因此选择较长时间周期
均值函数	历史均值、零均值	
模型选择	简单移动平均法（SMA）	

资料来源：平安资管

（二）回测结果

从因子波动率和相关系数矩阵的整体回测上看，结果较为一致，月频优于日频，零均值优于历史均值（见表1-3-16）。表1-3-17中列出回测中最优的两个参数结果，简单移动平均法和GARCH法效果类似，因此在考虑尽量减少模型风险和复杂度的前提下，建议采用简单移动平均法。

表1-3-16　　　　　组合波动率模型较优参数结果

均值函数	波动率			因子相关系数矩阵			准确性指标（Bias 统计量）
	频率	模型	滚动期	频率	模型	滚动期	
零均值	月	SMA	24	月	SMA	24	1.1780
零均值	月	SMA	24	日	SMA	250	1.2439
零均值	月	GARCH + VolonVol	24	月	SMA	24	1.1516
零均值	月	GARCH + VolonVol	24	日	SMA	250	1.2173
历史均值	月	GARCH + VolonVol	24	月	SMA	12	1.2441
历史均值	月	GARCH + VolonVol	24	月	SMA	24	1.2540
历史均值	日	SMA	250	日	SMA	125	1.5514
历史均值	日	GARCH + VolonVol	250	日	SMA	125	1.5513
历史均值	月	SMA	24	月	SMA	12	1.2300
历史均值	月	SMA	24	月	SMA	24	1.2379
历史均值	日	GARCH	63	日	SMA	125	1.6275
历史均值	月	SMA	24	日	SMA	125	1.3381
历史均值	月	GARCH + VolonVol	24	日	SMA	125	1.3756

资料来源：平安资管

表1-3-17　　　　　组合波动率模型最优参数结果

均值函数	波动率			因子相关系数矩阵		
	频率	模型	滚动周期	频率	模型	滚动周期
零均值	月	SMA	24	月	SMA	24
零均值	月	GARCH + VolonVol	24	月	SMA	24

资料来源：平安资管

综上所述，基于因子的收益率数据，协方差矩阵估计的最优参数配置为：频率上同频预测效果最优；日频的滚动期1年较优，月频滚动期2年较优；综合考虑历史法和GARCH + VolonVol的回测效果和模型复杂度，简单移动平均法较优。在均值函数上没有统一结论。

第四章 组合管理中的运用

第一节 组合构建和优化

基于债券多因子风险模型，我们开发了债券组合优化工具 MOPO（Multi-Objectives Portfolio Optimizer）。MOPO 已经在平安资管中用于部分债券资管产品，起到了预期的效果，且证明了债券多因子风险模型可以很好地度量风险，控制相对基准指数的跟踪误差。

使用 MOPO，债券投资组合构建的目标可以类似如下描述：最大化投资组合收益预期，最小化投资组合风险或最小化投资组合相对基准的跟踪误差。同时，债券投资组合需满足个券集中度约束、久期约束、流动性约束、信用评级约束等。

其中，债券投资组合的收益预期取决于投资经理的观点：

（1）如果投资经理关注持有到期收益，则个券收益预期或选为 carry（ie. YTM·dt）；

（2）如果投资经理关注接下来一段时期的收益，则收益预期或需要选为 carry + rolldown；

（3）如果投资经理对利率曲线或利差有观点，则还需要考虑自身观点。

投资组合的风险，则可以使用基于本文的债券多因子风险模型进行度量。风险的度量可以选用 VaR 或波动率。MOPO 中一般以使用波动率度量风险。

MOPO 使用多目标遗传算法计算以上的优化问题。使用遗传算法的好处是支持多元目标与约束设置，能够生成多个位于帕累托最优前沿上的组合方案，为投资经理权衡不同方案的风险收益提供参考。

第二节 组合风险分析

一、模型应用

(一) 组合波动率

投资组合风险测量公式为:

$$\sigma_p = \left[(e_p' \sum e_p + \Omega_p) \times 252 \right]^{0.5} \quad (4-1)$$

$$\sum = \begin{bmatrix} \sigma_{11}^2 & \cdots & \sigma_{1N}^2 \\ \vdots & \ddots & \vdots \\ \sigma_{N1}^2 & \cdots & \sigma_{NN}^2 \end{bmatrix}$$

其中,e_p 代表投资组合对各因子敞口的向量;$\sum$ 是因子单日收益的前瞻性协方差矩阵,其中 $\sigma_{ij}^2 = \sigma_{ji}^2$;$\Omega_p$ 是组合的个券特质风险方差矩阵;σ_p 是组合总波动率。

相较于后验性组合波动率模型通过回看组合历史净值而估计组合波动率而言,前瞻性组合风险模型基于组合 T 日持仓风险敞口,并结合了模型对组合未来波动率的预判,具有更强的解释性和预见性。

(二) 组合参数法 VaR

对于损失分布严重偏离正态分布的组合而言,组合波动率的含义会与损失分布服从正态分布时的含义产生较大差异。因此,需要构建一个独立于组合损失分布的、更加直观的组合风险指标。

$VaR_{t,\alpha}$(Value at risk),表示资产在未来 t 时间内损失率有 $1-\alpha$ 的概率会超过 VaR_α。$E[\Pr(-r_t > VaR_{t,\alpha})] = 1-\alpha$,$E[\Pr(r_t < -VaR_{t,\alpha})] = 1-\alpha$,$VaR_{t,\alpha} = -Q(1-\alpha)$。

当假设 $r_t \sim N(0, \sigma_{t,p})$ 时:

$$VaR_{t,\alpha} = -\sigma_{t,p} \times Z_{1-\alpha} \quad (4-2)$$

其中,r_t 为收益率,$-r_t$ 即损失率;$Q(1-\alpha)$ 为 $1-\alpha$ 分位数;$Z_{1-\alpha}$ 为标准正态分布 $N(0,1)$ 的 $1-\alpha$ 分位数;$E(\ )$ 为理论期望。例如 $t=1$ 天,$\alpha=0.95$ 时,VaR_α 的含义为未来 1 天有 5% 的可能性组合的损失会超过 VaR_α。由于 VaR 本质上是一个分位点的数值,故受组合损失分布影响较小。

另外,相较于历史模拟法计算的 VaR 具有模型风险低、不易被操控的特点,更适合监管场景。基于前瞻性风险模型输出的组合波动率而计算的参数法 VaR 更能体现模型基于固收多因子体系对市场的理解和预判。

(三) 组合 CVaR

VaR 只反映了组合损失在某分位点边界上的数值,对于损失超过此分位点条件下的期望损失没有反映。在厚尾分布下,VaR 不满足凸性和次可加性 (subadditivity),不是组合的一致性风险测度 (coherent risk measure)。

CVaR (Conditional Value at Risk,也称为 ES,即 Expected Shortfall),表示当未来一段时间的组合损失超过VaR_α的条件下的期望损失:

$$CVaR_\alpha = E(-r \mid -r > VaR_\alpha)$$
$$= -E(r \mid r < -VaR_\alpha) \quad (4-3)$$

当假设 $r \sim N(0, \sigma_p)$ 的前提下:

$$CVaR_\alpha = \frac{1}{\sqrt{2\pi}} \frac{\sigma_p}{1-\alpha} e^{-\frac{z_{1-\alpha}^2}{2}} \quad (4-4)$$

其中,$E(X \mid Y)$ 表示给定 Y 时的 X 条件期望:

$$E(X \mid Y) = \frac{\int xf(x,y)dx}{\int f(x,y)dx} \quad (4-5)$$

f(x) 为标准正态分布密度函数。比较常见的置信水平有 90%、95%、99%。

(四) 组合跟踪误差

在相对收益组合的管理中,相对于组合自身波动率,更关注跟踪误差 TE (Tracking Error):

$$TE_p = \left\{ \left[(e_p - e_b)' \sum (e_p - e_b) + (\Omega_p \mp \Omega_b) \right] \times 252 \right\}^{0.5} \quad (4-6)$$

其中,e_p为组合在因子暴露度列向量;e_b为基准在因子暴露度向量,列向量;$\sum$是因子单日收益的预测协方差矩阵;Ω_p为组合个券预测特质风险方差;Ω_b为基准个券预测特质风险方差;TE_p是组合跟踪误差。

二、案例分析

(一) 案例一:绝对收益组合

一个纯债组合的目标年化收益率为 6%,来自 KYZ 的风险分析如下:

在图 1-4-1 中,总计一列为资产总风险(组合波动率,即标准差),来自系统性风险因子和异质风险因子贡献的总和,独立总风险是各资产波动率的直接加总。

资产	占净值(%)	总计(bps)	系统性风险贡献(bps)	特有风险贡献(bps)	独立总风险贡献(bps)
合计	92.82	38.92	35.58	3.34	105.32
资产支持计划	10.40	2.98	2.98	0.00	6.46
企业债	0.07	0.00	0.00	0.00	0.02
公司、企业债	29.32	9.03	8.92	0.11	28.17
现金及等价	−0.54	0.00	0.00	0.00	0.00
金融债	43.33	18.67	15.44	3.23	53.86
正回购	−15.12	0.00	0.00	0.00	0.00
存款	3.01	0.00	0.00	0.00	0.00
同业存单	22.36	8.24	8.24	0.00	16.80

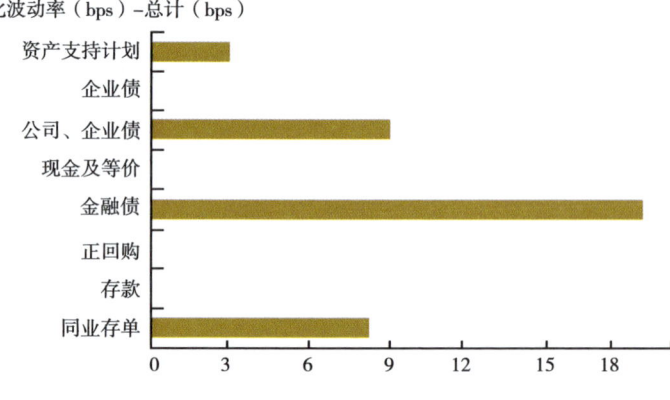

图 1-4-1 绝对组合风险分析

资料来源:平安资管 KYZ 平台

组合层面(第一行)总风险为 38.92bps,其中系统性风险因子贡献 35.58bps,占比 92%;异质风险因子贡献 3.34bps,占比 8%;而独立总风险约为 105.32bps;通过组合分散化效应为 66.4bps。

从表格不同行的维度,可以看到各类资产对组合风险的边际贡献:贡献最大的是金融债 18.67bps,占比 48%;第二大的是公司、企业债 9.03bps,占比 23%;其他还有同业存单 8.24bps,资产支持计划 2.98bps。

从图 1-4-2 可知该投资组合 1 天的 95% VaR 值约为 4.03bps,即有 95% 的概率投资组合亏损不超过 4.03bps。

专题一　多因子模型在固定收益前瞻性市场风险监控中的研究与实践

资产	占净值（%）	总计（bps）	系统性风险贡献（bps）	特有风险贡献（bps）
合计	92.82	4.03	3.69	0.35
资产支持计划	10.40	0.31	0.31	0.00
企业债	0.07	0.00	0.00	0.00
公司、企业债	29.32	0.94	0.92	0.01
现金及等价	−0.54	0.00	0.00	0.00
金融债	43.33	1.93	1.60	0.33
正回购	−15.12	0.00	0.00	0.00
存款	3.01	0.00	0.00	0.00
同业存单	22.36	0.85	0.85	0.00

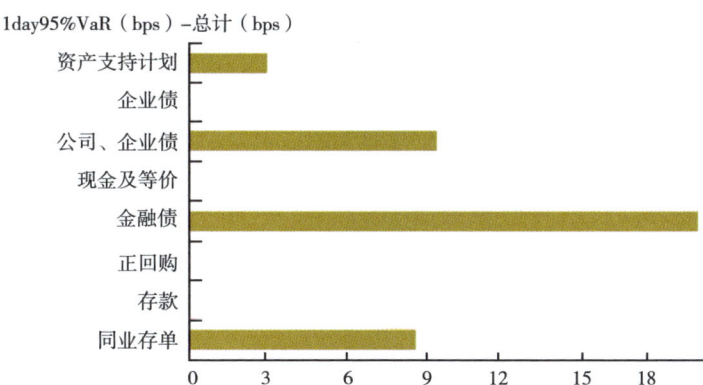

图1−4−2　投资组合95%VaR分解图

资料来源：平安资管KYZ平台

从图1−4−3可知该投资组合1天的95% CVaR值约为5.06bps，即在未来1天内，投资组合的损失超过95% VaR的前提下，期望损失为5.06bps。

资产	占净值（%）	总计（bps）	系统性风险贡献（bps）	特有风险贡献（bps）
合计	92.82	5.06	4.62	0.43
资产支持计划	10.40	0.39	0.39	0.00
企业债	0.07	0.00	0.00	0.00
公司、企业债	29.32	1.17	1.16	0.01
现金及等价	−0.54	0.00	0.00	0.00
金融债	43.33	2.43	2.01	0.42
正回购	−15.12	0.00	0.00	0.00
存款	3.01	0.00	0.00	0.00
同业存单	22.36	1.07	1.07	0.00

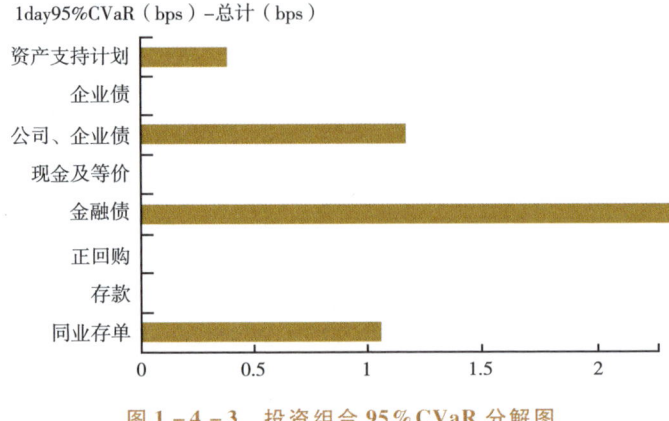

图 1-4-3　投资组合 95%CVaR 分解图

资料来源：平安资管 KYZ 平台

通过上述例子可见，通过对投资组合波动率的测算并细化到不同资产类别上的边际贡献，可以直观地比较分析组合的风险特征，有利于对组合的精细化管理。

（二）案例二：相对收益组合

在相对收益组合的管理中，相对于组合自身波动率，更关注跟踪误差。对于一个以中债高等信用债指数为基准的纯债组合。忽略特质风险情况下，其风险特征如表 1-4-1。

表 1-4-1　　　　　　　　投资组合跟踪误差表

因子	久期偏离度	跟踪误差（bps）
0—1.5 年	-0.04	-0.91
1.5—6 年	-0.57	-9.32
11—30 年	-0.03	-0.33
30—50 年	0.00	0.00
6—11 年	0.65	6.83
产业利差	-0.45	7.90
城投利差	-0.31	4.84
地方政府债利差	0.11	-0.81
房地产利差	0.09	-0.30
非银利差	-0.18	2.85
政策性金融债利差	0.00	0.00
总计	-0.74	10.75

资料来源：平安资管 KYZ 平台

组合和基准的久期偏离 -0.74 年,年化跟踪误差为 10.75bps。进一步细化研究后,会发现组合跟基准在不同关键久期的偏离度和利差久期偏离度是不同的,尤其是关键久期为 6—11 年以及 1.5—6 年和产业利差及城投利差的部分,久期偏离较大。

在该投资组合下,总久期的偏离度不能全面反映投资组合的实际风险,而通过分析跟踪误差,较直观地了解到投资组合与基准的风险暴露偏离的来源,达到精细化管理的目的。

第三节　组合压力测试

压力测试作为非常重要的风险管理工具,是对波动率及 VaR 等常态风险度量的补充,着重度量了收益分布的肥尾效应(见图 1-4-4 和表 1-4-2)。

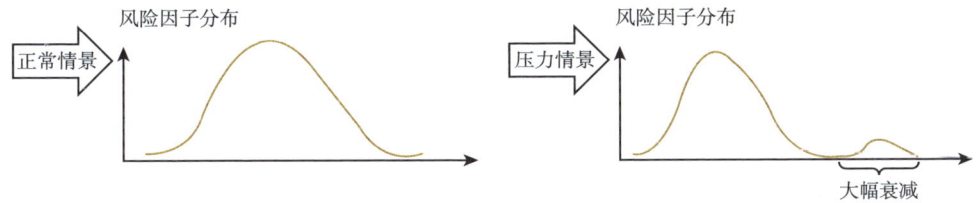

图 1-4-4

表 1-4-2　　　　多因子压力测试与其他方法的比较表

压力测试方法	优点	缺点
多因子法	• 基于相关性的压力测试更贴近现实 • 具备前瞻性,可表达历史上未出现过但投资经理预期发生的市场场景 • 可以通过核心因子的移动来模拟历史 • 计算量小	• 测试场景设定明显不合理时,可能出现杂乱的结果 • 依赖分布假设的合理性
单因子法	• 简单易懂 • 不需要计算相关性	• 未考虑因子之间传导,测试结果和现实有差距
历史法	• 容易实施 • 不需要收益分布假设	• 对于新出现的风险因子无法度量

资料来源:平安资管

KYZ 在基于前述的组合多因子风险度量框架，结合对应的压力情景，通过对关键因子施压并纳入因子的相关关系进行风险传导，计算其他因子被动变化后的收益，从而计算出对投资组合价值的冲击。

本章的多因子压力测试风险模型的步骤可大致分为以下四个步骤：（1）设定合理的 K 个风险压力情景；（2）将压力情景转化为风险评估模型中的对应主动因子的变动；（3）通过多因子传导及主动因子的变动，计算被动因子分布；（4）计算对应压力情景下的投资组合的损益金额及损益比例。

一、模型应用

（一）压力情景类型

1. 历史情景

使用历史上市场发生剧烈变动的一段时期作为压力情景，因子初值为场景起始日期的对应行情，因子终值为场景结束日期的对应行情。

该方法的优点是压力情景是历史发生过的，证明了情景的存在性，而市场的历史重演的性质决定了其未来发生的可能性；缺点是对于新的风险因子是不适用的。

2. 假设情景

该压力情景需要风险管理者或投资管理者自行设计可能的压力情景，并给出压力情景对因子的影响，即直接给出因子变化量或者因子终值，设置因子终值时，使用持仓日当日的对应因子行情作为因子初值。

本方法强调了"人"在风险衡量中的重要性，即在风险衡量中更注重风险管理者或投资管理者对市场风险的敏感度和警惕性，弥补了在历史数据中未体现或认知到风险；但该方法由于过度依赖人的系统性经验及操作性，可能导致不能及时或不能察觉到环境变化，进而做出相应的调整。

（二）压力情景下因子协方差矩阵测算

根据预设的不同压力情景下 k 个主动因子第 t 日的变动来实现压力测试场景的配置（主动因子的日收益率为 $\mathbf{R}_{2t} = [r_{1t}, r_{2t}, r_{3t}, \cdots, r_{kt}]$）。k 个主动因子的变化通过协方差矩阵引起其他 N – k 个被动因子 $\mathbf{R}_{1t}$ 的变化。该模型假设各因子的变化服从多元正态分布。

$$\mathbf{R}_{1t} \mid \mathbf{R}_{2t} \sim N[\mu_c, \sum\nolimits_c] \qquad (4-7)$$

$$\mu_c = \sum\nolimits_{12} \sum\nolimits_{22}^{-1} \mathbf{R}_{2t} \qquad \sum\nolimits_c = \sum\nolimits_{11} - (\sum\nolimits_{12} \sum\nolimits_{22}^{-1} \sum\nolimits_{21})$$

其中，$\sum_{11}$ 为因子协方差矩阵中的子矩阵，表示被动变化因子的协方差矩阵；$\sum_{22}$ 为因子协方差矩阵中的子矩阵，表示主动变化因子的协方差矩阵；$\sum_{12}$ 为因子协方差矩阵中的子矩阵，表示被动变化因子与主动变化因子的协方差部分；$\sum_{21}$ 为因子协方差矩阵中的子矩阵，表示主动变化因子与被动变化因子的协方差部分；$\sum_{c}$ 为与压力情景相对应的协方差矩阵。

（三）压力情景损益额及损益率计算

计算所有因子收益率后，结合组合在每个因子上的暴露度可以计算得出组合在该场景下损益金额和损益比例，进一步可以细分计算每个因子和资产对组合收益的边际贡献。

1. 个券因子暴露度

$$e_f^i = w_i \cdot krd_i \quad (4-8)$$

$$e_{sd}^i = w_i \cdot sd_i \quad (4-9)$$

$$e_{sp}^i = w_i \quad (4-10)$$

其中，e_f^i 是个券 i 的无风险收益因子暴露度；e_{sd}^i 是个券 i 的信用利差因子暴露度；e_{sp}^i 是个券 i 的特质风险暴露度；w_i 是个券 i 的权重；krd_i 是个券 i 的关键利率久期；sd_i 是个券 i 的利差久期。

2. 损益额及损益率

（1）个券指标的计算如下：

$$attr_i = \sum_{j}^{n} (r_j \cdot e_j^i) + e_{sp}^i \quad (4-11)$$

$$income_i = attr_i / w_i \quad (4-12)$$

$$income\_ratio_i = attr_i / price_i \quad (4-13)$$

其中，$attr_i$ 是个券贡献；$income_i$ 是个券损益金额；$income\_ratio_i$ 是个券损益率；r_j 是因子 j 的收益率；n 是因子个数；e_j^i 是个券 i 在因子 j 上的暴露度，$e^i = \begin{bmatrix} e_f^i \\ e_{sd}^i \end{bmatrix}$，其中 e_f^i 见式（4-8），e_{sd}^i 见式（4-9），e_{sp}^i 见式（4-10）；w_i 是债券 i 的权重；$price_i$ 是债券 i 的价格。

（2）组合指标的计算如下：

$$attr_p = \sum_{i=1}^{l} attr_i \quad (4-14)$$

$$income_p = \sum_{i=1}^{l} income_i \qquad (4-15)$$

$$income\_ratio_p = income_p / market\_value_p \qquad (4-16)$$

其中，$attr_p$ 是组合贡献；$income_p$ 是组合损益金额；$income\_ratio_p$ 是组合损益率；l 是组合持仓个券数；$attr_i$ 见式（4-11），$income_i$ 见式（4-12）；$market\_value_p$ 是组合市值；l：个券数。

二、案例分析

（一）案例一：假设情景分析案例

对于历史情景的创建，使用者只需要输入历史上的一段时间，模型会获取历史上这段时间内各个风险因子的变化。以下我们以假设情景为例进行说明。

1. 情景设置

在这里我们同时设置了多个场景，例如：

（1）通胀超预期。众所周知，物价的稳定性是一个国家经济繁荣的关键，通货膨胀率是衡量物价稳定的一个关键性指标，CPI（消费价格指数）是衡量通货膨胀率最常见的指标，结合我国实际情况，假设 CPI 压力测度是 CPI 超越 6% 的界限。

（2）贸易摩擦升级。贸易摩擦会对一个国家的经济发展产生一定的影响，这里假设其的压力测度是 GDP 增速跌破 6。

（3）股票市场重大变动。即假设股票行情下跌 30% 等。

我们选择设置的是在某一假设情景下对应的因子的变化值。

2. 压力测试结果

由结果可见，该投资组合在压力情景"10 年国债利率上行 150bps"时，将损失 2 000 万元左右，整体在抗利率风险上的能力较弱，当发生重度利率压力时，将对该组合造成严重的损失，投资经理应根据风险预算情况审视组合持仓，作出可能的优化调整。

进一步查看明细，可知在该投资组合持仓中损益贡献最大的是 18 国开 04，该券损益贡献最大的主要原因是持仓权重较大；第二大损益贡献的 19 国开 08，其损益率相对比较高，其仓位权重也是较高的。

通过图 1-4-5，可以看出从年初以来投资经理对该投资组合的资产进行了一定的风险调整，逐步提高了该投资组合的抗压性。

专题一　多因子模型在固定收益前瞻性市场风险监控中的研究与实践

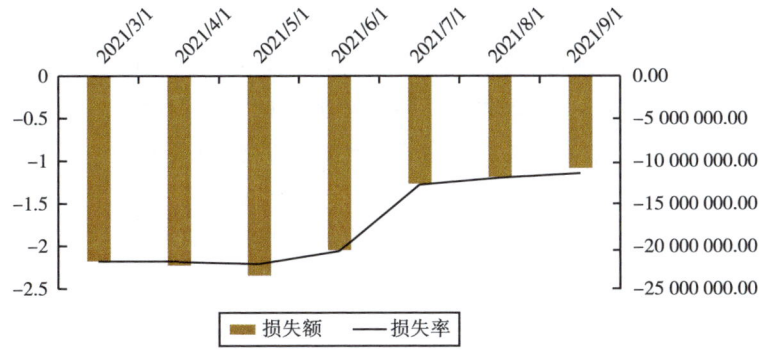

图1-4-5　10年国债收益率上行150bps压力情景对比图

资料来源：平安资管KYZ平台

第五章
模型在平安资管KYZ系统工程化实践

本章将对多因子前瞻性风险模型在平安资管的落地技术方案进行介绍。模型依托于平安资管债券生态一体化平台（KYZ）提供服务。KYZ是平安资产管理有限公司基于沉淀多年的金融资产管理业务经验，结合大数据、云计算、人工智能等先进技术，打造的智能债券投资平台。目前，模型应用以微服务方式向集团内外部投资、风控条线用户提供数据支持，已深度应用于公司债券投融资业务，赋能总资产规模逾3万亿元。

第一节　KYZ系统结构介绍

本节将概要介绍平安资管债券一体化生态平台的系统结构，KYZ的技术架构采用了分布式系统的思想和设计原则，即微服务架构。根据应用领域及技术特性的不同，将原本复杂的系统拆分为数个功能单一的应用，通过用户认证、权限控制、消息功能、注册中心等基础公共组件实现流程注册、流程路由、流程间调用及负载均衡功能。将 ES、ClickHouse、Redis 等数据中间件进行主备部署,统一为各应用提供高可用的数据存储和查询服务。金工模型平台及其他业务领域相关应用采取云架构或平台式进行分布式部署,实现了整个系统的高内聚、低耦合。

KYZ 的系统构建宏观上分为七层,其中模型的实时计算部分主要在分析层,模型计算依赖的数据预处理会在数据湖和数据库层进行处理,由上至下来看 KYZ 的七层体系结构(见图 1-5-1)。

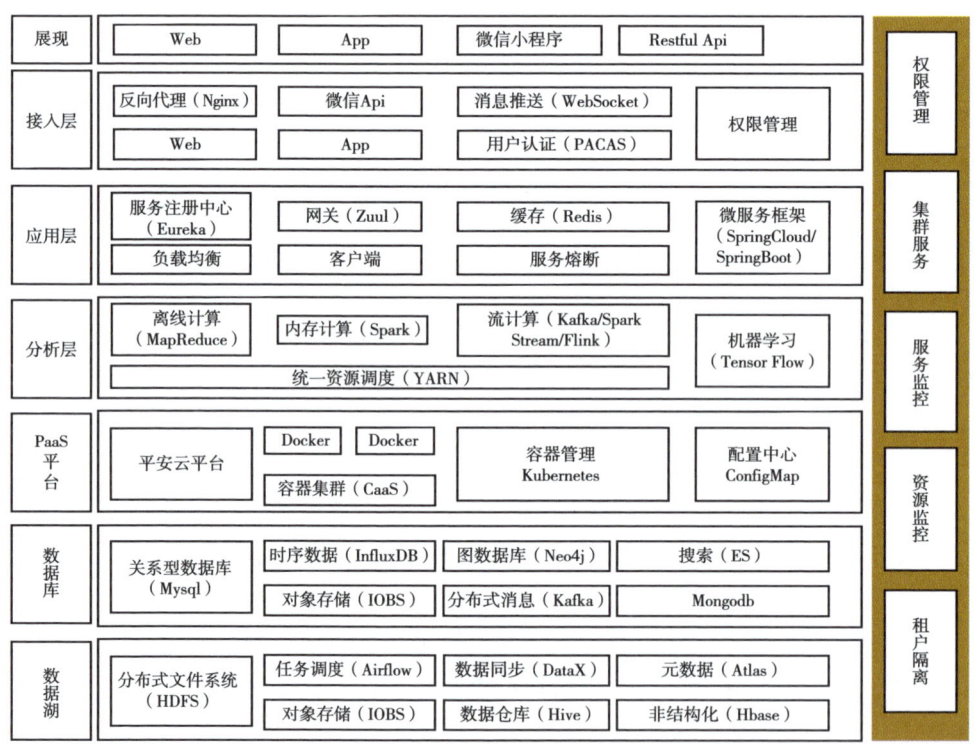

图 1-5-1　KYZ 系统体系结构

资料来源:平安资管

第一层展现层是指 KYZ 对外提供服务的方式,即 Web 服务、App 及 Api 接口。

第二层接入层,主要负责对用户进行统一接入,为客户提供应用、网络及硬件上的安全方案及具体实施。

第三层应用层是负责处理业务流转的流程平台，本层专注于为客户提供各种业务流程的实现，采用了 SpringCloud 的架构，KYZ 平台上所有应用启动后都会在注册中心 Eureka 进行注册并定时进行心跳健康检测，应用之间通过轻量级通信相互调用，由 Eureka 统一提供应用发现及负载均衡、故障转移等功能，确保了系统的高可用性、灵活性及可扩展性。

第四层分析层，通过跑批、流处理、实时计算等方式，在业务应用中计算数据、生成模型或处理流程，金工模型应用服务就处于本层。

第五层 PaaS 平台，是基于 CaaS 平台打造的容器及应用管理平台，底层框架基于 Kubernetes，提供了丰富的容器部署、编排、监控、日志等功能。

第六层数据库层，上层应用所需要的所有业务数据存储在本层，数据库主要以轻量级关系型数据库（Mysql）和 NoSql 数据库（MongoDB）为主。模型计算所需的包括组合的交易、持仓、估值、基准等私有数据，都存储在这一层。针对具体业务，私有数据相关的 VaR、收益归属、信用风险等指标的跑批计算也在本层处理。

第七层，大数据平台，主要为各个应用提供海量数据的存储、流式处理或批处理服务，模型中基于公开市场的海量因子数据的计算、各类资产券维度的行情、信息处理和存储都是在这一层进行的。

因为各层之间是相对隔离的，且各应用都采用多节点部署方式，单个应用或节点出现问题，不会影响其他应用正常提供服务，提高了系统整体可用性，目前系统满足 7×24 小时运行要求，运行一年故障时间不超过 2.5 小时，实现了进程级别的高可用。此外，KYZ 系统具备适应业务持续增长的扩展能力，支持垂直及水平扩展，包括数据库容量扩展、应用的资源扩展、网络及其他硬件系统技术性扩展。各应用各自独立进行开发、管理和迭代，团队只需要关注自己的功能模块实现，选择自己擅长的技术栈进行开发，使得功能迭代和产品交付更加快捷高效。

第二节　模型的工程化实现

本节旨在对多因子模型工程化的部分细节进行重点介绍，模型计算步骤繁多，且数据源涉及面广泛，为了提高模型运算性能，我们在模型计算的不同阶段，根据处理的数据量级、数据来源、数据依赖的不同，分别设计了针对性的技术方案。工程化的数据流处理流程如图1-5-2：

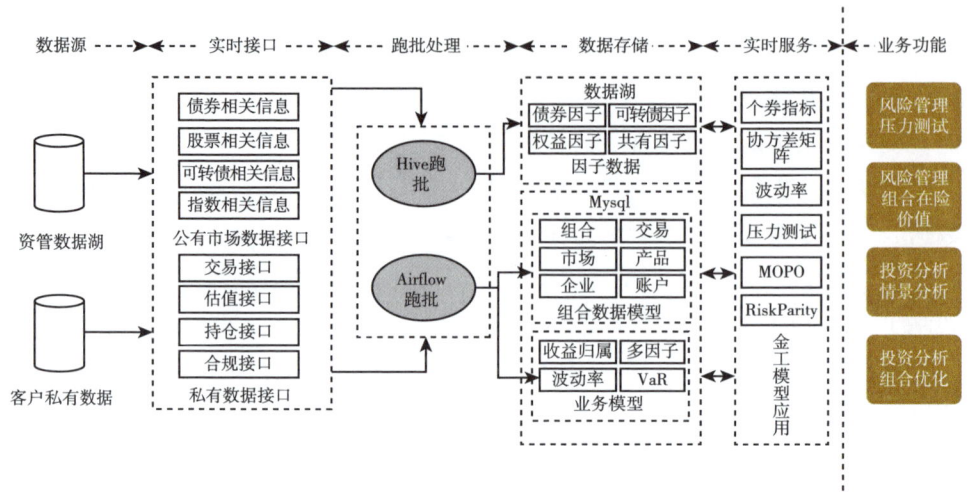

图1-5-2 工程化处理流程

资料来源：平安资管

总体的工程化方案分为三个步骤。首先，通过数据接口，从各数据源获取数据并落入对应数据库表。出于保护客户数据的安全性要求，我们将客户私有数据与市场公开数据分开存储和清洗，市场公开数据在大数据平台中存储，客户私有数据在组合数据仓库中存储。然后，将与客户调用参数无关的数据指标用离线跑批的方式进行预计算和存储，利用大数据算力、分布式计算引擎处理公开市场的海量因子指标计算，基于批量调度工具定时计算客户私有数据指标。最后，基于前两步落表的数据，在模型应用服务中实时获取进行计算，计算结果以API的方式提供服务，最终模型结果会以PC端网页及App的形式展现在用户眼前。

一、海量因子数据计算、存储和下发

因子指标体系覆盖全市场股票、普通债权、可转债、回购等类别资产的行情相关数据，具体到个券维度，平均每只券每日需要计算数十个因子指标，因子库涉及的底层数据总计达到PB级别，这些数据的清洗、转换、存储、计算需要足够的算力和存储空间。

由于因子指标的计算大部分是基于Pandas和Numpy的矩阵计算，且对计算效率要求很高，在处理因子指标阶段我们引入了高性能分布式运算框架Ray，在不提高代码复杂度的情况下，能够并行地在集群中各节点上计算因子指标。

Ray 是一个实现了分布式执行 python 程序的开源框架，来自 UC Berkeley 大学 RISELab 实验室，通过零复制序列、分布式调度以及共享内存等技术提供高性能的计算能力，近年来在互联网和金融科技公司开始流行起来。使用 Ray 作为分布式计算框架的优势在于：

第一，高速读取数据共享内存。框架创建了一个基于列式存储的共享内存数据服务，该服务单独成为一个进程运行，可进行数据在进程间的共享，其底层数据结构基于 Apache Arrow 实现，单维度上亿级别的查询速度可以达到毫秒级别，可充分利用 CPU 优势进行向量化计算。

第二，可扩展的计算资源。基于 Actor 并发模型，用户通过分布式函数编程可创建多个 worker 并行计算，摆脱了 python 解释器的全局锁，使得并行计算理论上有了无限横向扩展的能力。

因子指标每日批量计算完成后需要落表到数据湖中，因子库数据的存储是通过写入 Hive 数据库实现的。Hive 本质上是一个构建在 Hadoop 之上的数据仓库工具，将结构化数据文件映射为关系型数据库表，并基于 MapReduce 语言封装了一系列的类 SQL 语句查询接口，其底层是一个分布式的文件存储 HDFS。通过将因子指标数据以文件形式存入 HDFS 中，再使用 DataX 每日将数据同步至下游应用数据库中，实现了每日公开市场数据的下发。

二、面向资管业务场景的组合数据仓库

组合系统数据仓库是面向资管业务组合投资管理场景设计的。组合系统是一个典型的分析性系统，由于大部分的数据库操作场景都是读操作，涉及大量复杂的查询、历史数据处理和归档操作，组合系统数据仓库采用了典型的 OLAP 数据仓库组织形式；表的设计面向金融主体采用星型模式设计，维度相同的数据尽可能装载在同一张宽表中，尽可能减少表数量。数据仓库分层设计为接口层、整合层、计算层，具体的数据处理流程架构见图 1-5-3。

首先，接口层数据来源于两部分：一部分来自数据湖处理好的公开市场数据，如股债基等资产类别各券的基本信息及行情、企业的基本信息等，通过 DataX 每日从 Hive 数据库中下发。另一部分来自客户私有接口数据，如组合的持仓、交易、估值、排名、管理费，以及证券、账户、投资经理、基准等相关数据，每日通过私有接口获取。这两部分数据每日以增量的方式通过接口获取后，灌入接口层对应的数据表中。

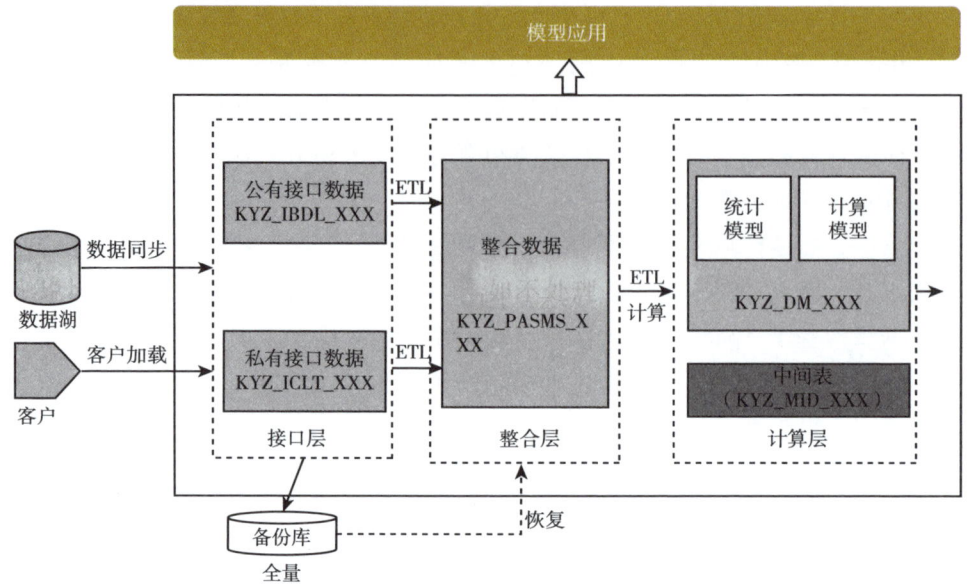

图 1-5-3 数据处理流程

资料来源：平安资管

接下来在整合层中将接口数据进行加工、处理，得到数据模型。整合层数据处理的原则包括：不做接口数据的聚合统计；初始化全量数据从备份库提取；实现对接口数据的数据质量检查，检核与校验；数据全部来源于接口层数据。整合层围绕组合、交易、市场、企业、账户以及产品等七个主题构建数据模型。

计算层中的数据处理是面向业务方向的，大致可分为统计类和计算类两类。统计类数据依据各维度，生成统计结果；而计算类数据则是根据指标的业务口径，按照明确的模型或指标的计算口径，对数据进行处理和加工。计算层的数据来源于接口层和整合层，涉及的计算模型包括组合构建、到期收益率、协方差矩阵、收益归属、VaR 计算、Brinson、市场风险压力测试等。

可以看出，组合数据仓库涉及的数据处理工作量是巨大的，包括数据的抽取、转换及加载，数据指标计算、模型指标计算等，这些任务之间存在着错综复杂的依赖关系，大致可分为：时间依赖，任务需要等待某个时间点触发执行；外部系统依赖，任务依赖某个外部系统接口调用触发；任务间依赖，任务 B 的数据输入是数据 A 数据输出，两个任务必须按照先后顺序执行；跑批资源环境依赖，由于操作系统或系统资源等原因，任务只能在特定机器上执行。因此，传统的定时跑批工具无法满足我们批量调度的需求。

组合数据的跑批处理调度框架使用了开源框架 Apache Airflow，其通过有向无环图 DAG（Directed Acyclic Graph）来管理任务流程依赖，具有完备的任务流依赖处理机制。

Airflow 的开发者为其封装了一系列钩子组件来实现可扩展的数据 ETL 调度功能，能够支持通过插件来完成数据流任务状态监控、邮件通知等功能，同时支持单机和分布式两种部署模型，有着非常好的扩展性。此外，Airflow 中还提供了任务调度可视化的 WebUI 界面，可监控所有任务调度运行的实时以及历史日志，可通过点击控件的方式进行任务触发、停止、重跑等操作，也可通过界面向任务传入一些手动设置的全局参数。Airflow 中有几个关键的概念，简单介绍如下：

Operators 是定义好的一系列算子，Airflow 提供了具体 Operators 类供用户在不同任务中使用，BashOperator 执行用户指定的 Bash 命令，PythonOperator 执行用户指定的 Python 函数，EmailOperator 进行邮件的发送。除了上述封装好的操作器，用户也可以根据自己需求对 Operator 进行定制化开发。在组合数据处理中，由于跑批的任务来自组合数据团队、模型工程化团队、模型团队等不同团队，虽然技术栈统一为 Python 语言，但各团队开发依赖的第三方库版本不尽相同，因此我们对 Airflow 进行了定制化开发，封装了可跨环境执行的 Operator 类。

DAG 是用来表示一系列数据处理任务组成的工作流，根据数据任务之间的依赖关系生成一个有向无环图。

调度器 Scheduler 是使用 DAG 定义来决定任务执行顺序的一个服务，执行器 Executor 是一个消息队列进程，与 Scheduler 绑定，用来确定实际执行任务计划的工作进程。基于不同的工作进程，Airflow 提供了不同的调度器进程，例如 CeleryExecutor 使用集群中节点执行任务，而 LocalExecutor 则使用与调度进程在同一台机器上运行并行进程的方式来执行任务。

总体来说，可扩展的计算资源、完备的任务依赖管理机制和便捷的可视化管理界面保证了每日组合数据流批量调度的稳定运行。组合跑批数据流按照任务依赖关系分为持仓、估值、交易、基本信息五个大类，持仓任务流又根据组合类型分为真实组合、虚拟组合、模拟组合及组合群等。基于定制化的 Airflow，目前 KYZ 组合数据批量每日总计调度 200 多个数据跑批任务，稳定、及时地为下游应用供给数据。

三、金工模型应用 PAMQU

金工模型应用是一个轻量级的 Web 应用，搭载了来自金融工程团队产出的二十余个模型，为 KYZ 信用、组合等产品的近百个功能卡片提供实时的模型计算应用，在 KYZ 产品体系中有着十分重要的地位。众所周知，金融工程模型的计算是 CPU 密集型任务，对服务器资源要求很高，而作为实时应用又要求模型接口要在短时间内返回结果，同时还要保证能够承受大量的用户并发调用，如何在有限的资源条件下提供极致的用户体验，对工程化是一个不小的挑战。可以说我们是经过了一段时间的试错，才形成了目前的金工模型应用服务技术方案。

（一）Web 框架选型

Web 框架基于 FastApi，底层基于 Starlette 开发框架，构建了高性能的 Asyncio 服务，是目前速度最快的 ASGI 异步框架。应用的参数验证、序列化通过 Pydantic 库完成，提供了基于 Python 数据类型的完备的类型检查功能，经过 Cython 编译后性能提升 50%。在性能测试中，在一台 4 核机器上能够承受最大接口并发量达到 15 000 次以上，PAMQU 是一个轻量级、高性能的 Web 应用。

（二）应用框架

采用异步削峰的思想，将 Web 节点和计算节点解耦，两部分通过 Redis 消息中间件进行交互。架构图如图 1－5－4：

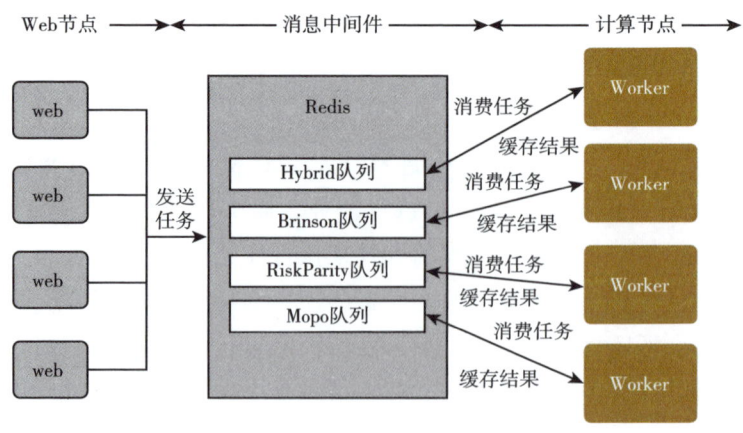

图 1－5－4　Web 节点和计算节点的交互架构

资料来源：平安资管

每当模型接口被调用，都会生成一个模型计算任务，将参数序列化后发送至中间件 Redis 中对应的模型队列，在中间件内存储的 key 值为本次调用的参数 Hash 散列值，后端计算节点会依次对模型队列中的任务消息进行消费，按照任务生成顺序逐个处理队列中的计算任务，同时会将任务状态实时更新进 Redis 中，这样保证了后端计算资源足够的情况下整个应用的高并发承载能力。后端在模型计算结束后会将结果作为值写入 Redis 缓存起来，同时更新计算状态，此后 Web 节点会去 Redis 中通过参数 Hash 值查询对应的计算结果。在 Redis 缓存期间内，相同参数的模型调用都会直接从缓存中读取，不会进入队列进行重复计算。可灵活扩展的后端计算资源也能够适应系统用户数量的快速增加。

（三）代码设计方面

采用网格状计算的思路，在封装的标准化模型基类中，横向将模型的计算全周期统一分为数据提取、数据预处理、模型计算、模型输出四层，各层之间相对独立，每一层聚焦处理一个功能，各层之内封装不同功能的函数或方法，这种分层式的设计降低了代码耦合度，使项目具有高度的灵活性、可扩展性和可维护性。纵向根据金融知识经验生成指标依赖树，相互依赖的一系列模型内部指标尽可能在一次计算中生成。传统的指标计算往往存在数据重复获取问题，在批量计算不同数据指标时，对各指标依赖的基础数据进行重复获取，导致大量计算资源被耗费。PAMQU 中通过指标依赖树能够形成一些列指标的计算顺序，一次性地将该批次计算所需全量数据获取后，按照顺序进行指标计算。这样大大减少了数据 IO 的次数，同时避免了不必要的重复计算，显著提升了模型计算的代码效率。

（四）缓存方面

一方面，将模型计算共同依赖的数据，如组合的持仓、交易、收益等相关数据用文件缓存的方式存储在共享磁盘上。首先，将数据库读取的数据处理成 Pandas 中的 DataFrame，然后读取 DataFrame 中的 Numpy Ndarray 数据，再将 Ndarray 数据通过 Save 函数存储到共享磁盘中。在读取文件的时候，通过封装的切片方法，针对不同参数维度对数据进行切片。在数据量一定的情况下，共享磁盘文件的读取性能优于数据库，而分片机制使得读取性能又提升了一个档次。此外，我们还设计了一系列锁机制，保证了数据的一致性。另一方面，在模型计算过程中，对一些计算逻辑复杂的函数结果在内存中进行缓存，缓存期间内相同参数的函数调用都会直接读取缓存，极大地减少了运算时间。

(五) 部署方面

PAMQU 采用容器化（Docker）方式进行多节点部署。容器化解决了应用环境依赖的难题，保证了跨机器的部署安全，同时具备快速部署和回滚的能力，让开发人员可以只专注于业务逻辑的开发，简化了部署、上线等原本冗杂的工作。而应用的多节点部署一方面保证了高可用，另一方面提升了系统的可扩展性。

(六) 其他方面

在模型数据获取阶段，涉及大量从数据库或文件中读取数据的操作，采用协程+多线程的方式来处理这些 IO 密集型操作，能够充分利用 CPU 资源，减少线程等待时间。

第六章 总结与建议

第一节 总　结

随着利率市场化，理财净值化的推进，固收组合管理的投前、投中、投后都需要清晰、准确地把握组合风险特征与收益目标。

基于 Markowitz（1952）的现代投资组合理论（MPT）和 Stephen Ross（1976）提出的套利定价理论（APT），平安资管 KYZ 团队借鉴海外经验并结合中国市场实践，构建了中国固收多因子体系，并与前瞻性组合风险度量模型相结合，为固收组合分散化投资与市场风险监控提供了较为完善的模型方法论体系。对固收多因子体系，本文从组合业绩归因的角度，验证了其具有完全合理性和较高的准确性，达到组合管理和风险管理场景的使用要求。对前瞻性风险模型，本文实现并回测了各类海外先进的模型方法，从模型准确性和稳定性两个角度，对回测结果进行比较，给出模型选取建议。

在模型应用层面，本文综合考虑了模型方法论的实施可行性，并且已经在平安资管 KYZ 平台上形成了实体可用的软件工具。在组合构建和优化场景中，本文创造性地将多目标优化（MOPO）算法应用于多因子组合构建过程中，KYZ平台MOPO模块可帮助组合管理者结合自身约束条件、可选债券池、对市场观点预期等因素，高效和自动化地生成备选组合，提高其工作效率。在组合风险分析场景中，本文方法论支持计算前瞻性组合波动率、参数法VaR、CVaR、组合跟踪误差作为组合风险风险度量指标。在组合压力测试场景中，本文利用模型输出的风险因子协方差矩阵，对风险因子的传导进行合理化和前瞻性的预测，给出风险损失估计。

与市面主流外资厂商市场风险系统相比，该模型方法论体系具有覆盖组合管理全流程，对中国市场产品研究更深入仔细的优势。其不足指出在于，对金融产品覆盖尚不全面，对部分衍生品的覆盖尚需完善。

第二节 建 议

市场风险计量和组合管理平台在金融模型复杂度和工程实践技术难度上，都具有较大的挑战。本文在固收投资领域对相关模型和工程化技术做出了有意义的探索，并取得了阶段性的成果。展望未来中国金融市场，现阶段的成果还有不少提升和发展的空间。

理财新规的过渡期即将结束，在理财产品全面净值化的背景下，投资组合的业绩很难再像之前那样稳步上涨，如何控制组合净值的回撤成为市场关注的焦点。本文的研究为管理以波动率为代表的市场风险提供了一套完善的方法论，并且已经实践应用于数字化系统中。建议投资机构管理固收类投资组合时，在追求提升业绩的同时也加强对市场风险的管理，控制组合净值的波动风险，并且借助金融科技的手段实现系统化管理。另外，在系统中的情景假设功能借助多因子风险模型可以试算投资组合的未来表现，通过平台系统形成更科学化、精细化的管理组合。

中国现阶段金融科技领域的快速发展大多集中在支付、零售、消费等领域，主要是针对个人金融场景；在金融机构端，对于开展金融市场业务所需的基础设施，比如对金融衍生品的定价估值、风险计量、组合管理等距离国外先进实践水平还有一定的差距。金融科技的本质是服务于金融，但科技的突破性发展已经极大地改变了金融市场的面貌和运作方式，科技的发展帮助金融市场提升定价效率，提高为实体经济服务的水平和能力。从中国金融行业的长远发展考虑，机构端金融基础设施的建设，其重大意义丝毫不弱于芯片等专精特新的高端制造业对于我国未来发展的意义。建议政策制定者对机构端金融科技的发展建设给予充分支持和进行必要的顶层设计。

第三节 展　望

来自国家统计局的数据显示，中国 2020 年 GDP 约为 101.60 万亿元人民币；而 Wind 数据显示，2020 年末中国债券市场规模约为 114.26 万亿元人民币，略高于我国 GDP 规模。而美国 2020 年 GDP 规模为 20.9 万亿美元，而同时期债券市场规模约为 45.61 万亿美元，超过其 GDP 规模的 2 倍。考虑到相较于美国的成熟金融市场，我国金融市场还在发展过程中，以及我国不断提升直接融资占比和今后一段时间经济保持相对较快增长的预期，今后一段时间我国债券市场规模会有较快增长，产品种类也会不断丰富。

伴随着债券市场的发展，市场参与者的投资方法也会不断演进，除了传统的对宏观、行业、机构行为、资金和情绪等的研究之外，基于定价基础之上的组合风险的计量也会越来越成为必不可少的一环。本文提供的多因子体系结合前瞻风险计量模型的组合管理方法论构建在扎实可靠的金融模型理论之上，借鉴了海外顶级投资机构的最新实践，且已经形成了功能稳定、性能良好、产品化程度较高的实用工具软件，即 KYZ 组合管理平台。伴随中国经济和金融的不断发展，相信国内市场类似 KYZ 的金融基础设施工具体系也会越来越发展完善，推动国内金融机构以越来越现代化的手段开展金融市场业务。

本专题参考文献

[1] 马丽娜. 投资组合中 VaR 及其实证分析 [D]. 华东师范大学，2010.

[2] 孙彬，杨朝军，于静. Copula 函数选择对投资组合压力测试的影响分析 [J]. 管理科学，2009（2）.

[3] 维尼尔·班萨利. 债券组合投资 [M]. 机械工业出版社，2016.

[4] 陈思憧. 压力测试理论方法及其在我国投资基金中的应用研究 [D]. 西南财经大学，2006.

[5] 包卫军，胡杰. 基于多维 Copula 函数的投资组合 CVaR 分析 [J]. 统计与信息论

坛，2008，23（9）．

［6］刘小茂，李楚霖．资产组合的 CVaR 风险的敏感度分析［J］．数学物理学报：A辑，2004，24（4）：7．

［7］林辉，何建敏．VaR 在投资组合应用中存在的缺陷与 CVaR 模型［J］．财贸经济，2003．

［8］吴振翔，陈敏，叶五一，等．基于 Copula - GARCH 的投资组合风险分析［J］．系统工程理论与实践，2006，26（3）．

［9］马骏，洪浩等．收益率曲线在货币政策传导中的作用［D］．中国人民银行工作论文，2016．

［10］吴国培等．国债收益率曲线构建方法：国际实践和启示［D］．中国人民银行工作论文，2016．

［11］Tim, Bollerslev. Generalized Autoregressive Conditional Heteroskedasticity［J］. Journal of Econometrics, 1986.

［12］Ledoit, Olivier, Wolf, et al. Honey, I Shrunk the Sample Covariance Matrix.［J］. Journal of Portfolio Management, 2004.

［13］Menchero J, D. J. Orr, and J Wang. The Barra US Equity Model (USE4). MSCI Barra Research Notes, 2011.

［14］Engle R F. Dynamic Conditional Correlation: A Simple Class of Multivariate Generalized Autoregressive Conditional Heteroskedasticity Models［J］. Journal of Business & Economic Statistics, 2003, 20 (3): 339 - 350.

［15］Bollerslev T. Modelling the Coherence in Short - run Nominal Exchange Rates: A Multivariate Generalized ARCH Model［J］. Rev. econ. statist, 1990, 72.

［16］Engle R F, Kroner K F. Multivariate Simultaneous Generalized ARCH［J］. Econometric Theory, 1995, 11 (1): 122 - 150.

［17］Zhu Q, Li G, Xiao Z. Quantile Estimation of Regression Models with GARCH - X Errors ［J］. Statistica Sinica, 2019.

［18］Fabozzi F J, Markowitz H M. The Theory and Practice of Investment Management［M］. J. Wiley, 1974.

［19］Fabozzi F J. Professional Perspectives on Fixed Income Portfolio Management, Volume 4. 2003.

［20］Alexander G J, Baptista A M. A Comparison of VaR and CVaR Constraints on Portfolio Selection with the Mean - Variance Model［M］. INFORMS, 2004.

［21］Markowitz H M. Portfolio Selection［J］. The Journal of Finance, 1952, 7 (1): 77.

［22］Willian F. Sharpe. Capital Asset Prices: a Theory of Market Equilibrium under Conditions of Risk［J］. The Journal of Finance, 1964.

［23］Douglas A, Huang A G, Vetzal K R. Cash Flow Volatility and Corporate Bond Yield

Spreads [J]. Review of Quantitative Finance & Accounting, 2016.

[24] Engle R F. Autoregressive Conditional Heteroscedasticity with Estimates of the Variance of U. K. Inflation [J]. Econometrica, 1981, 50 (4): 987 – 1008.

[25] Tobin J. Liquidity Preference as Behaviour Towards Risk. 1958.

[26] Stephen Ross. The Arbitrage Theory of Capital Asset Pricing [J]. Journal of Economic Theory, 1976 (13).

[27] Kotliar M, Kartashov A V, Barski A. CWL – Airflow: a Lightweight Pipeline Manager Supporting Common Workflow Language [J]. Gigascience, 2019, 8 (7): giz084.

[28] Moritz P, Nishihara R, Wang S, et al. Ray: A Distributed Framework for Emerging, {AI} applications [C] //13th {USENIX} Symposium on Operating Systems Design and Implementation ({OSDI} 18). 2018: 561 – 577.

专题二

保险机构信用风险管理体系建设与溢价获取能力研究

课 题 单 位：平安资产管理有限责任公司
课 题 负 责 人：罗力力
课题组成员：赵　丽　　戈　霖　　白育龙　　朱文卓
　　　　　　易玥杞　　黄　晶　　徐　佳　　林炼风
　　　　　　江　川

　　近年来我国宏观经济环境变化、信用债市场逐渐成熟，使得债券违约成为常态。叠加金融监管的纠偏校准，信用债刚性兑付已被打破，违约事件逐年递增。另一方面，"中国风险导向偿付能力体系"正式实施，对保险机构风险管理、期限匹配的能力要求提升。在上述背景下，保险资管正逐步实现从规模管理到风险管理的转变，其中信用风险管理体系的建设和完善更是重中之重，机构投资者对待信用风险的态度亟须从避免"踩雷"转向从风险定价中挖掘价值投资。在这种充满机遇和风险的时机，结合科技的转型是传统金融企业实现可持续增长的唯一选择。

　　本文主要在信用风险管理体系与信用债风险定价模型上寻求突破的创新解决之道。以有机结合人工智能（AI）与人类智能（HI）为核心，使用大数据、机器学习及人工智能技术沉淀资深行业分析师多年的研究经验，建立区分度高、分布合理、覆盖全面、客观的量化信用评级模型以及信用债量化定价模型，通过对主体偿债风险进行量化，实现风险与收益的匹配，完成投资的精细化管理。进一步，展开对信用策略的前瞻性研究，助力保险机构溢价获取能力的提升。

　　首先是量化信用评级模型的构建。本文以极端梯度提升（eXtreme Gradient Boosting, XGBoost）模型解决信用评级的多分类问题，对各行业信用债主体分别建模，输出评级结果。模型以公司积淀多年的内部评级为学习目标，依托行业专家的经验与充足而广阔的数据基础，将财务数据、行业数据、政府数据、工商监管与调研数据四大类指标纳入模型因子，进一步进行因子筛选、模型训练和参数调整，并使用优化后的模型进行评级预测。从模型结果来看，与外部评级机构结果相比，本文的模型结果分布接近正态分布，均衡分散，对信用资质有良好的区分能力，同时，模型评级的准确性较好，模型评级与学习目标有90%以上的评级差异在一级以内，模型评级的稳定性也较好，评级越高、迁移率越低。

其次是信用债量化定价模型的构建。本文仍采用 XGBoost 模型，但在该部分中是将 XGBoost 模型用于解决回归问题，对债券到期收益率进行估值。模型以债券收益率（第三方估值）与团队自建信用债收益率曲线的信用利差作为学习目标，参考投资经理、分析师日常的投资逻辑，将宏观经济、区域政府、资本与货币市场、信用债市场、行业情况、发行人财务状况、个券交易信息等方面的多个指标作为潜在入模因子，其中包括公司量化信评、风险预警、舆情模型和可比券定价模型四大特色模型指标，在此基础上进行因子筛选、模型训练和参数调整，并使用优化后的模型进行利差预测。从模型结果来看，定价模型的模型准确性高，回测稳定性强。平均来看，各行业的模型估值与目标估值收益率误差在 10bps 以内占比达到 90%，模型预测利差与实际利差误差平均在 3bps 以内。

最后，在量化评级和定价模型的基础上，本文从宏观、中观、微观三个层次，对如何利用量化方法构建信用策略、创新性地提升保险机构的溢价获取能力提出了系统性的构想。宏观层面，通过无风险收益率叠加信用周期的量化择时模型，判断市场信用债收益率的整体走势，进行相应的久期策略配置；中观层面，利用机器学习中的 XG-Boost 模型、深度学习中的长短期记忆神经网络模型（Long Short - Term Memory，LSTM），使用时间序列和截面因子对各行业的信用利差点位进行预测，寻找价格洼地或实现行业轮动策略；微观层面，将宏观和中观模型结果纳入因子，结合本文的量化评级和定价结果，构建多因子选债模型，同时发现因评级变动等事件驱动带来的投资机会，形成对个券的推荐。

第一章 引 言

第一节 选题背景及意义

一、保险机构加强信用风险管理体系建设的市场背景

2020 年保险资金运用余额为 219 897.68 亿元，较去年同比增长 18.69%。其中，债券共 80 123.58 亿元，占比 36.44%，债券投资占比保持较高比例，仍是保险资金运用中占比非常高的资产，其中，信用债投资收益高于利率债，是保险资金债券配置的重要方向。

当然，信用债的高收益和高风险特征并存。一方面，近年来我国宏观经济环境变化、信用债市场逐渐成熟，使得债券违约成为常态。叠加金融监管的纠偏校准，信用债刚性兑付已被打破，违约事件逐年递增。另一方面，"中国风险导向偿付能力体系"（简称"偿二代"）正式实施，对保险机构风险管理、期限匹配的能力要求提升。

保险资管正逐步实现从规模管理到风险管理的转变，机构投资者对待信用风险的态度亟须从避免"踩雷"转向从风险定价中挖掘价值投资，其中信用风险管理体系的建设和完善更是重中之重。在这种充满机遇和风险的时机，结合科技的转型是传统金融企业实现可持续增长的唯一选择。

目前，国内的险资在信用风险管理上面临着很多困难和挑战。从外部来看，债券市场上的违约样本不足、外部评级前瞻性差且分布集中、信用风险缓释工具不足等都对信用风险的管理造成制约。从内部来看，险资风险管理在信用风险评级与定价、投后管理、风险处置等环节还比较欠缺。另外，传统资管机构在数据处理和技术应用上的能力偏弱，如何将多而杂的大数据转换成支持投资决策的工具仍是一个难点。相较而言，经历了 4 次信用违约潮的美国，在违约样本上有了一定的积累，同时也经历了多轮改革措施。20 世纪 30 年代的经济危机以来，美国评级行业快速发展，监管也逐渐规范。目前美国各评级机构的评级结果较为可靠且分散分布，拥有较为完善的信用管理法律体系和健全的信用管理体系。

放眼未来，保险资金的运用面临着巨大的机遇与挑战。一方面，我国保险行业的深度与密度均未达到世界平均水平，行业整体还处于高速发展阶段，保险资金的运用余额预计仍然能够保持较快的增长速度，保费的高速增长提供了更多的保险资金，而保险资金的负债属性决定了其投资运用更注重安全性和稳健性。另一方面，在长期低利率环境预期下，长久期优质资产缺乏，保险资管机构面临着资产稳健安全与资质下沉的矛盾，在固定收益类资产的配置压力在逐步增加。

长期来看，"刚兑"的打破重新定义信用风险溢价，固收市场将以风险定价为核心。在海内外的主要定价模型中，以 Merton 模型为基础的结构模型认为，债券违约是由于公司资产价值下降到一定程度导致企业无力偿还债务引起的。基于结构模型，KMV 公司构建的 KMV 模型已在商业信用风险测量中得到广泛的应用，一些国内研究试图改进 Merton 模型，如张卫国的模糊定价模型；强度模型则认为违约不再依赖于企业资产的价值，而取决于外生变量，通过违约强度计算违约事件及违约概率，强度模型主要分为基于违约方法、信用等级和信用利差三个分支，基于强度模型的 CreditRisk 软件在业界已有广泛应用；混合模型则结合结构模型与强度模型的优势并克服二者不足，最具代表性的是由 Giesecke 提出的允许违约边界和公司价值都具有不确定性的模型。

二、量化方法对提升保险机构信用风险管理与溢价获取能力的意义

对于保险资管机构来说，在应对未来的发展机遇与挑战中，信用风险管理体系的建设与风险溢价的获取能力提升显得尤为重要，其中首先要解决的是信用风险的识别与评估，其次通过信用风险管理体系的建立提升信用风险溢价的预测能力，提高投资收益。

在信用风险管理中，评级体系是识别和量化信用风险的基础工具，能够为投资管理、绩效评估和监管合规提供重要参数，也为后续开展精细化风险管理奠定基础，为投资者和市场相关参与者提供专业化的信用风险分析结论。

信用评级结果还在相当大程度上决定了金融产品的定价，因此通过统计分析信用评级协助投资者挖掘信用债的定价，将有利于抓住投资机会。

本研究将采用量化的方法，探索如何使用机器学习的方法沉淀资深行业分析师多年信评研究的经验，建立一个区分度高、分布合理、覆盖全面、客观的

信用评级及准确的量化定价体系。通过对主体偿债风险进行量化，聚焦市场价格与价值的错配，挖掘投资机会，实现风险与收益的匹配，完成投资的精细化管理。

上述量化评级及风险溢价的研究也存在不少挑战，也是本研究需要主要克服的难点：其一，目前国内债券违约样本过少，违约数据不足，一般模型难以从极少的数据中捕捉充分的信息；其二，市场上现有的第三方公开评级过于集中在头部，缺乏区分度，难以作为学习目标；其三，由于历史统计数据稀少，信用风险难以量化分析和衡量。

传统信用风险管理缺乏精细的定量分析手段，更多地倚重定性分析和管理者主观经验判断。传统的信用风险测度主观性高，并不完全由客观因素驱动；已有的公开数据存在诸多问题：数据不完整、不真实、时间序列不足、数据质量差等；以上困难导致难以对信用风险进行定价。

信用风险属于非系统性风险，理论上可以通过充分多样化的投资完全分散。资本资产定价模型（Capital Asset Pricing Model，CAPM）和套利资产定价模型（Arbitrage Pricing Theory，APT）都只对系统性风险因素进行了定价，而没有对信用风险因素进行定价，认为理性、有效的市场不应该对这些非系统性因素给予回报，因而信用风险并没有在这些资产定价模型中体现出来。但是，信用风险的衡量非常困难。目前国际市场上由 J.P 摩根公司等机构所开发的信用风险计量模型，如 Creditmetrics、CreditRisk+、KMV 模型等，其有效性、可靠性仍有争议。因此，从总体上来说，市场对信用风险仍缺乏非常有效的计量手段。

与欧美发达国家相比来说，我国债券市场的发展相对还不够成熟，债券信用风险评估无法得到大量历史违约数据的检验和支持，对风险溢价大多采用经验估计的方式。目前传统的定性方法在评估主体的信用风险状况时有一定的实用性，但是其在债券风险溢价的定价方面却无能为力。而且随着我国信用衍生产品的出现，对信用风险研究的定性方法更不能满足金融机构对信用风险的定量管理要求。

如果有一个模型，能够把全市场各类不同维度、不同层次、不同结构的数据都考量进去，是否就可以达到客观评估主体信用资质状况以及还原债券价值本身？这个设想，在 10 年前，可能还是异想天开，但随着 Hadoop 等大数据存储、Spark 等大数据处理平台、NLP 提取技术及深度学习等大数据和 AI 技术的不断完善，通过人工智能的方式来辅助人类专家做债券定价变得可行而实际。

第二节　研究方法

本文研究将尝试以大数据为基础，用科技的力量把更多的信息包含到信用状况评估与定价决策上，并通过机器学习的方法对大量样本债券进行分析，同时结合多年业务专家经验的沉淀，帮助 AI 学习模型有效捕捉各种因素对主体信用评级以及债券定价的影响，使得投资者可以借助模型，全天候地掌握全市场主体信用风险变化，实现全面、动态、主动的信用风险管理及投资组合收益监控。

本研究在信用风险管理体系与风险定价模型的基础上寻求突破的创新解决之道，通过结合人工智能与传统业务经验，将人工智能自动化研究能力引进信用风险管理体系，助力提升投资和研究能力，进一步提升风险管控和从风险中获取收益的能力。公司已在这条道路上不断探索与突破，依据数据驱动、场景贴合、快速迭代三大原则，在资管业务各环节、多场景下，实现人和机器在深层次上的有机统一。在人工智能的帮助下，解放更多的人力，让分析师可以专注于市场本质的研究，向更高水平的分析能力发起冲击，将更为深层次的研究结果再反哺机器进行训练与迭代，通过业务与科技的不断迭代更新，做到人机的有机结合，形成良性循环。同时，希望本次实践研究能够为行业提供科技转型的有效样本，引领整个行业在数据合作、技术研发、生态共建上共同探索，为实现更为智能、更为美好的数字化新时代一起努力。

第三节　本文框架

本文以有机结合人工智能（Artificial Intelligence，AI）与人类智能（Human Intelligence，HI）为核心，使用大数据、机器学习及人工智能技术沉淀资深行业分析师多年的研究经验建立一个区分度高、分布合理、覆盖全面、客观的信用评级及精准的量化定价体系，通过对主体偿债风险进行量化，实现风险与收益的匹配，完成投资的精细化管理，进一步，展开对信用策略的前瞻性研究。

本文内容主要分为以下五个部分：第一部分为引言，介绍选题的背景和意义，并阐述本文的研究方法和写作框架。

第二部分展开量化信用评级模型的构建，包括通用模型的介绍、本文构建量化信评模型思路和方法的分析，以及模型的效果和优势的展现。

第三部分探讨信用债量化定价模型的构建，首先介绍当前的通用模型，进一步阐述本文定价模型的构建方法，以及模型的效果和主要优势。

第四部分基于前述量化评级和债券定价结果，对保险机构如何创新性地构建信用策略、提升获取溢价能力展开了前瞻性研究。

第五部分为全文总结，对本文的主要成果和结论、创新点以及局限之处进行归纳。

第二章 量化信用评级模型的构建及效果

第一节 量化信用评级模型的构建背景

一、主流评级机构信用评级模型的优劣势分析

目前国内外的主流外部评级机构披露的评级方法，大多采用打分卡模型的方式进行分档打分，基本遵循层层递进的逻辑。通过对底层各定量和定性要素进行分档和打分，再逐级通过加权计算得分、分档或矩阵分析向上层要素推导，直至得到最终信用等级。

打分卡模型形式直观，方法易理解，结果易解释，但也存在以下不足之处：

（1）打分卡参数设置受分析师偏好影响大，模型独立性非常弱；

（2）打分卡模型中的评级要素选取与要素权重设定主要依赖专家经验输入，而专家判断具有主观性，不同专家评判标准、方式和结果难以保持一致；

（3）打分卡模型的参数有限，参数线性叠加模式未必能够充分反映分析师的评级逻辑，导致模型结果与人工评级结果差异大；

（4）依赖人工输入的特性也决定了打分卡模型无法覆盖全市场的主体，数据更新存在不及时的问题。

二、构建量化信用评级模型的必要性

2014年3月7日11超日债利息无法全额支付（8 980万元利息），成为国内首例违约的公募债券，也打破了信用债刚性兑付的惯例，从此信用债不再被认为是可以保本的投资标的。据Wind统计，截至2021年2月末，信用债累计违约主体数达184家，违约主体逐年递增且有井喷趋势。了解企业的真实信用评价已越来越重要，但是目前的固定收益投资流程中，主要还是依靠人工跟踪和外部信用评级对企业信用资质进行分析和追踪，这种方法不可避免地会面临难以克服的困难和挑战：

（1）外部评级的收费模式是发行人付费，受信用债一级市场发行的逆向选择，发行主体的外部评级普遍集中于AA、AA+和AAA三个等级，占比达85%，对企业信用资质区分度低，难以作为信用分析与投资决策的参考。

（2）从历次违约事件可以看出，外部评级调整十分滞后，未起到风险揭示作用。

（3）市场上有7 000家以上曾经发行过债券的主体，人工难以一一进行数据搜集、分析和评级跟踪。

（4）各个维度的日常信息量巨大，人工难以进行全面的跟踪和分析。

（5）国际评级机构的评级虽然具有一定区分度，但是所覆盖的国内主体有限，难以满足投资需求。

因此，为了解决以上问题，本团队开发的信用评级系统应运而生。该信用评级系统有机地结合了人工智能和专家经验，通过学习沉淀国内外信用评级经验，分析主体信用状况影响因素，使用机器学习的方法在海量数据中发现和挖掘影响信用风险的因子和模式，从而实现对全市场主体的全面跟踪、即时更新，并在此基础上建立了区分度高、覆盖全面的量化评级体系。

第二节　量化信用评级模型的构建

一、建模方法选择

为了寻找到合理而有效的模型方法，我们对债券市场数据及各种模型方法及其优劣势均进行了深入研究和分析。各类模型思路具体对比如下：

一是违约率模型，如KMV模型、JLT模型。这种模型从市场信息中计算违约概率，虽然理论上有效，但需要连续的股票交易信息或信用交易信息，对于非上市企业和流动性差的债券市场适用性极其有限；同时，这种模型假设资产回报服从正态分布，而现实中，资产回报很难满足正态分布的条件。

二是回归模型，本文主要对比了线性回归模型和逻辑回归模型。其中，线性回归模型简单易懂，易于理解，但是只能做线性叠加，信息处理能力有限。二分类逻辑回归模型学习目标为主体违约状态 0 或 1，以自变量 X 预测主体落在违约状态的概率。但如前文所述，目前市场上违约案例不多，数据匮乏，该方法难以适用。多分类逻辑回归模型是预测目标为有序数列的回归模型，将评级等级作为预测值，又叫"影子评级"模型。相对于二分类逻辑回归，其数据可得性高，评级包含的信息更加丰富，区分更加细致，同时解释性高，但该模型不能很好地处理高维数据，容易出现欠拟合，准确性天花板明显。

三是非线性机器学习模型。该类模型以极端梯度提升（eXtreme Gradient Boosting, XGBoost）模型为代表，拟合效果相比前述模型有很大的提升，模型结果在一级差以内的样本占比在 90% 以上，精确度更高。且数据处理能力更强，能容纳更多要素，计算效率高。但相对而言，其解释性有待提升。

XGBoost 模型是基于梯度下降决策树的提升方法，采用集成思想，既可以用于解决分类问题也可以用于解决回归问题。该算法主要通过二阶泰勒展开求解最小损失函数，确定分裂节点，构建最终模型。

在进行以上分析和比较之后，可以看出非线性模型准确率高，能处理更高维的数据，因此选择使用非线性机器学习模型，并在模型训练过程中，通过与分析师充分沟通，结合分析师的研究经验进行因子的组合和挑选，人工判断提升因子的解释性。

二、模型行业分类

在进行模型行业分类时，我们不仅要考虑到不同行业本身的特性，更要考虑到每一个行业需要有足够的数据支持模型的建立和验证。因此在量化模型中，行业分类并非越细越好，而是应该综合考虑行业内样本量与行业特性，选择合适的分类方法，兼顾同一模型覆盖行业的风险特征相似性，以及样本量足够大的要求。经过数据分析及与分析师讨论，将所有发债主体分为如下 12 个模型行业（见表 2-2-1）：

表 2-2-1　　　　　　　　量化模型行业划分

量化模型	对应行业
房地产模型	房地产
服务业模型	社会服务、餐饮旅游、文化传媒、信息通信技术、仓储物流
制造业模型	电子设备与器件行业、装备制造、汽车、消费电子电器、轻工制造、纺织服装、食品饮料、医疗保健
基础设施模型	交通运输、建筑、电力发电、电力供应、公用事业
能源模型	石油及天然气开采及服务、煤炭、化工、建材、有色金属、钢铁、农林牧渔
批发零售模型	商贸零售
城投模型	城投
银行模型	银行
保险模型	保险
证券模型	证券
金融综合模型	除银行、保险、证券外的其他金融机构
综合模型	所有其他行业

资料来源：平安资管

三、模型学习目标选择

中国的债券市场还处于发展的初期，信用债违约自 2014 年开始，而集中爆发则要到 2016 年。截至 2021 年 2 月，累计的违约主体不足 200 家，相比于发债主体来说，违约案例匮乏，并不适于作为模型的学习目标。同时，外部评级大都集中在头部，对个体信用资质的区分度极低，也不是一个优质的学习目标。海外三大机构评级虽然区分度好，大众认可程度高，但其所覆盖的国内发债主体范围太小，样本量不足，同时对房地产、城投这种业务模式比较具有中国特色的主体，评级结果与国内市场投资者认知存在明显差距。因此，违约样本、外部评级和海外三大机构评级在作为学习目标方面均存在一定的问题。为了寻找到一个优异的学习目标，本文将目光转向了公司内评。

公司信评研究部门信用分析师从业经验丰富，过去累计对超 7 000 家债券发行主体进行过评级和定期跟踪，对发债主体覆盖程度高，样本量充足；评级准确度高，经受了时间的考验；且公司评级排序区分度高，与三家主流国际评级机构的评级结果具有一定可比性。总的来说，以公司内评作为建模的学习标的，可以避免以外评及三大国际评级机构评级结果为学习标的产生的问题，是较为理想的方案（见表 2-2-2 及图 2-2-1）。

表2-2-2　　　　　　　　　资管内部评级优势

	痛点	公司内评
外评	集中于头部,对信用资质区分度低	正态分布,反映企业实际信用水平,且与三家主流国际评级机构的评级结果具有一定可比性
	评级虚高,不具备参考性	评级准确度高,经受了时间的考验
	调整滞后	信用高频跟踪、及时行动
	注重历史业绩描述,风险提示不足	前瞻性挖掘风险,具有极强的风险揭示作用
三大国际评级机构	国内发债主体覆盖率低	覆盖超7 000发债主体,主体覆盖度广
	评级方法对具有中国特色的行业水土不服	近20年评级经验,深耕国内市场

资料来源：平安资管

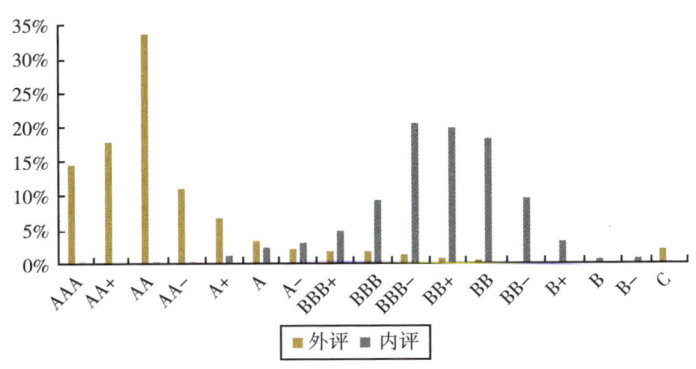

图2-2-1　内外部主体评级分布对比

资料来源：平安资管

经过以上比较分析,本文决定采用沉淀了多年信评业务经验的公司内部评级结果作为模型学习的目标。

四、模型因子选取

量化评级模型的因子选取都经过模型团队与行业专家充分沟通与通力合作。行业专家与模型团队根据各行业的特性,将所有可能影响企业信用资质的因子进行清理和整理,并充分考虑每个行业的特性,构建具有行业特色的指标。

以城投为例。作为主要从事城市建设业务的主体,城投公司并不完全以盈利为目的,缺乏自我造血能力,政府回款及财政资助构成城投平台的偿债资金主要来源。因此,如果仅考虑其他行业通用的指标,如利润率指标、现金流利息保障倍数,将无法真实有效地反映城投公司的风险特征。根据行业专家的建议,本文为城投公司额外构建了能反映其行业特色的指标,全面考虑了平台与地方政府亲密关系、地方政府支持力度。如使用政府注资力度指标反映地方政府对城投平台的债务性和资本性支持,其公式为:

政府注资力度=(专项应付款变动+资本公积金变动)/总资产

专项应付款是企业接受国家作为企业所有者拨入的具有专门用途的款项所形成的不需要以资产或增加其他负债偿还的负债。因此,虽然其属于负债类科目,但实质为地方政府拨付给城投企业的项目建设资金,不增加城投企业的实际偿债压力,是地方政府常用的一种债务性支持手段。

城投企业资本公积金最主要来源为地方政府追加的投资,包括货币资金、土地和厂房等有形资产及土地使用权和国有股权等无形资产。专项应付款和资本公积金体现了地方政府对城投企业的资本性和债务性支持,二者的增量之和占总资产的比重体现了政府对城投企业的支持力度,比重越大表明支持力度越高,城投还款来源越能得到保障。

总的来说,依托行业专家的经验与充足而广阔的数据基础,我们建立了每个行业的指标库,每个行业有几百个特征可考虑纳入模型,既包括通用因子,也包括行业特色数据与指标。这一系列因子大致可分为以下几大类:

一是财务数据,既包括流动性、周转能力、资本结构、盈利能力、偿债能力、成长能力等通用指标,也包括如金融行业的生息率、不良率,城投的补贴收入、政府支持占比等行业特色指标;

二是行业数据,如房地产的去化率、房产销售、土储,证监会证券公司分类评分、拨备覆盖率、资本充足率、能源矿产开采量等;

三是政府数据,如地方经济、公共财政、人口结构、政府债务、行政区划等;

四是工商监管与调研数据,如专利数量、行政处罚、法律诉讼、舆情预警、财务粉饰模型结果、调研报告、股权穿透、企业性质、集团及资管自有数据等。

确定每个行业的特征库之后,我们会与行业专家合作进行数据处理、因子筛选与模型训练等建模流程。

五、模型训练与最优参数确定

(1)数据处理:对连续变量进行标准化处理,对分类特征进行one-hot编码处理，使之转换为数值型变量，并对数据集进行空值填充。

（2）划分训练集与测试集：通过分层随机抽样的方式将数据集分成对应的训练集及测试集。

（3）因子初筛：对特征向量的因子贡献度进行从大到小的排序，选取贡献度排在前列的指标。

（4）备选因子池：将（3）中选取的因子与分析师认为的重要因子进行合并形成备选因子池，剔除其中重复及相似度高的因子，如所有者权益与剔除商誉的所有者权益均进入备选池，则依据模型及业务重要性剔除所有者权益。

（5）模型训练：对备选因子池中的因子进行重要性排序，选取重要性排在前列的因子进行模型训练、参数调优及 K–fold 交叉验证，并输出测试集预测准确率。

其中，网络搜索是搜索最优参数的算法，主要通过遍历给定参数组合选取表现最优的组合实现。XGBoost 模型主要有三类参数：第一类是通用参数，设置模型的整体功能，一般进行默认选择；第二类是提升参数，主要涉及损失阈值——用于控制叶子个数，最大深度——用于控制每棵树的最大深度；第三类是学习参数，用于指导执行优化任务，主要参数包括学习目标，本文选取多分类模型。

交叉验证则是重复使用数据，首先将原始数据按照一定比例划分成训练集（train set）和测试集（test set），训练集用来训练模型，测试集用来评估已构建模型的表现情况。在 K–fold 交叉验证中，需要用到的是训练集中的所有数据。将训练集的所有数据平均划分为 K 份，取第 K 份作为验证集，余下的 K–1 份作为交叉验证的训练集。需要优化的每一个模型参数都要进行一整轮的交叉验证，并且通过交叉验证评分法获取平均得分，分数最高的参数即为最优参数的取值，获取所有的最优参数取值，对应模型便是最优模型。

与分析师合作进行备选因子池及入模因子的增删改，对新的因子组合进行贡献度排序、模型训练、调参及 K–fold 交叉验证，并输出测试集预测准确率。

（6）尝试不同的因子组合直到最终选出的因子既具有较好的解释性，又具有较高的贡献度，同时也具有较高的预测准确率，得到分析师与模型师均认可的最终模型。

第三节　模型效果和优势

一、模型效果检验

我们使用2014—2020年所有发债主体的模型评级结果，从区分度、准确性、稳定性等方面，对本文构建的人工智能信用评级模型结果进行检验。总体来看，模型评级结果具有以下特点：

（一）模型评级的区分度较高，大致呈正态分布

重点评估模型评级在2020年的表现，选取所有可获得2020年年报的主体进行分析，共8 834个（含上市公司），其中产业主体（不包含房地产）5 338个，金融主体825个，城投主体2 373个，房地产主体298个。

从全量主体看，评级呈现近似正态分布，评级中位数为BB，众数为BB－，超过90%主体的评级集中在BBB+至B区间，相比于外部评级几乎都集中在AA及以上的区间，全量主体模型评级的分布更为分散，区分度也更高（见图2－2－2）。

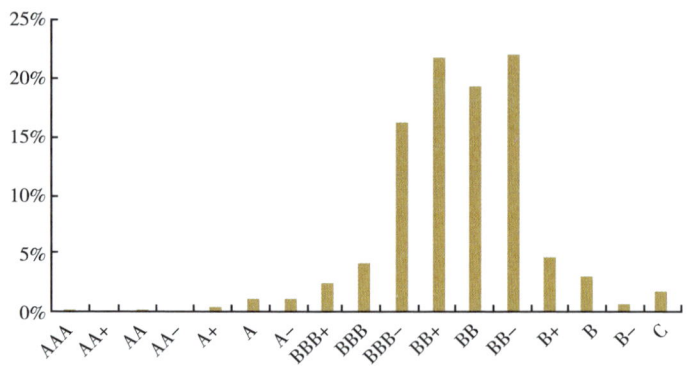

图2－2－2　2020年全量主体模型评级分布图

资料来源：平安资管

除去房地产公司，产业主体约有5 338个，评级中位数为BB，众数为BB－（见图2－2－3），评级为AA－及以上的主体主要为国家电网、中国邮政、中石化、中石油等重要央企。

金融主体适用于银行、证券、保险及金融综合四个模型行业，共825个主体，AAA的主体主要是五大国有银行、邮储银行和汇金公司，评级为C的主要是中小型的城农商行和信用社（见图2－2－4）。

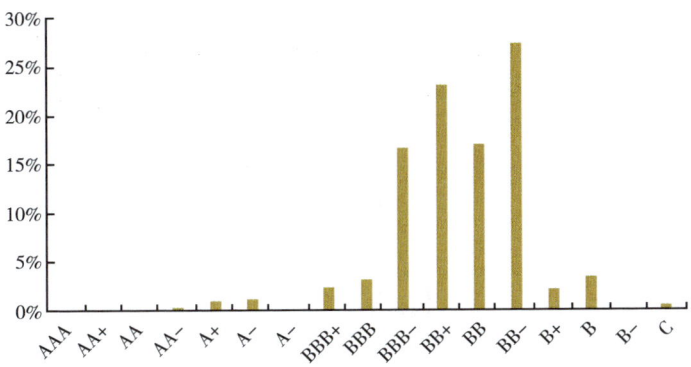

图 2-2-3　2020 年产业主体模型评级分布图

资料来源：平安资管

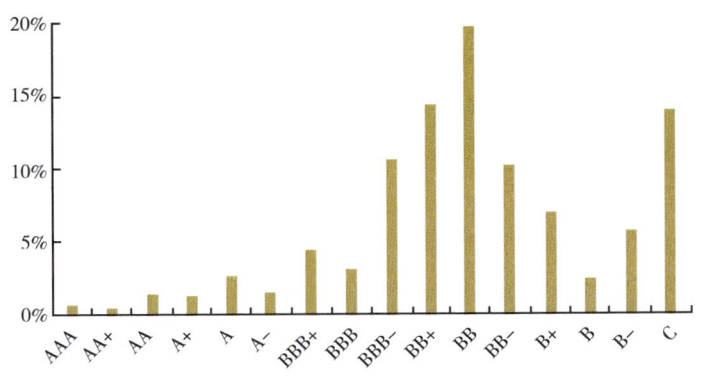

图 2-2-4　2020 年金融主体模型评级分布图

资料来源：平安资管

城投模型统计样本为 2 373 个，评级的中位数和众数均为 BB（见图 2-2-5）。与产业主体不同，城投主体的评级逻辑主要取决于平台所在政府的经济财政实力、平台业务对于政府的重要程度，以及当地政府对平台的支持力度，模型评级在 A+ 及以上的主体全为一线城市的主要城投企业，而评级在 B 及以下的公司绝大部分位于贵州省，符合上述城投主体的逻辑。

房地产模型统计样本总数为 298 个，评级中位数和众数均为 BB+，在 A- 至 B- 的区间内呈近似正态分布（见图 2-2-6）。

（二）模型评级的准确性较好，模型评级与内部评级仍有 90% 以上的主体评级差异在一级以内

信用评级是一种排序的概念，评级和违约率之间存在排序上的相对而非数

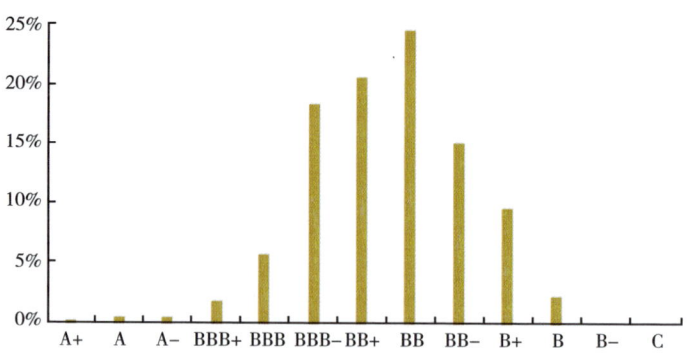

图 2-2-5 2020 年城投主体模型评级分布图

资料来源：平安资管

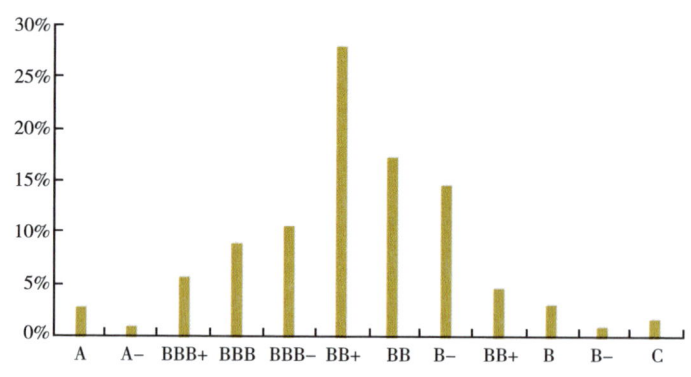

图 2-2-6 2020 年房地产主体模型评级分布图

资料来源：平安资管

量上的对应关系，即信用等级越高，违约概率越低。由于我国的债券市场违约历史较短，累积的违约主体数量有限，因此难以通过严格的统计检验对评级结果进行准确性验证（见表 2-2-3）。

表 2-2-3　　　　　　　　全量企业模型评级与内评对比

级差	累计占比
1 级差及以内	94.69%
2 级差及以内	98.89%

资料来源：平安资管

不同于国外的三大评级机构，国内信用市场还没有建立标杆式的权威评级结果。在此背景下，模型评级以公司内部评级作为学习目标，使用机器学习的算法进行拟合，并通过比较模型评级与内部评级的差异验证准确性。在 2020

年年报的全新数据下，仍然接近95%的主体的模型评级与内部评级差异保持在1级以内，2级差以内的主体占比接近99%，而所有主体级差均在5级及以内。

（三）模型评级的稳定性较好，评级越高，迁移率越低

由于目前持续有数据更新，对2020年年报的评级结果仍有影响，2020年评级结果未稳定，因此不纳入迁移矩阵统计。从2017—2018年和2018—2019年的迁移矩阵中易见，模型评级级别越高，模型稳定性越好，AA及以上的评级主体在两年之间评级分布，总体上变动较小；而模型对中段评级、低评级主体的评级调整更为频繁，这种变动特征也符合业务经验（见表2-2-4和表2-2-5）。

在2018—2019年的迁移矩阵中，下调幅度较大的企业主要包括华晨汽车、华夏幸福、九通基业以及清华控股。而在2017—2018年的迁移矩阵中，下调幅度较大的主要包括安徽外经、海航系公司及其他中小航空公司（受海航系债务违约的影响）。

二、模型主要优势

将人工智能（AI）与人类智能（HI）进行有机结合，发挥最大的效用是团队信用评级系统构建的核心思想。在整个量化模型的构建过程中，无论是发债主体的行业划分、指标构建，还是模型目标集的建立、因子的筛选，都是通过模型团队与行业专家的密切合作完成的，深度融合了专家经验和量化手段，高度浓缩了公司在固收投资领域的多年经验。同时，产品界面及功能的设计也是在与投资经理、分析师、风控专家不断沟通的基础上进行持续的迭代优化，因此，团队信评系统做到了"人无我有、人有我优"。

团队信用评级系统主要亮点如下：

一是将大数据处理与人工智能算法模型创新性地运用于债券信用评级，实现对信用风险管理的科技赋能。应用大数据能力全面赋能风险要素的获取和计算，能够及时地处理海量数据；采用智能算法模型，同时充分考虑分析师分析思路，整个建模过程与分析师通力合作，保证评级结果客观及准确性的同时兼具业务解释性。

二是模型基于深厚的信评业务基础和量化模型基础，融合了人工智能（AI）和人类智能（HI）的双重优势。团队信用评级系统沉淀了公司近20年信评业务经验；基于公司投研经验构造行业划分体系，精准匹配模型，既充分考虑了不同业态的区别，也保证了模型训练的样本量；同时，有丰富经验的分

表 2-2-4　2017—2018 年评级迁移矩阵

2018/2019	AAA	AA+	AA	AA-	A+	A	A-	BBB+	BBB	BBB-	BB+	BB	BB-	B+	B	B-	C
AAA	100.00%	0.00%	0.00%	0.00%	0.00%	0.00%	0.00%	0.00%	0.00%	0.00%	0.00%	0.00%	0.00%	0.00%	0.00%	0.00%	0.00%
AA+	0.00%	100.00%	0.00%	0.00%	0.00%	0.00%	0.00%	0.00%	0.00%	0.00%	0.00%	0.00%	0.00%	0.00%	0.00%	0.00%	0.00%
AA	0.00%	5.56%	94.44%	0.00%	0.00%	0.00%	0.00%	0.00%	0.00%	0.00%	0.00%	0.00%	0.00%	0.00%	0.00%	0.00%	0.00%
AA-	0.00%	0.00%	2.33%	100.00%	0.00%	0.00%	0.00%	0.00%	0.00%	0.00%	0.00%	0.00%	0.00%	0.00%	0.00%	0.00%	0.00%
A+	0.00%	0.00%	0.00%	0.00%	90.70%	6.97%	0.00%	0.00%	0.00%	0.00%	0.00%	0.00%	0.00%	0.00%	0.00%	0.00%	0.00%
A	0.00%	0.00%	0.00%	0.00%	2.04%	90.82%	5.10%	1.02%	1.02%	0.00%	0.00%	0.00%	0.00%	0.00%	0.00%	0.00%	0.00%
A-	0.00%	0.00%	0.00%	0.00%	0.00%	7.87%	79.78%	10.10%	2.25%	0.00%	0.00%	0.00%	0.00%	0.00%	0.00%	0.00%	0.00%
BBB+	0.00%	0.00%	0.00%	0.00%	0.00%	1.40%	5.58%	76.74%	11.62%	3.26%	1.40%	0.00%	0.00%	0.00%	0.00%	0.00%	0.00%
BBB	0.00%	0.00%	0.00%	0.00%	0.00%	0.00%	1.65%	7.46%	73.20%	13.54%	3.87%	0.28%	0.00%	0.00%	0.00%	0.00%	0.00%
BBB-	0.00%	0.00%	0.00%	0.00%	0.00%	0.00%	0.00%	1.32%	3.82%	76.89%	12.14%	4.44%	0.98%	0.07%	0.00%	0.00%	0.14%
BB+	0.00%	0.00%	0.00%	0.00%	0.00%	0.00%	0.00%	0.11%	0.93%	12.47%	72.45%	8.42%	3.77%	0.60%	0.97%	0.11%	0.16%
BB	0.00%	0.00%	0.00%	0.00%	0.00%	0.00%	0.00%	0.00%	0.00%	4.19%	11.07%	69.50%	12.21%	1.72%	3.41%	0.11%	0.23%
BB-	0.00%	0.00%	0.00%	0.00%	0.00%	0.00%	0.00%	0.00%	0.00%	0.80%	8.78%	10.94%	71.96%	3.46%	3.68%	0.15%	0.50%
B+	0.00%	0.00%	0.00%	0.00%	0.00%	0.00%	0.00%	0.00%	0.00%	0.00%	2.75%	10.29%	19.67%	62.50%	3.68%	0.37%	0.74%
B	0.00%	0.00%	0.00%	0.00%	0.00%	0.00%	0.00%	0.00%	0.00%	0.00%	3.03%	6.06%	25.59%	6.06%	54.21%	1.68%	3.37%
B-	0.00%	0.00%	0.00%	0.00%	0.00%	0.00%	0.00%	0.00%	0.00%	0.00%	0.00%	2.15%	2.15%	7.53%	8.60%	60.22%	19.35%
C	0.00%	0.00%	0.00%	0.00%	0.00%	0.00%	0.00%	0.00%	0.00%	0.00%	0.00%	0.00%	1.71%	1.71%	1.71%	4.00%	90.87%

表 2-2-5　2018—2019 年评级迁移矩阵

2017/2018	AAA	AA+	AA	AA-	A+	A	A-	BBB+	BBB	BBB-	BB+	BB	BB-	B+	B	B-	C
AAA	100.00%	0.00%	0.00%	0.00%	0.00%	0.00%	0.00%	0.00%	0.00%	0.00%	0.00%	0.00%	0.00%	0.00%	0.00%	0.00%	0.00%
AA+	20.00%	80.00%	0.00%	0.00%	0.00%	0.00%	0.00%	0.00%	0.00%	0.00%	0.00%	0.00%	0.00%	0.00%	0.00%	0.00%	0.00%
AA	0.00%	18.18%	100.00%	0.00%	0.00%	0.00%	0.00%	0.00%	0.00%	0.00%	0.00%	0.00%	0.00%	0.00%	0.00%	0.00%	0.00%
AA-	0.00%	0.00%	18.18%	63.64%	18.18%	0.00%	0.00%	0.00%	0.00%	0.00%	0.00%	0.00%	0.00%	0.00%	0.00%	0.00%	0.00%
A+	0.00%	0.00%	0.00%	0.00%	91.42%	5.72%	2.86%	0.00%	0.00%	0.00%	0.00%	0.00%	0.00%	0.00%	0.00%	0.00%	0.00%
A	0.00%	0.00%	0.00%	0.00%	6.10%	82.92%	3.66%	4.88%	1.22%	1.22%	0.00%	0.00%	0.00%	0.00%	0.00%	0.00%	0.73%
A-	0.00%	0.00%	0.00%	0.00%	0.00%	10.13%	74.67%	10.13%	1.27%	3.80%	0.00%	0.00%	0.00%	0.16%	0.40%	0.32%	0.92%
BBB+	0.00%	0.00%	0.00%	0.00%	0.00%	2.41%	5.42%	69.27%	12.05%	9.04%	0.00%	0.00%	0.00%	2.08%	2.18%	0.23%	0.59%
BBB	0.00%	0.00%	0.00%	0.00%	0.00%	0.00%	0.55%	8.20%	70.48%	14.21%	4.10%	1.81%	0.55%	4.58%	4.74%	0.46%	0.38%
BBB-	0.00%	0.00%	0.00%	0.00%	0.00%	0.00%	0.65%	2.10%	5.17%	69.65%	14.12%	1.64%	1.21%	71.88%	4.99%	0.27%	0.45%
BB+	0.00%	0.00%	0.00%	0.00%	0.00%	0.00%	0.00%	0.23%	1.04%	9.36%	67.76%	5.49%	7.17%	2.67%	69.33%	0.68%	1.33%
BB	0.00%	0.00%	0.00%	0.00%	0.00%	0.00%	0.00%	0.00%	4.22%	12.87%	6.59%	9.19%	12.87%	3.70%	2.74%	2.00%	9.59%
BB-	0.00%	0.00%	0.00%	0.00%	0.00%	0.00%	0.00%	0.00%	12.05%	0.93%	0.23%	12.04%	70.47%	4.58%	2.34%	72.60%	84.37%
B+	0.00%	0.00%	0.00%	0.00%	0.00%	0.00%	0.00%	0.00%	0.00%	0.00%	2.67%	7.48%	14.29%	6.59%	18.67%	9.38%	
B	0.00%	0.00%	0.00%	0.00%	0.00%	0.00%	0.00%	0.00%	0.00%	4.22%	0.00%	3.33%	18.67%	9.59%	4.11%	0.00%	
B-	0.00%	0.00%	0.00%	0.00%	0.00%	0.00%	0.00%	0.00%	0.00%	0.00%	0.00%	0.00%	4.11%	3.91%	2.34%	1.37%	
C	0.00%	0.00%	0.00%	0.00%	0.00%	0.00%	0.00%	0.00%	0.00%	0.00%	0.00%	0.00%	0.00%	0.00%	0.00%	0.00%	

资料来源：平安资管

析师指导行业特色指标构建、处理与筛选，人工智能与人类智能相辅相成，充分融合。

三是模型评级因子客观独立，评级结果区分度高、准确度高、稳定性好，更贴近实际。与打分卡模型相比，本文使用的量化模型依据客观数据及客观事实，因子经过统计检验，模型独立客观。与外部评级结果相比，本文的模型结果分布接近钟形，均衡分散，对信用资质有良好的区分能力。

四是模型计算集约高效，应用场景丰富。量化模型可全自动覆盖1万多家历史发债主体及上市公司，在数据更新后可自动进行评级更新，及时有效，极大节约了人力成本。且团队构建的系统已形成以量化评级为基础核心的风险管控、债券定价、价值挖掘的应用体系。

第三章
信用债量化定价模型的构建及效果

第一节　信用债量化定价模型的构建背景

一、通用定价模型介绍

首先，债券价格是债券研究和投资决策的基础。债券定价的目的就是确定债券的内在价值，而一般情况下债券未来的现金流是固定的，但因为信用风险、流动性和无风险利率的差异，需要找到合适的贴现率计算未来现金流的现值，这个贴现率一般就叫作"到期收益率"，因此计算债券价格的关键是债券到期收益率。对市场上每只债券提供准确且可横向比较的到期收益率可为债券的投资研究提供基准，赋能投资决策。

在我国，企业会计准则要求债券主要用摊余成本法和公允价值法进行会计计量。其中，摊余成本法的特点是债券的账面价值随着付息日的临近而逐渐增长，且每日增长幅度不变。公允价值计量的特点是债券的账面价值随着市场和自身资质的变化而变化。

对于公允价值计量法，我国债券估值主要采用收盘价法和估值技术法。其中，债券估值技术主要分为内部估值和第三方估值，第三方估值利益中性较适合作为会计计量。当前国内交易所债券一般用收盘价法，银行间债券一般用估值技术法。收盘价法可能受制于债券流动性差，使得估值价格与实际公允价格出现较长时间的偏离。估值技术法是对债券及相似债券的成交价、报价等价格信息以及财务等非价格信息进行综合分析后得出对债券公允价值的判断，其准确性有赖于市场本身的有效性（市场是否有连续可靠的价格信息）以及估值方法的科学性。会计计量时利用投资机构内部估值可能会面临一定的道德风险，因此中立的第三方估值更适合作为会计计量的模式。市场上比较通用且权威的第三方估值主要有中债估值、中证估值、上清所估值、交易中心估值等，其中中债估值和中证估值最为常用。

无论何种定价模型，其核心都是债券未来现金流的现值之和，其现金流收入通常为两类：一是债券存续期内获得的利息收入；二是债券到期时偿还的本金。经典的债券的定价公式为：

$$PV = \frac{C}{1+Y} + \frac{C}{(1+Y)^2} + \cdots + \frac{C+M}{(1+Y)^t}$$

其中，Y 为贴现率；PV 为债券价值；M 为债券面值；t 为剩余付息年数；C 为当期债券票息。从上述公式中，我们可以看到影响债券价值的因素包括：面值、息票率和贴现率，其中面值和票息率是已确定，因此定价模型的核心就是贴现率，即到期收益率的确定。到期收益率的预测又体现对于未来宏观经济、债券发行主体信用状况等各方面的预测。

到期收益率的预测又可分解为收益率曲线的构筑以及个券利差的预测。构筑收益率曲线是基础，通常而言会以市场的无风险收益率曲线作为基准。个券利差反映的是债券因发行主体及债券信用、债券流动性等因素造成的细微定价差异，主要包括信用利差和流动性利差。其中，信用利差反映的是债券主体信用资质的差异，主要包括主体经营及财务表现、外部增信效力等；流动性利差反映的是债券因投资群体、交易场所和质押资格等因素造成的流动性差异。在无风险收益率曲线的基准上叠加个券信用利差和流动性利差的预测即可得到个券的到期收益率。其数学公式为：

$$y = y_{curve} + spread$$

总的而言，债券定价的核心就是债券到期收益率的预测，而到期收益率的预测又包括基准收益率曲线构筑以及个券信用利差的预测。因此，债券定价准确与否依赖基准收益率曲线的准确与稳定以及个券利差的精准预测，这也是区分不同模型的核心所在。接下来本文将具体介绍中债估值和中证估值的模型框架和逻辑。

(一) 中债估值

估值原理：中债估值主要以中债收益率曲线等市场信息为基础，采用现金流贴现模型。而贴现率是由债券对应期限的中债收益率曲线收益率、中债市场隐含评级和估值点差决定。

收益率曲线构筑：首先在构建模型方面，中债选取了比较适合于中国债券市场实际情况的赫尔米特插值模型，并选取（0，0.25，0.5，0.75，1，3，5，7，…）作为关键期限点进行曲线构筑。该模型特点为光滑性、灵活性较好。其次在曲线评级方面，中债收益率曲线反映的是曲线编制样本券的信用风险水平，信用等级参考的是中债市场隐含评级债券债项评级。

利差预测：中债估值个券的利差预测主要将利差细分为信用利差与流动性利差，并凭借其自身的数据获取优势，通过每日债券的成交报价等市场面以及基本面数据对利差进行统计分析从而得出每只债券的预测利差。

(二) 中证估值

估值原理：中证估值的估值原理同样是采用现金流贴现模型。其对债券现金流做了细化区分，对处于最后付息周期的付息债券、贴现债券和剩余流通期限在 1 年以内（含 1 年）的到期一次性还本付息债券，采用单利计算。对于剩余流通期限在 1 年以上的到期一次还本付息债券及不处于最后付息周期的固定利率附息债券以及浮动利率债券，采用复利计算。

收益率曲线构筑：中证指数公司对标国际标准，采用主流国家的中央银行（美国、英国、日本）使用的平滑样条模型（Smoothing Spline），并使用贝叶斯方法进行估计，称之为贝叶斯平滑样条模型（Bayesian Smoothing Spline Model），构造到期收益率曲线。该方法的优势在于适当的平滑参数选取可实现拟合优度和光滑度的平衡。同时，采用贝叶斯方法可减少模型中的主观介入因素，保证曲线的客观性以及稳定性。

利差预测：中证估值的利差预测根据同类型券持有到期收益率或者同类券当日行情或者历史利差确定。对于新上市债券，根据发行价格与市场可靠性确定到期收益率，进而确定利差；对于在估值日存在合理行情的债券，其利差根据可靠行情确定。具体根据成交价、报价的连续性、波动性和成交量的大小等影响因素认定行情的可信程度，将行情分为极为活跃、较为活跃、合理行情。确定行情的可信度，同时参考估值当日分组曲线收益率与昨日利差确定估值。

对估值日无行情的债券，其利差沿用前一估值日利差。

二、构建量化定价模型的意义

实现对债券的准确定价，有益于助力风险管理，同时挖掘投资机会。2014年以后国内债券市场暴雷事件频发，准确的债券定价可更精细地利用价格信息辅助对违约风险的判断。同时在此违约常态化的背景下隐藏着信用阿尔法的机会，无风险利率的下降也凸显了信用阿尔法的价值。而要挖掘信用阿尔法，对信用债准确定价就显得尤为关键。2019年以来国内债市违约频率大幅上升，机构标签式的一刀切规避行为使得信用利差的分化大幅提高。与此同时，近年来无风险利率和高等级信用利差大幅下降，一定程度上也倒逼投资者向中低等级信用债挖掘板块或个券机会。但是，高收益也伴随着高风险，因此如何给风险进行合理定价就非常重要。

但是，在目前债券市场上，个债的中债估值和中债收益率曲线是许多投资决策的基准，同时也是许多债券定价模型建模的数据基础，在此基础上建模的模型结果高度依赖于中债数据的准确性，同时也无法及时反映自身研究观点。另外，许多实证分析也指出影响债券价值和价格的因素是多方面的，包括宏观经济因素、行业状况以及微观主体的财务状况等，而传统的定价模型高度依赖专家经验对各种因素进行分析和追踪，无法将多方面因素全方位纳入考虑。

在此背景上，本文探索建立了一套基于团队自建信用债收益率曲线的一般债券定价模型，将公司平台所拥有的全方面数据以及自有模型（量化评级、风险预警、财务粉饰模型和舆情模型等）的模型输出作为入模因子，同时结合多年业务专家经验的沉淀，帮助模型有效捕捉各种因素对债券定价的影响，给投资者高效、及时、有前瞻性的债券定价信息，并做到定价结果可追溯原因，定价趋势可查询。本次研究的定价模型覆盖范围为房地产、城投以及一般产业的存续短期融资券、中期票据、公司债和企业债。

第二节　信用债量化定价模型的构建

一、模型基本框架和逻辑

将人工智能（AI）与人类智能（HI）进行有机结合，发挥大数据与专家经验相结合的最大效用是此定价模型的核心思想。因此，模型采用XGBoost机器学习作为基础模型框架，以债券的信用利差作为模型学习目标，并结合业务专家经验确定入模的长指标清单，再在此基础上进行因子筛选、模型拟合，最终将训练后的模型用于实际预测。

同时，本定价模型采用了"循环"建模的方式。"循环"是指模型会将 t 日所预测的信用利差作为 t+1 日的因子纳入模型。而在最初始的基准日，模型则会将实际的利差（中债估值－团队自建收益率曲线估值）作为因子纳入模型。以"循环"建模的方式的目的在于避免同一债券在不同日期的估值出现大幅波动，从而提高模型预测的准确性以及稳定性。

二、模型学习目标选择

模型学习目标的确定：在模型学习目标（y）方面，模型以个债的信用利差作为学习目标。对于信用利差，本模型的计算逻辑为债券的中债估值减去该债券对应的自建收益率曲线估值。自建收益率曲线估值的逻辑为根据债券发行主体对应量化评级选取出相应行业的量化评级曲线，并根据债券的剩余期限得出曲线的预测收益率（见图 2-3-1）。

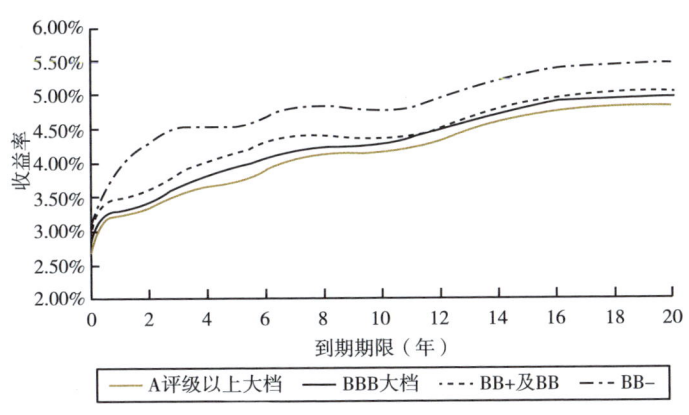

图 2-3-1　自建信用债收益率曲线示例

资料来源：平安资管

自建收益率曲线的构建基于前文所述的量化信评模型，对全体信用债、不同产业或城投属性的信用债分评级进行曲线构建。由于量化信评模型的评级结果区分度较高、稳定性较高，因此自建收益率曲线对不同评级收益情况的区分度也较好，且曲线能够实现对不同产业（或城投）债券的定制化需求，适合作为精细化债券定价的基准曲线。

模型学习目标异常值处理：流动性差是债券市场不得不面对的问题，交易摩擦是长期存在的，在具体个券流动性差、市场利率上行的阶段，交易摩擦会进一步放大；除了基本的交易摩擦，当企业经营情况发生恶化、行业政策发生变化或其他舆情时，由于情绪的传递发酵及流动性，市场中的债券成交或许会大幅偏离中债估值，这时的价格可能会存在高估或低估的情况。"乌龙指"也会发生在债券市场，虽然情况非常少见。这些情况下成交的价格对于债券估值来说均是异常值，在建模前需要剔除，如不处理直接加入训练集，可能导致个别债券的异常估值影响所有债券估值发生偏差。

对于模型学习目标，我们会先识别出异常值并将异常值剔除出样本集，不纳入模型的学习样本。异常值识别的规则为：个债中债估值≥10%，剔除该类异常值的原因在于该类债券不适用于本定价模型，纳入模型会影响模型训练与预测的准确性。

三、模型因子选取

模型因子的确定：在入模因子方面，我们参考投资经理、分析师日常的分析逻辑，从多种维度纳入相关因子。正如前文提到的，债券作为大类资产的重要类别之一，其价格除了受到本身属性，如期限、息票率和外部因素如贴现率的影响外，还会受到基本面、市场面、资金面、情绪面、行业情况多种因素的影响。基于此考量，模型因子纳入了宏观经济、区域政府、资本与货币市场、信用债市场、行业情况、发行人财务状况、个券交易信息方面共300多个指标作为长指标清单进入模型筛选。其次，在行业特色因子方面，房地产行业模型纳入了如商品房销售额、房屋新开工面积等27个特色指标，城投行业模型则纳入了区域政府财政以及地域经济相关的51个特色指标，一般产业模型则纳入了行业利差均值、中值以及公司一、二级行业分类作为分类判断变量入模。最后，模型在通用和行业特色因子的基础上引入了公司及团队的量化信评、风险预警、舆情模型和可比券定价模型四大特色模型的模型输出作为因子入模。

模型因子的数据处理：在将模型因子放入模型进行训练前，我们对因子进行了数据处理以便更符合机器学习模型的需要。我们的数据处理主要分为：（1）连续变量：进行标准化处理，对于数据跨度大的使用分桶处理转化成离散数据；（2）分类变量：进行 one – hot 编码处理，使之转换为数值型变量；（3）异常值：对数据集的空值以中位数进行填充。同时，对处理后的数据进行归一化，将有量纲的数据变换为无量纲数据，消除量纲不同对模型的影响。

入模因子的筛选：在入模长指标清单进行数据处理的基础上，我们进一步筛选出最终进入模型的入模指标清单。我们筛选的标准为根据XGBoost因子贡献度（feature importance）从大到小排序，综合选取出入模的40个因子进行下一步建模，排名越前的因子对预测模型学习目标的重要程度越高。通过多次训练我们发现选取重要性排名前30名之后的因子模型准确率下降比较明显，而如果选取大于40个因子则模型容易存在过拟合问题，影响后续模型预测的准确率，因此我们最终选择排名前30的因子作为入模指标。

四、模型构建与最优参数调整

与量化信用评级相似，本文使用XGBoost模型对债券进行量化定价，不同之处在于，评级模型为分类问题，定价问题为回归问题，需对不同的参数进行调整和确定。

首先，本模型划分训练集与测试集：通过分层随机抽样的方式将数据集分成对应的训练集及测试集，从全体样本中抽取30%的样本作为测试集，其余70%的样本作为训练集，并进行K-fold交叉验证，保证模型的稳定性。在K-fold交叉验证中，需要用到的是训练集中的所有数据。将训练集的所有数据平均划分为K份，取第K份作为验证集，余下的K-1份作为交叉验证的训练集。需要优化的每一个模型参数都要进行一整轮的交叉验证，并且通过交叉验证评分法获取平均得分，分数最高的参数即为最优参数的取值，获取所有的最优参数取值，对应模型便是最优模型。

其次，对模型进行训练，将上述选取出来的因子贡献度排名前30的指标进行模型训练、调参。对用于定价的XGBoost模型，调整的参数同样包括三类：

第一类是通用参数，设置模型的整体功能，一般进行默认选择。

第二类是提升参数，主要涉及：总共迭代的次数（n_estimators），即决策树的个数，调参备选范围[10, 20, 30, 40, 50, 100, 120]；惩罚项系数（gamma），即指定节点分裂所需的最小损失函数下降值，用于控制叶子个数，调参备选范围[0.001, 0.01, 0.1, 0.2]；决策树最大深度（max_depth），值越大，树越复杂，调参备选范围[2, 3, 4, 5, 6]，其中总迭代次数和决策树最大深度取值过大时容易出现过拟合现象，过小则容易出现欠拟合现象。

第三类是学习参数,用于指导执行优化任务,主要参数包括学习目标。本文选取最小二乘法进行回归拟合(reg:squarederror)。

利用网络搜索搜索最优参数的算法,遍历上述给定参数组合,选取模型评价打分最高的参数组合输入最终模型,分别为 n_estimators:400、max_depth:6、gamma:0.0001。在此基础上,将训练出的模型用于后续的模型利差预测。

此外,本文还对模型输出结果中不符合业务逻辑的特殊情况进行了人工调整。因为样本数据异常或模型自身不可避免的离散值问题,我们在模型输出基础上对两类特殊情况进行了模型外的人工调整,目的在于使模型结果更加符合业务常理。

(1)债券估值"倒挂":若模型输出的债券估值出现倒挂结果,即同一发行人发行的债券出现剩余期限长的债券收益率低于剩余期限短的债券收益率的结果,我们的处理逻辑为取倒挂债券剩余期限相邻两只债券的剩余期限和收益率拟合直线,并用倒挂债券的剩余期限作为输入得到调整后的债券收益率。

(2)债券收益率低于相应收益率曲线:当发行主体量化评级 BBB-级以上的债券模型估值低于同期限的国开债收益率时,如果样本债券数量不超过3个,则取同期限的国开收益率代替模型预测收益率;如果样本债券数量超过3个,则取所有样本债券与同期限国开债券收益率偏差的均值,作为被定价债券与同期限国开债的利差。

当发行主体量化评级 BB-及以上的模型估值低于同期限的相邻量化评级(高一级)收益率曲线估值,则取相邻量化评级收益率曲线估值作为调整后的模型估值。例如:主体量化评级为 BB-的无特殊条款债券,如果初步模型估值低于同期限量化评级为 BB 的收益率曲线收益率时,则取收益率曲线收益率作为调整后的估值收益率。

第三节 模型效果和优势

一、模型效果检验

模型以中债估值作为学习目标,因此模型估值准确度主要以与中债估值的偏离程度作为衡量标准。对于模型结果预测准确率的验证,主要通过两个指标体现:

（1）模型预测利差与实际利差的平均偏离程度。计算逻辑为模型预测的利差与实际利差（个债中债估值与同评级、同期限收益率曲线估值差值）的差值绝对值的平均值；

（2）个债模型估值与中债估值的偏离程度≤10bps 的债券个数占比。具体计算逻辑为：个债模型预测利差加上 t－1 日收益率曲线估值，得到 t 日该债券的模型估值；并用 t 日个债中债估值减去该债模型估值，并统计差值≤0.1（10bps）的债券个数占比。

总的来说，自主定价模型的模型准确性高，回测稳定性强。平均来看，房地产、城投以及一般产业债的模型估值与中债估值收益率误差在 10bps 以内占比达到 90%，模型预测利差与实际利差误差平均在 3bps 以内。

以房地产行业模型在 2020－12－13—2021－03－13 区间的模型结果为例，模型预测利差与实际利差的平均偏离程度为 0.0326（3bps），个债模型估值与中债估值的偏离程度≤10bps 的债券个数占比为 95.78%。图 2－3－2 为 2021 年 3 月 13 日个债模型估值与中债估值的偏离程度的分布情况：

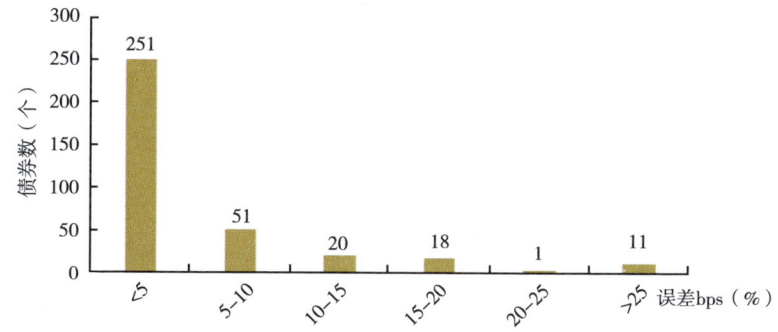

图 2－3－2　2021 年 3 月 13 日房地产债模型估值与中债估值误差分析

资料来源：平安资管

类似地，2021－02－02 城投债和一般产业债个债模型估值与中债估值的偏离程度的分布情况如下，城投债偏离程度≤10bps 的债券个数占比达到 99%（见图 2－3－3），一般产业债达到 98%（见图 2－3－4）。

二、模型主要优势

信用债量化定价模型的优势在于保证模型准确性的同时，模型框架与归因更符合业务逻辑，能够真正为投研人员所用，赋能投资。具体来说，优势主要体现在以下几个方面：

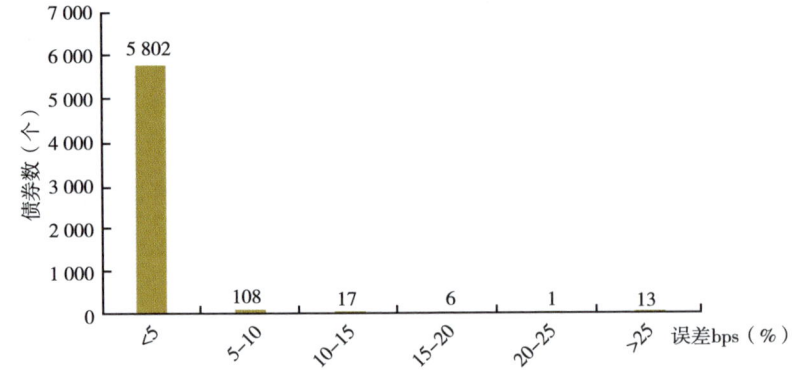

图 2-3-3 城投债模型估值与中债估值误差分析

资料来源：平安资管

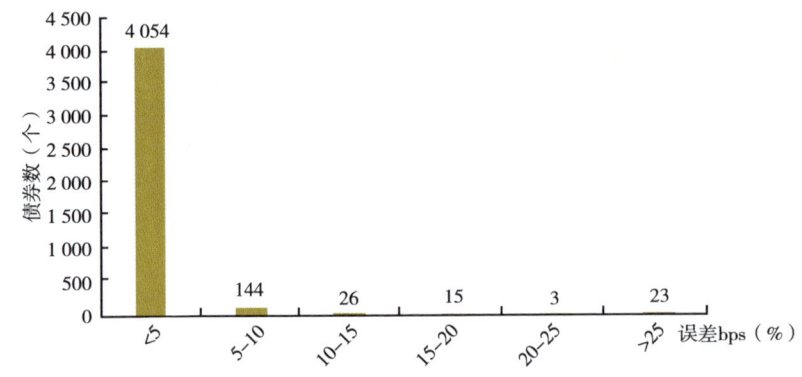

图 2-3-4 一般产业债模型估值与中债估值误差分析

资料来源：平安资管

一是将大数据处理与人工智能方法创新性地运用于债券定价，实现对债券的精细化信用风险管理。创新性地采用了 XGBoost 机器学习的算法用于个债利差的预测，并与投研人员深入合作，结合专家经验挑选出符合业务逻辑的指标进行入模。

二是模型将人工智能（AI）和人类智能（HI）有机结合，实现业务经验和量化方法双重优势的融合。学习目标方面，量化定价模型基于自建的收益率曲线，充分体现和运用量化信评模型的丰富结果。因子筛选方面，各行业模型分别经过模型与分析师双重筛选，采用了市场面、发行人财务信息、区域经济信息、政府平台信息等七大类指标，模型归因更加贴近业务逻辑。其中，创新性地加入各行业的特有指标，贴合各行业企业的特点，以及量化评级、违约预警模型成果指标，模型结果更加契合分析师和投资经理观点，体现业务经验的逻辑。

三是定价模型的准确率高，回测稳定性强。模型估值与中债估值收益率误差在 10bps 以内占比达到 90% 以上，收益率均值误差在 3bp 以内，在较长的时间区间内能够保持持续的稳定性。

第四章
构建信用策略及提升溢价获取能力的设想

第一节 保险机构资产配置现状

近年来，我国保险行业持续快速发展，保费收入增速较高。2013 年，保险行业保费收入为 1.7 万亿元，2020 年已达到 4.5 万亿元，期间各年度均维持正增长，年均复合增长率为 14.8%（见图 2-4-1）。

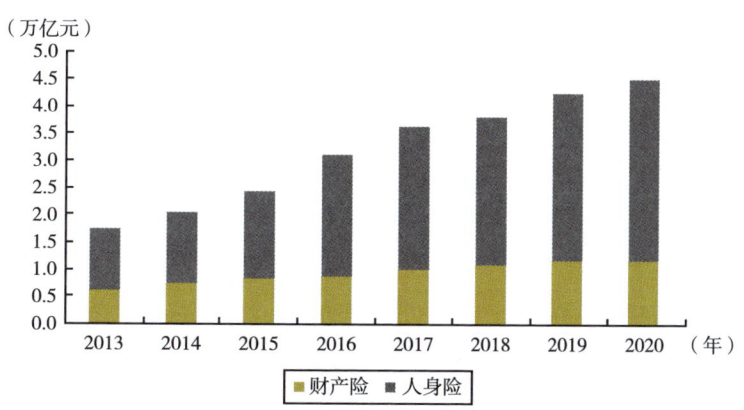

图 2-4-1 2013—2020 年我国保险行业保费收入走势

资料来源：中国银保监会

保费收入的增长推动了我国保险行业可运用保险资金规模的不断增长。2013—2020年，保险业可运用保险资金规模同样实现连年的净增长，从2013年的7.7万亿元增长至2020年的21.7万亿元，年均复合增长率为16%（见图2－4－2）。未来伴随我国国民保险意识的不断提升，保险行业仍有较大的发展和提升空间，伴随而来的保险资金规模的增长也将对保险公司的投资能力提出更高要求。

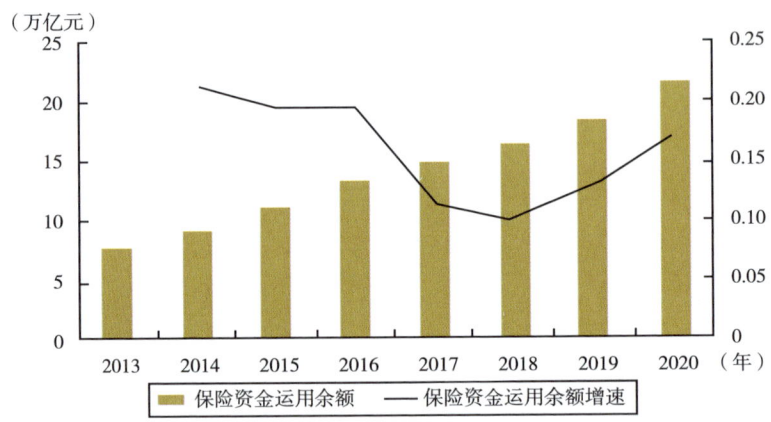

图2－4－2　2013—2020年我国保险行业保险资金运用余额及增速走势

资料来源：中国银保监会

从保险资金的资产配置结构来看（见图2－4－3），2017年以后，各类资产投资占比基本维持稳定，其他投资和债券的投资占比较高且较为接近，2020

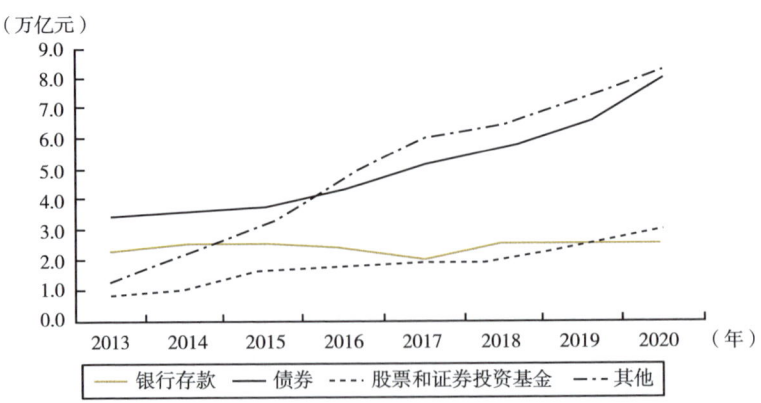

图2－4－3　2013—2020年我国保险行业保险资金配置金额走势

资料来源：中国银保监会

年末分别为37.7%和36.6%,银行存款、股票和证券投资基金的投资占比较低且较为接近,2020年末分别为12%和13.8%。其中,债券由于其长期稳健、较为安全、流动性较强等特点,是保险资金的主要配置资产,规模逐年上升,2020年占比又略有提升;银行存款因收益率低于其他资产收益率,规模占比自2013年至2017年逐年下降(见图2-4-4)。以上两类固定收益类资产合计占比保持在50%左右。其他投资以另类投资、非标资产为主,久期长、收益高,天然匹配保险资金的长期负债属性,因此规模、占比均维持高位,股票和证券投资基金的投资规模略有增长后维持稳定。

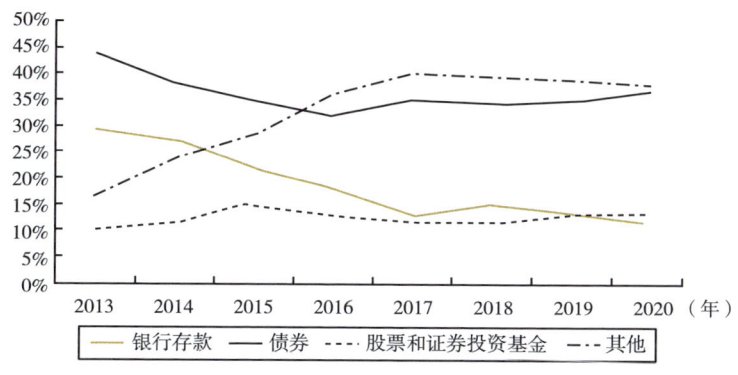

图2-4-4 2013—2020年我国保险行业保险资金配置占比走势

资料来源:中国银保监会

从投资收益来看,我国保险资金投资的整体收益率并不十分理想,且波动较为剧烈。自2008以来,保险资金收益率大多集中在6%以下,最低点为2008年金融危机时期的1.91%,最高点为2015年股市牛市时期的7.56%(见图2-4-5)。保险资金投资收益率与股票市场的走势有非常明显的相关性。考虑到我国资本市场的波动性较强,在股市走弱的情况下,保险投资是否能维持较高回报率面临较大不确定性,而如何从较为稳健的债券市场中获得更好的收益将是解决投资收益稳定性的重要出路和方向。

目前,保险资金在债券投资中主要表现出以下特点:一是无风险债券和高等级信用债券占据主导地位。以中国太保为例,2020年上半年末,其在国债、地方政府债、政策性金融债的投资占债券投资的比例超过50%,在企业债及非政策性金融债中债项或其发行人评级 AA/A-1 级及以上占比达到99.8%,其中 AAA 级占比达到93.7%。二是固定收益投资久期与负债久期存在一定缺口。一直以来,金融市场中长期债券的供给有限,且交易不活跃,造成保险负

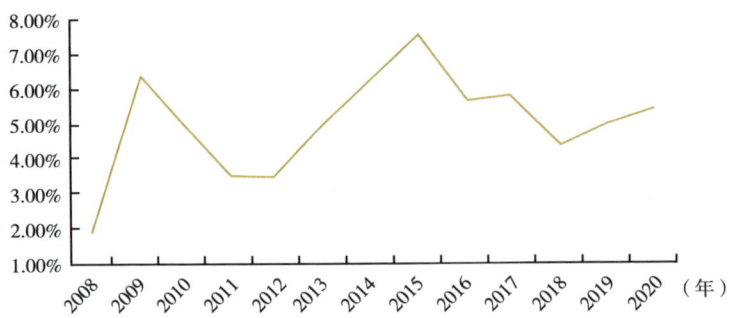

图 2-4-5　2008—2020 年我国保险行业保险资金运用平均投资收益率

资料来源：中国银保监会

债的长期性与保险资金配置的短期性之间的矛盾。2019 年人身险行业负债的久期为 12.44 年，投资资产久期为 5.77 年，缺口达到 6.67 年。

因此，在长期低利率环境、信用违约常态化的背景下，庞大规模的保险资金在债券投资方向面临投资收益率较低、长久期优质资产缺乏的问题。同时，我国高比例保本储蓄类产品规模较大、对投资收益有较强的刚性约束，这也将加剧投资端与负债端收益存在的缺口问题，保险机构通过债券投资获取投资溢价的能力亟须提高。

第二节　利用量化方法构建信用策略模型

我们相信创新性地提高信用债的研究水平和投资水平有助于提升保险机构的溢价获取能力，提升投资收益。相较于利率债，信用债的高收益和高风险并存，如何构建有效的信用债投资策略，对于保险机构在防范信用违约风险的同时提高债权投资收益具有重要意义。但是，债券市场主体和发债数量均较多，传统的信用债投研方式难以对市场进行全面覆盖，给出的评级、定价或策略建议也多由定性得到，很难定量精准指导投资。因此，利用大数据和机器学习等方法，结合分析师的研究经验，实现对海量数据的处理，挖掘具有投资价值的市场机会同时规避违约风险，是一条全面研究债券市场、定量指导投资决策的可行之路，能够弥补传统投研存在的缺陷。

本文从宏观、中观、微观三个层次，探讨大数据、量化分析和机器学习等手段在提升信用策略效果方面的可行途径（见图 2-4-6）。宏观层面，通过无风险收益率叠加信用周期的量化择时模型，判断市场信用债收益率的整体走势,进行相应的久期策略配置;中观层面,利用机器学习中的极端梯度提升决策树模型(XGBoost)、深度学习中的长短期记忆神经网络模型(LSTM),使用时间序列和截面因子对各行业的信用利差点位进行预测,寻找价格洼地或实现行业轮动策略;微观层面,将宏观和中观模型结果纳入因子,结合本文的量化评级和定价结果,构建多因子选债模型,同时发现因评级变动等事件驱动的投资机会,形成对个券的推荐。

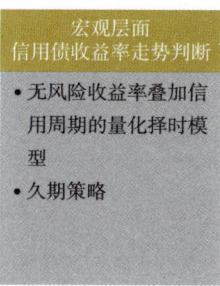

图 2-4-6 信用策略构建框架

资料来源:平安资管

在因子选用上,三个层次的模型均需依赖海量数据的处理能力,且因子间存在一定重叠,可就所有模型构建统一的因子库,再进行针对性选择;在建模方法上,宏观层面的量化择时模型和微观层面的多因子选债模型均是因子打分的思路,目标是判断多空信号或相对优劣,中观层面的机器学习预测模型则是借助强大的非线性算法,目标是给出预测收益率的绝对点位。

一、市场信用债收益率的量化择时模型

宏观层面来看,信用债是利率债的影子。牛熊的不同阶段,会影响利率债与信用债的价值,而信用债整体走势一般而言略滞后于利率债。因此,首先可以对无风险利率做出择时,跟随利率债节奏寻找信用债收益率高点。该方法寻得的点一般是信用债高点的左偏。在此基础上,辅以信用周期影响因子择时,共同判断信用债收益率的多空方向。

量化择时模型构建的基本思路分为以下步骤:首先,选取多因子集,其中影响无风险利率的因子包括经济增长、物价水平、资金面等宏观因素,也包括资产估值、市场情绪、风险偏好变化和技术面指标等微观因素(见表 2-4-1);影响信用周期的因子包括企业盈利周期、信用周期和债务投资等指标。其次,设置单个择时因子的信号生成机制,并根据因子择时效果筛选因子。信号生成

机制可参考历史分位数水平、或布林带方法，择时效果可统计不同信号触发后下一期标的收益率是否具有显著差异进行判断，或比较单子因择时的胜率、收益率和回撤等指标。最后，采用等权或参考专家经验赋权的方式，将具有显著效果的单因子择时信号进行加权合成，设定最终的多空信号。

表 2-4-1　　信用债收益率量化择时模型的因子梳理

指标大类	指标子类	因子描述	指标举例
无风险利率影响因素	实体经济	实体经济向好时，基本面转好的概率增大，国债收益率可能会承压向上	GDP、工业增加值、PMI、社会消费品零售、固定资产投资、房地产、进出口
	物价水平	物价水平与收益率水平通常呈正相关关系	通胀水平（PPI、CPI）商品价格
	流动性	流动性的收紧通常带来收益率水平的升高	货币供给量、央行公开市场操作、货币市场利率
	估值指标	债券的到期收益率具有均值回复特性	债券到期收益率、收益率与长期中枢的偏离程度
	技术指标	技术指标可以反映市场情绪，债券市场多头力量占据主导、资金由股市流向债市时，债券更容易出现和维持上升趋势	价格数据、交易量数据、股债动量指标
信用利差影响因素	盈利周期	反映企业经营性获现能力	企业利润总额
	信用周期	主要反映融资环境，代表企业的筹资性获现能力，可对应宏观政策中的宽信用或紧信用	社会融资规模存量和增速
	债务周期	反映企业债务偿付压力，可对应宏观企业部门杠杆率	企业到期债务增速

资料来源：平安资管

进一步，基于信用债收益率择时模型构建信用债久期策略。债券久期表示债券的平均还款期限，久期越长表明债券对利率的敏感性越高；反之，久期越短表明债券对利率的敏感性越低。久期策略通常采用超 AAA 券进行交易，当看多信用债时，全仓配置长久期债券，当看空信用债时，全仓配置短久期债券，看平则两种期限的债券配置比例各占 50%。

二、基于机器学习和深度学习的行业利差预测模型

行业利差是信用债中观层面的价格指标，实现对利差点位的预测，能够辅

助制定信用债中观层面的相对价值配置策略，如价格洼地策略、行业轮动策略等；同时，也可以对信用债个券策略有所帮助。

关于行业利差的预测，传统中普遍使用的是因子回归模型和自回归时间序列模型。因子回归模型主要从截面角度考虑行业基本面、财务指标等因子与利差间的关系，进一步进行预测；自回归时间序列模型以 ARIMA（Autoregressive Integrated Moving Average Model）类模型为主，通过前期利差的表现预测当期值。但是，传统模型均假设利差与回归因子间是线性关系，预测结果并不理想。机器学习、深度学习等理论自提出以来取得迅速发展，其对数据非线性关系的建模能力得到了广泛肯定，且对入模因子的包容度很高。利用机器学习中的极端梯度提升决策树模型（XGBoost），本文已对信用债进行主体评级和个券定价，策略部分同样可以利用 XGBoost 模型进行利差预测。另外，深度学习中的长短期记忆神经网络模型（LSTM）对长短期信息具备记忆性，尤其适合处理时间序列数据，能够用于对金融数据的预测。LSTM 是一种特殊的循环神经网络模型（Recurrent Neural Network，RNN），能够在 RNN 的基础上解决长序列训练过程中的梯度消失和梯度爆炸问题，从而在更长的时间序列上有更好的表现。

本文主要介绍 XGBoost 和 LSTM 的模型框架在信用利差预测的应用。模型可简单表述为：

$$\widehat{Y}_t = f(X_t : \theta)$$

其中，Y_t 为拟合预测的信用利差，X_t 代表所有输入因子变量，模型主要通过多次迭代优化损失函数，来估计参数和明确函数的形式。输入因子 X_t 包含时间序列指标和截面指标，分别为利差序列的自身滞后项和各行业的基本面因子及财务指标等。上述模型既能实现对数据非线性关系的良好刻画，又能将截面因子和时间序列因子同时纳入考虑。

模型的关键在于对行业截面因子选取，不同的行业有其独特的属性和需要重点关注的分析方向，分析师的实务经验在该部分具有重要作用。具体来讲，行业因子的选取上，对周期性行业，以盈利周期和信用周期作为进一步划分标准，针对不同分类下的行业，将相关周期相关指标纳入因子，提高周期效应对行业收益率预测的影响程度。对非周期性行业，主要将波动性指标纳入因子，重点捕捉中波动和高波动行业出现利差大幅偏离中枢的情形。其次，注重通过因子选取来反映各行业的景气度和基本面，提取各行业日常受关注度高、更新频率高的数据指标，同时选取够反映行业经营水平的有效财务因子。最后，加入估值和技术指标（见表2-4-2）。

表2-4-2　　　　　　　　行业利差预测模型的因子梳理

指标分类	因子描述	指标举例
自相关因子	金融时间序列多存在自相关性，滞后项对当期值有较强的解释作用	利差滞后一阶项
行业周期特征因子	加入分析师经验，对周期和非周期行业因子做区别处理	盈利周期、信用周期指标 非周期行业波动性指标
行业基本面因子	加入分析师经验，选取各行业日常受关注度高、更新频率高的数据指标，反映行业景气度	如钢铁行业的吨钢毛利、煤炭行业的动力煤价格等
行业财务因子	财务指标是投资者关注的重要方向，不同行业对不同财务因子的敏感度不同，可进行一定筛选	总资产、营业收入、净利润、经营活动现金流、资产负债率、营收同比增速、毛利率、净利率、速动比率、ROE
	反映行业独特特征的财务因子也应一并纳入	如银行需增加资本充足率等
行业估值和技术指标	利差一般具有均值回复效应，同时，当前利差与历史情形的对比可能影响市场情绪	分位数、均值回复参数、技术形态拐点

资料来源：平安资管

在行业利差预测的基础上，构建策略的简单思路是，发现价值低估主体、板块，直接进行投资。另外，还可以构建行业轮动策略，高配未来预测利差收窄的行业，低配预测利差走阔的行业，享受相对价值变动带来的超额收益。

另外，行业利差预测模型和策略的构建思路同样适用于城投债区域利差，仅需将因子进行替换。区域利差的因子一般考虑支持发债主体的政府行政级别、所在区域的基本面情况，平台自身素质、业务类型和财务情况，以及区域内互相担保的情况等。

三、多因子选债和事件驱动模型

本文的个券策略主要包括多因子选债策略和事件驱动策略，完成对个券优劣的判断和对优质个券的推荐。

多因子选债模型依赖因子投资理论，主要基于套利定价理论（APT）框架和Fama-French的三因子模型。模型在股票投资中已经得到非常成熟的运用。同样，作为有价证券，债券的未来收益率也很可能可以由很多因子进行解释。如果能找到这些因子，即可以对个券的优劣进行判断。进一步，本文构建的债券多因子模型遵循自上而下的逻辑框架，纳入前述宏观和中观的研究成果。相较一般的多因子模型，该模型能够更有效考虑宏观基本面因素和行业因素对个券收益率走势的影响。

债券的风险和收益往往正相关，高收益债券一般会承担更高的风险。多因子选债的目标不是在所有债券中选出最高收益的债券，而是在风险水平相当的债券中选出收益率更高的债券。信用评级可以反映债券的风险水平，因此，考虑将债券按照评级分为不同类别后，再对相同评级的债券进行多因子选债，从中选出收益相对更高的债券。

多因子选债模型构建的主要思路如下。首先，选出潜在有效因子作为备选因子（见表2-4-3）。备选因子主要包括宏观市场信用债相关指标、中观行业相关指标和微观个券特征相关指标，其中宏观、中观因子可采用前文所述模型中的重要指标或结果，个券特征指标可分为财务、评级、二级市场价量指标等类型。其次，对单个备选因子进行有效性检验。因子有效性主要是指因子在当期的值能够与未来一期的债券收益率有显著相关性，常用的检验方法有Fama – MacBeth回归、信息系数（Information Coefficient，IC）检验等。最后，依据所有经过有效性检验的因子对个券进行分别打分，并根据一定加权方式合成得一个综合打分。以该打分为指标选取排名靠前的债券进行推荐，也可据此构建债券组合策略，定期按照新的推荐债券进行调仓。

表2-4-3　　　　　　　　多因子选债模型的因子梳理

指标分类	因子描述	指标举例
宏观市场信用债指标	宏观量化择时模型结果或模型中重要指标	市场信用债走势判断
中观行业指标	中观行业收益率预测模型结果或模型中重要指标	行业利差收益率预测值、方向行业基本面指标
微观个券评级指标	量化评级结果	量化评级
微观个券财务指标	不同个券对不同财务因子的敏感度不同，可进行一定筛选	总资产、营业收入、净利润、经营活动现金流、资产负债率、ROE、其他独特指标
微观个券交易指标	利用二级市场交易信息进行辅助判断	价量指标

资料来源：平安资管

除多因子选债的思路外，还可以利用本文构建量化评级模型的优势，把握评级变动这一事件对个券收益率影响构建相应策略。一般而言，债券评级下调时，收益率往往一步调整到位；债券评级上调时，收益率将缓慢下降，存在一定的时滞和连续性。内部的量化评级能够事前对评级调整做出一定预判，并且评级结果相较外部评级更为精确，因此，可以借助量化评级的变动，规避评级下调带来的损失，并对评级上调的债券进行优先布局。

第三节 模型设想的可行性和主要优势

本文依托大数据和量化分析、机器学习等算法，对信用策略进行了宏观、中观和微观三个层次的构建，旨在赋能债券投资，实现投资的精细化管理，提升保险机构的溢价获取能力。

信用策略模型构建的可行性和优势主要体现在以下四个方面：

一是构建的体系较为完整，具备方法论的可行性。体系能够与分析师或债券投资经理的基本思路保持一致，实现对无风险利率、全市场信用债、行业与区域信用利差、个券收益率判断的层层递进，环环相扣。

二是相较于传统信用模型，数据和因子的选取更为丰富和有效。团队已在量化信用评级模型、信用债量化定价模型的构建中积累了丰富的经验，能够借助先进的技术构架，完成对海量数据信息的获取与处理，实现对因子的全面覆盖。同时，借助保险机构资深分析师多年的研究经验，更有利于实现对有效数据和因子的精准筛选。

三是延续人工智能（AI）和人类智能（HI）有机结合的独特优势。投资经理、分析师对信用债利差、行业利差的预测和对个券的推荐或选择已形成相对成熟的业务经验，而如何把经验进行沉淀，对众多的影响因子进行有效地筛选和利用，传统方法并不适用，量化分析、机器学习和深度学习算法能够更好地处理多因子问题和数据间的非线性关系，并得出定量结果。

四是量化信用评级模型、信用债量化定价模型的构建成果能够更好地支持信用策略模型的构建。信用债量化定价模型方法能够弥补传统方法覆盖性不强、难以定量分析的缺陷，定价结果精确度较高，为信用策略的实现提供更精确的价格基准。而量化信用评级结果有助于更好把握评级变动带来的收益机会，同时精准规避可能的风险。

第五章 总结与建议

第一节 主要工作与创新点

(一) 将人工智能 (AI) 与人类智能 (HI) 进行有机结合

将人工智能 AI 与人类智能 HI 进行有机结合，是公司及团队建设信用风险管理体系的核心思想。本文将公司内部积累多年的评级结果作为模型的学习目标，为最终的模型结果提供了强力的保障；人工智能算法具有运行效率高、结果准确率高等优点，搭建的过程却是耗时耗力，得益于丰富的历史数据积累，在建模之初即对市场主体进行了合理的行业划分，并进行行业特色指标筛选、构建和处理，极大地缩短模型构建的试错过程，同时保证了最后入模因子在业务上的可解释性。目前的评级模型，可全自动覆盖1万多家历史发债主体及上市公司，在相关数据更新的第一时间及时运算更新评级结果，极大地节约人力成本和缩短评级时间，同时能动态监控各因素对评级结果的影响。人工智能 (AI) 与人类智能 (HI) 的相辅相成，充分融合，保障了评级结果的准确性、及时性和可解释性。

(二) 构建的量化信用评级模型具有良好的通用性及区分度

量化信用评级模型共计分为 12 个大行业，实现市场有发债历史主体的全覆盖，对于每个主体均能进行合适的行业划分，在主体相关数据完备的情况下，及时给出模型评级结果。

目前外评标尺虽然共计分为 19 档，但实际评级结果基本都在 AA 及以上，导致评级结果区分度小，相同评级的主体实际资质分化严重，评级结果的参考性大幅减弱。模型评级结果整体近似呈正态分布，中位数为 BBB，众数为 BBB-，接近 90% 主体评级集中在 A 与 BB 之间，相比外部评级结果更为分散，区分度更高。

(三) 信用债量化定价模型具有很好的一致性和连贯性

信用债量化定价模型延续了 AI 与 HI 相结合的思想，各行业模型分别经过模型与分析师双重筛选，精选出 7 大类约 40 个因子进入下一步模型筛选，同时加入各行业的特有指标，更贴合各行业企业的特色。

估值定价是在本文评级模型结果的基础上进行，引用评级结果构建自建收益率曲线，对于债券估值的"倒挂"情况进行优化，可以清晰地反映各评级之间的利差，能与评级结果相互验证。

（四）评级、定价模型构建与信用策略构想对于投资实战具有较强的参考意义

在投资实战中，有操作参考意义的策略决定买或者不买，以及以何种价格购买什么标的。本文量化评级模型的结果为市场主体提供了较好的区分度，解决了买或者不买的问题，而量化定价模型的结果提供了不同品种不同条款债券的内在价值，结合信用周期的择时模型提供了方向和久期建议；同时，在中观层面，预测行业周期变化及对应利差的变动，结合投资经理的经验，可以提高宏观判断的胜率，寻找行业及个券的超额利差，为投资业绩贡献稳定的阿尔法。

第二节 不足与局限

本文的结果仍存在以下不足和改进空间。

（一）样本量少的情况下将可能导致准确率偏低

在量化评级划分的 12 个大行业中，样本量较大的城投行业拥有 1 900 个样本，占比约 20%，模型评级结果偏离一级以内的准确度达到 96.15%；综合金融行业包含除银行、保险和证券外的多个不同的公司划分一级行业，总样本量为 200，占比 2.13%，最终模型评级结果偏离一级以内的准确度则只有 78.48%，与样本量较多的城投行业相比，有着明显的差距。

在量化定价中，同样也存在这个问题，例如样本量少的行业可能无法构建单独的行业收益率曲线，在此基础上行业个券利差预测结果的偏差也较大。

（二）量化信用评级模型的敏感度还有待提升

在信用债违约常态化且具有突发性的当前环境下，评级模型的敏感度亟须提升。评级模型的输入因子，主要来源于主体的年度报告中，低频的数据更新直接导致评级结果的滞后性，由于信用风险从初露端倪、发酵至扩散的过程可能仅有几个月时间，如果不能及时把握好时机，会造成投资端的大额损失。同时，在评级资质发生恶化的过程中，市场舆情和数据的及时性，都会直接影响评级模型的结果。虽然目前的评级模型中增加了舆情数据、成交数据、违约预警、财务粉饰模型结果作为辅助性参考，但还有进一步的优化空间。

（三）信用债量化定价模型缺乏一定的自我纠正机制

目前的信用债量化定价模型的整体准确率较好，在输入因子中加 T-1 的数据，保持了定价结果的稳定性，但是每过一个周期，需要重置债券的初始利差。鉴于信用债成交量较少，无法提供足够的有效成交结果，最后选择中债估值进行初始利差的重置。目前的模型对中债估值依然存在一定的依赖性。

（四）仍然在尝试提升模型可解释性的方法，将模型结果与人所熟悉的逻辑结合起来

机器学习模型的缺陷之一是可解释性较弱，虽然能够提供一定的归因分析结果，但是分析角度与业务需求中的逻辑难以完全匹配。因此，需要在模型结果的基础上，寻找外生的归因分析方法，从投资经理、分析师熟悉的逻辑出发，来解释信用评级、信用定价和信用策略的结果，提升模型的实用性。

本专题参考文献

［1］Bussmann N, Giudici P, Marinelli D, et al. Explainable AI in Credit Risk Management ［J］. SSRN Electronic Journal, 2019 (44).

［2］Duffee, G R. The Relation between Treasury Yields and Corporate Bond Yield Spreads ［J］. Journal of Finance, 1998, 53 (6): 2225-2241.

［3］Hilscher J, Wilson M I. Credit Ratings and Credit Risk: Is One Measure Enough? ［J］. Social Science Electronic Publishing, 2011.

［4］JACK, BAO, JUN, et al. The Illiquidity of Corporate Bonds ［J］. Journal of Finance, 2011, 66: 911-946.

［5］Lim K G. Estimating Credit Risk Premia ［J］. Research Collection Lee Kong Chian School of Business, 2005, 6: 1-15.

［6］陈文正. 保险公司债券投资研究［D］. 南开大学, 2010.

［7］陈秀梅. 我国债券市场信用风险管理的现状及对策建议［J］. 宏观经济研究, 2012 (2): 63-66.

［8］冯嫱薇. 基于 XGBoost 算法的信用债违约风险预测研究［D］. 电子科技大学.

［9］高强. 公司债券收益率的风险补偿定量研究［J］. 财会通讯, 2013 (8): 40-42.

［10］纪志宏, 曹媛媛, JI, 等. 信用风险溢价还是市场流动性溢价：基于中国信用债

定价的实证研究［J］．金融研究，2017，02（No.440）：5-14.

［11］李磊宁．固定收益证券的估值、定价与计算［M］．北京师范大学出版社，2011.

［12］卢欣雪，赵康．国外信用评级模型的应用及对我国的启示［J］．世界经济与政治论坛，2012，4：165-172.

［13］南钦文．从资产，负债，政策三维度看保险资金配置的现状与趋势［D］．浙江大学，2018.

［14］任泽平．保险资金运用：现状、投资偏好与展望［R］．恒大研究院，2020.

［15］宋鹏，张淼．国债收益率预测的 VAR-LSTM 框架［J］．统计与决策，2021，5：148-152.

［16］王未卿，肖勇贵，李霞．基于随机森林回归模型的城投债信用利差影响因素研究［J］．数学的实践与认识，2020，50（12）：311-320.

［17］王燕，郭元凯．改进的 XGBoost 模型在股票预测中的应用［J］．计算机工程与应用，2019，55（20）：202-207.

［18］温彬，张友先，汪川．国际债券市场的发展经验及对我国的启示［J］．上海金融，2010（009）：54-58.

［19］谢赤，陈歆，禹湘．基于信用利差期限结构的企业债券定价研究［J］．湘潭大学学报（哲学社会科学版），2006（06）：71-74.

［20］姚秋琛．基于信用风险模型的公司债券定价研究［D］．复旦大学，2014.

［21］张君瑞，刘璐，郑子辰．挖掘信用阿尔法，债券估值为关键——兼论中债估值与YY估值的对比［R］．平安证券，2020.

［22］债券估值手册［R］．中证指数有限公司，2019.

［23］周宏，李国平，林晚发，等．企业债券信用风险定价模型评析与进展［J］．管理科学学报，2015（8）：20-30.

| 专题三 |

城投债风险定价模型在保险资金投资中的应用研究

课题单位：生命保险资产管理有限公司
课题负责人：张仲明
课题组成员：张漫春　　陈　悦　　肖志成　　袁泽燕
　　　　　　王禹珂

保险资金运用以稳健、安全为原则，城投债一直是保险资金的重要投资品种。在国家重提"抓实地方政府隐性债务防范化解工作"的背景下，城投债自2020年底以来价格异动显著增多，保险资管机构需要调整过往城投债"重地方、轻个体"的投资定价逻辑，科学评估城投债定价对风险的覆盖程度，有效应对城投债投资风险。

利差作为信用债定价的核心内容，市场对其构成的认识大致经历三个阶段：第一阶段认为信用风险决定利差，莫顿模型和强度模型均是代表。随违约数据积累、"信用利差之谜"的发现，相关认识进入第二阶段，大量研究集中于对流动性风险的讨论。第三阶段则发展至综合模型，利差研究不再局限于信用风险和流动性风险，而扩展至宏观经济、金融体制等多种因素。本文试图基于综合模型，对我国城投债近两年的定价关键因素展开分析。

首先，本文将研究对象定义为"城投债利差—中债隐含违约率"，即扣减信用违约率后的利差 Y 值，建立相应线性回归模型对自2020年3月至2021年9月城投债全量数据合计19个时间切片进行时序分析。发现：（1）中债隐含评级对整体 Y 值影响显著大于其他解释变量。（2）自2020年四季度起，Y 值形成逻辑发生明显变化，具体表现在：一是低等级信用债的 Y 值趋于离散，模型整体及各解释变量 R 方显著下降；二是高等级信用债的 Y 值趋于集中，模型整体及各解释变量R方上升。

其次,针对该发现本文全面梳理了自2020年以来城投债政策及相关行业变化,认为2020年四季度抗疫政策退出后,国家重提"抓实地方政府隐性债务防范化解工作",给城投债定价逻辑带来重大影响。政府出台的系列文件重在"打消财政兜底幻觉",反复强调城投债务并非与政府债务画等号的基本原则,这显著有别于以往"重地区、轻个体"的城投债定价逻辑。同时,房地产作为地方城投企业高度关联行业,其明显趋严的调控政策给城投债也带来了影响,增加了其定价的不确定性。

最后,本文进一步基于前述时间切片数据,运用箱线图统计以及实证预测模型两种方法,对评级较好(AA以上)的债券的利差和Y值区间给出经验估计,对保险资金投资实务工作提供参考。如,基于历史数据,AAA级城投债的Y值均值为45bp,利差均值为48bp[①]。

[①] 利差值也受到中债隐含违约率的影响,此处估计将AAA级城投债的中债隐含违约率简化为统一的3bp,与实际有差异。

第一章 引 言

保险资金运用以稳健、安全为原则，城投债一直是保险资金的重要投资品种。在国家主动去杠杆、重提"抓实地方政府隐性债务防范化解工作"的背景下，城投债自 2020 年底以来价格异动显著增多，给保险资金投资组合估值带来不确定性。如何科学评估城投债定价对风险的覆盖程度，合理做出投资决策、有效应对投资风险，对于保险资金投资而言成为日益重要的课题。

第一节 国内外研究现状及分析

一、信用债定价：利差

利差是包括城投债在内的信用类债券的通用定价工具。

利差计量方法包括 spread 相减法和 CDS 定价法。欧美市场因 CDS 交易成熟，信用利差常用 CDS 价格来衡量。相较而言，我国市场则多采用 spread 相减法，即利差由信用债券收益率与无风险利率之差计算而得。不同数据供应商在无风险利率选择上可能有所差异，如 G_spread 方法选用国债收益率，或考虑到国债的税收效应而选用国开行债收益率等。

二、利差的影响因素

（一）信用风险是决定利差的重要因素

最早的"结构化模型"（默顿模型）、简化模型（强度模型）均试图在信用债券利差和违约概率或违约强度之间建立理论联系，其潜在的假设即信用债利差能够反映信用风险的大小，甚或信用债利差就是信用违约强度，并用实证数据证明了信用风险对信用债券价差存在显著影响。

这方面研究众多，国内学者从资产负债率、资本报酬率、国企产权性质、债券剩余期限、信用评级等信用风险相关因素对我国信用债定价的研究（王安兴等，2010；方红星等，2013；高强和邹恒甫，2015），发现信用风险因素对信用债价差存在显著影响。周宏等（2014）发现，信息不确定与信息不对称与债券信用利差之间存在显著的正相关关系。该类研究主要将信用风险因子定义为企业相关指标，如货币资金占总债务比重、资产净利率、主营业务利润率、主营业务收入增长率等微观财务指标，或企业信息透明度指标。

同时，很多学者将信用风险因子进一步扩展至宏观指标。戴国强等（2011）验证了 GDP 指数和 M1 发行量对企业债券信用利差的影响为正；赵银寅等（2010）提出无风险利率、股票市场指数回报率、股票市场波动率对短期信用利差、中期信用利差、长期信用利差的都有较强的相关性；曹培慎等（2020）提出消费者物价指数（CPI）对信用利差的冲击在长期表现为正向影响，但其波动的贡献率较低，不能很好地解释信用利差波动原因；赵静等（2011）发现无风险利率的期限结构斜率增大使得债券信用利差增大的现象，提出公司债信用利差对于股票波动率的反应并不十分灵敏等。

其他特点。如马金华等（2013）通过分析有政府隐性担保的城投债和没有政府隐性担保的城投债，分析城投债隐含的两种市政债券属性的不同作用，提出具有政府作隐性担保的城投债，其风险系数比较高，且地方政府的财政实力对城投债信用利差具有重大影响。

（二）信用利差之谜

前述学者的研究方法本质上都集中于债券利差和信用风险强度之间存在强相关性的验证，但随着信用风险违约损失数据逐渐累积、违约强度可以直接计算出后，研究者发现"信用利差之谜"现象，强相关性并不等价于"信用利差就是信用风险强度"的结论。所谓"信用利差之谜"，是指信用债券利差显著且持续超出信用债券的预期违约风险的现象。该现象普遍存在于各国信用债市场，我国因刚性兑付的历史惯性，该现象更为严重（王安兴等，2012；谭地军等，2008）。

围绕"信用利差"产生的原因，学者们展开了大量研究。其中一个主要研究方向是流动性风险，具体因子包括债券特征、交易数据两类。债券特征方面，常用指标如票面利率、发行量、债券类型、上市市场等；交易数据方面，常用指标如债券交易量、换手率、交易笔数、买卖报价差等。Longstaff 等（2005）、Chen 等（2007）对信用债券利差进行回归分析发现，流动性指标存在显著解释力。Jens Dick – Nielsen 等（2009）着眼于次贷危机对流动性的冲击，研究了流动性对信用债券价差的影响。关于流动性的度量，不同学者们提出了宽度、深度、弹性、即时性等指标及模型，如 Amivest 流动性比率、Amihud 非流动性测度 ILLIQ、Glostern 和 Harris 交易成本模型、不流动性指标 Roll measure、零交易天数比率、换手率、指标 p（Jankowitsch 等，2010）、买卖价差等。国内研究方面，纪志宏、曹媛媛（2017），戴国强等（2011），赵静（2011），王宇（2013），解文增等（2014）等也从货币供应量、回购利率、交易所质押回购融资制度等角度分析了流动性对于我国信用债定价的影响。

（三）综合模型

信用利差之谜现象被提出后，大量研究采用利差分解方法，将利差影响因素不再局限于信用风险、流动性因素等某一类因素，而是综合考量利率、宏观经济、金融体制、企业自身经营状况（只研究某一信用级别的企业债券）、税收补偿等各种因素的影响。如王琪（2016）、杨宝臣（2016）将利差分解为流动性风险、信用违约风险和利率风险；陈施微（2008）将利差分解为流动性风险、信用风险和税收补偿三部分（但是并未就税收补偿部分进行深入研究）；程文卫（2009）将利差的影响因素分解为宏观经济因素、市场流动性因素和企业自身经营状况三类影响因素，并指出同一信用级别的债券具有相同的信用资质，通过只研究 AAA 级别的企业债券来考察宏观经济因素和市场流动性因素对利差的影响程度。

三、中债隐含违约率

中债金融估值中心有限公司于 2020 年初试发布中债市场隐含违约率，反映未来一定时间内发行主体发生信用违约的累计概率，其计算基础为市场信息及中债价格指标，是目前市场上力求客观、精细计量发债主体信用风险水平的代表性工具。

中债隐含违约率主要计算步骤如下：

第一步，先根据中债市场隐含评级确定发行主体信用级别，取存续债券的中债估值收益率与对应期限无风险收益率（国开行债）之差，平均后得到主体利差；

第二步，根据群组法（Cohort）计算过去一段时间内特定信用评级债券的真实违约率平均值，即该信用级别的历史平均违约率；

第三步，基于历史平均违约率计算信用风险比例，即：信用风险比例 = 历史平均违约率 × (1 - 回收率)/历史平均总利差；

第四步，利用第三步所得信用风险比例，从第一步所得主体利差中剥离出仅反映信用风险因素的主体信用利差,从而计算得到中债市场隐含违约率。

中债公司在相应方法论介绍文件中指出,主体利差既反映了信用风险因素,也包含了流动性及市场情绪等因素。若直接用主体利差推导出市场隐含违约率,会将各种因素统一视为信用风险因素,存在高估主体违约率的风险。因此,中债公司使用信用风险比例校准得出隐含违约率。

第二节 研究方向及创新点

本文选取"利差—中债隐含违约率"(定义为 Y 值)作为研究对象,通过扣除信用风险的成分(即中债隐含违约率),来探究我国城投债这一特定样本集的利差构成特点、变化趋势和影响因素。研究的前提假设包括:

假设一:中债隐含违约率能够较为准确地反映信用违约强度;

假设二:信用利差之谜成立,"利差—中债隐含违约率"显著不为零。

相比于已有研究,本文研究创新点如下:

第一,本文将研究对象进一步聚焦到"利差—中债隐含违约率",通过量化扣除信用风险成分,更为清晰地呈现其他利差构成因素,避免因信用风险影响过于显著而掩盖其他因子对利差的作用。同时,现有大多数利差研究多以整个利差作为因变量,结果均发现信用评级影响最为显著,但都无法清晰解构"信用利差之谜"现象下信用评级对利差的作用机理。现有研究的变量设计可能是违约率数据不足或缺乏可靠性的无奈之举,本文为了提高研究精度,将充分利用中债公司自 2020 年发布的中债隐含违约率数据,校准因变量口径。这是本文的第一项创新。

第二,本文以月度频率收集城投债全量利差数据形成时间序列,既对横截面数据进行分析,又基于截面显著性分析结果确定的自变量进行时间序列分析,试图发现利差的时间趋势或结构性变化。分析变量包括债券特征和交易量流动性指标等,数据量大,具有全面性。

第三,基于数据分析,本文试图对城投债利差做出经验估计,可直接作为实务工作的参考。

第二章 我国城投债定价概况

城投债是我国信用债市场的重要构成部分，其以城投公司为发行主体，为地方基础建设项目筹集资金，具有特殊的风险特征和定价逻辑。

第一节 城投债市场

一、城投债市场概况

（一）总体规模

近十年来城投债规模迅速增长，截至2021年11月底城投债余额已为十年前近10倍，历年存量城投债只数和余额数据如图3-2-1。

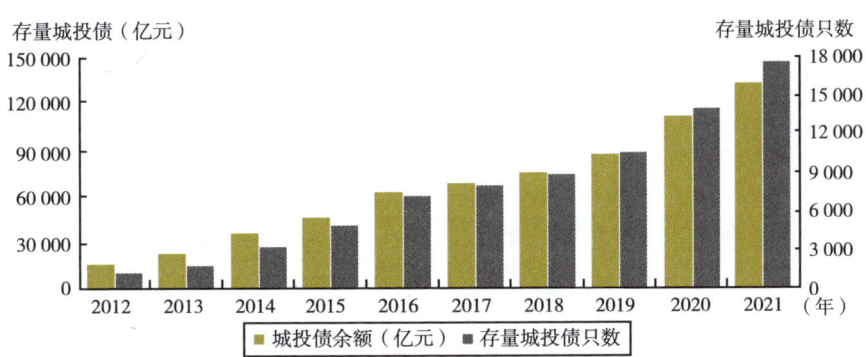

图3-2-1 我国存量城投债余额和只数历年数据

资料来源：同花顺 iFinD

城投债在信用债中的重要性日益凸显，截至2021年11月底其在非金融企业信用债中比重为40.92%，相比于十年前的20.92%已接近翻番。

（二）债券类型

过去十年中，城投债的具体债券类型结构变化显著。公司债存量突飞猛进已成为余额最大的一类城投债，中期票据次之，短融、PPN余额稳定增长，企业债规模近年来逐步下降（见图3-2-2）。

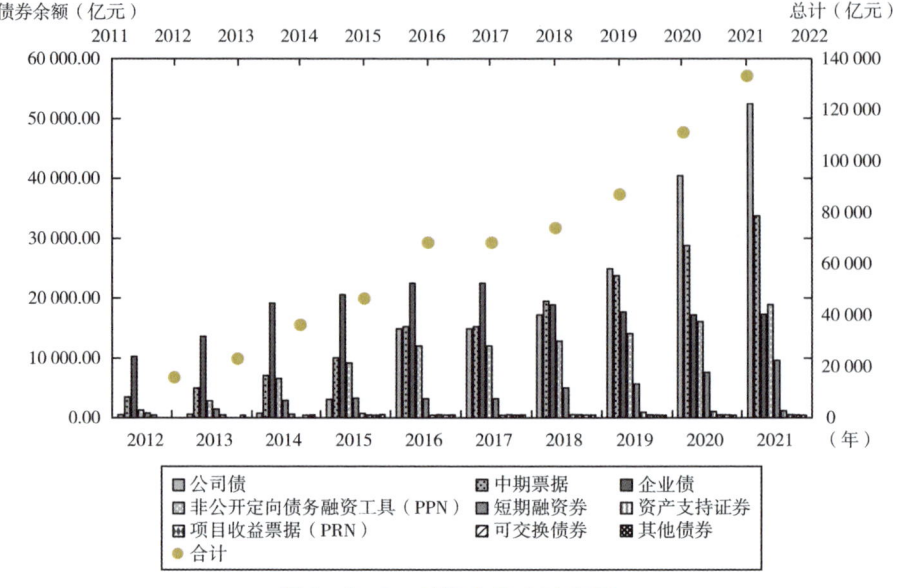

图 3-2-2　城投债构成时序图

资料来源：同花顺 iFinD

对于各债券类型信用债而言，城投债的重要性区别具体如表 3-2-1，企业债、PPN、公司债、项目收益票据中，城投债余额在信用债中占比均超过一半，短融、中票中城投债占比在 30%—50%，其他品种则占比较少甚至没有。

表 3-2-1　城投债的债券类型分布（2021 年 12 月 6 日）

债券类型	城投债余额			城投债只数		
	金额（亿元）	占比（%）	占非金融信用债比重（%）	数量（只）	占比（%）	占非金融信用债比重（%）
企业债	17 273.62	12.96	77.48	2 347	13.29	90.10
公司债	52 442.87	39.34	54.27	6 582	37.26	62.97
非公开定向债务融资工具（PPN）	18 909.69	14.18	81.54	2 939	16.64	85.14
中期票据	33 752.41	25.32	42.29	3 953	22.38	54.83
短期融资券	9 621.77	7.22	36.52	1 417	8.02	49.82
资产支持证券	1 177.44	0.88	2.34	403	2.28	4.04
项目收益票据（PRN）	91.14	0.07	62.97	20	0.11	68.97
可交换债券	43.00	0.03	2.90	3	0.02	3.61
其他债券	2.00	0.00	49.23	1	0.01	20.00
合计	133 313.93	100.00	40.92	17 665	100.00	47.40

资料来源：同花顺 iFinD

(三) 期限及信用评级

城投债期限以 3—5 年为多，目前市场上存量城投债 1 年以内余额占比 8.96%，1—3 年占比 28.16%，3—5 年占比 46.13%，其余为 5 年以上。

从外部评级来看，城投债外部评级在近十年来呈下沉趋势，AAA 占比从 2012 年 36.37% 下降至 2021 年 11 月的 27.7%[①]。

二、城投债政策历程

自 2009 年地方融资平台出现后，城投债迅速成为债券市场的重要组成部分，并因特殊的历史使命而经历了若干次政策收放调整。

2009—2011 年，作为应对次贷危机的重要政策工具，原中国银监会下发 92 号文，提出支持有条件的地方政府组建投融资平台，发行企业债、中期票据等融资工具，拓宽政府融资渠道。在此政策下，城投平台融资和城投债发行飞跃式增长。

2012—2014 年，城投债虽为政府融资发挥了重要作用，但带来的地方政府债务风险日益显现。中央相继出台政策要求清理核实平台债务。2014 年发布 43 号文要求剥离融资平台政府融资职能，并对地方政府债务实施规模管控和分类管理。

2015—2016 年，中央开始推行债务置换，多起城投债提前置换。

2017—2018 年，中央进一步提出要严控地方政府债务增量，终身问责，倒查责任。财政部 2017 年 87 号文、2018 年 23 号文，进一步严格要求地方政府及其部门不得利用或虚构政府购买服务合同为建设工程变相举债，不得通过政府购买服务向金融机构、融资租赁公司等非金融机构进行融资，规范金融企业与地方政府和国企的融资行为。

2019—2020 年，稳增长成为经济工作重心，前期城投债的严控政策有所缓和。

2020 年底—2021 年，在经济增长情况良好的窗口期，中央工作重心回归对地方隐性债务风险防控。

---

① 此处统计不含无外部评级的短融和超短融。

第二节 城投债定价概况

一、定价逻辑

城投债因其定位的特殊性,定价逻辑一直有别于普通信用债或地方政府债。

一方面,地方城投平台因地方政府融资需要而出现,其发行的债券必然与地方政府信用相关联。因此,无论金融机构还是信评中介对城投债的风险评估和定价均具有"重地区、轻个体"的特点。

另一方面,受政策收放调整的影响,城投债利差起起落落,表现出与普通信用债不同的周期。

二、结构性差异

城投债利差在不同信用等级、债券类型等维度下均表现出结构性差异,图3-2-3展示了2021年9月底城投债利差情况。图中数据显示,中债隐含评级越高,城投债利差越低;对于同一评级的城投债,短融的利差最低;AAA级公司债的利差与AAA级短融接近,是各细分类城投债的最低水平。

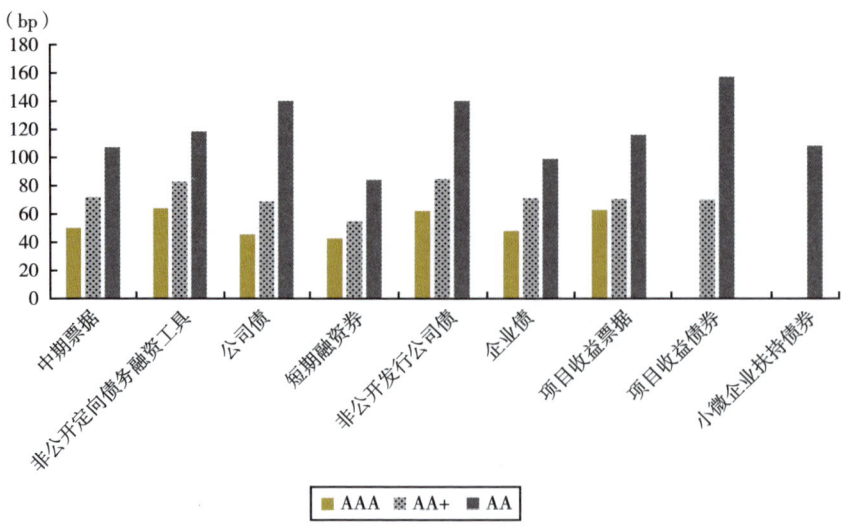

图3-2-3 不同债券类型及中债隐含评级的城投债平均利差图(2021年9月30日)

资料来源:DM固收投研系统、生命资产

三、城投债价差和隐含违约率的关系

"信用利差之谜"对城投债成立且非常显著。表 3-2-2 显示了 2021 年 9 月底城投债价差及中债隐含违约率平均值,其中利差远大于中债隐含违约率,说明定价有相当一部分无法解释为债券违约风险。

表 3-2-2　　　　　城投债利差及隐含违约率数据表
（2021 年 9 月 30 日，单位：bp）

中债隐含评级	剩余期限 1 年		剩余期限 3 年		剩余期限 5 年	
	DM 利差	隐含违约率	DM 利差	隐含违约率	DM 利差	隐含违约率
AAA	49.6344	2.57	46.908	3.01	52.5985	3.01
AA+	70.0235	4.01	71.1161	5.08	74.4238	4.96
AAA-	—	—	57.7337	3.04	—	—
AA-	70.0235	4.01	71.1161	5.08	74.4238	4.96
AA	120.6705	18.62	120.6736	23.87	128.6706	22.90
AA（2）	169.7025	27.14	120.6736	23.87	128.6706	22.90
A+	—	—	751.9115	330.29	—	—

注：数据来源样本量少于 30 条的标记为"—"或直接删除。
资料来源：DM 固收投研系统、生命资产

第三节　城投债流动性

国际经验普遍认为，信用债市场的流动性较差。美国信用债季度换手率的中位数为 4.5%，相当于需要 5—6 年完成一只信用债的一次全部换手（Peter Feldhutter，David Lando，2009）。

我国城投债流动性整体较差，2021 年以来交易量迅速增大，3 月以来每月交易总量均维持在万亿元以上，2021 年 9 月单月交易量已达到 2020 年 3 月单月交易量的 3.6 倍。其中，交易所固收平台成为城投债交易达成的重要场所。

以 2021 年 9 月底数据分析，在 14 658 个债券样本中，当月未发生交易的债券有 6 737 只，占样本总数的 46%，当月发生交易的有 7 921 只，占样本总数的 54%。其中，短期融资券的流动性最好，月交易换手率中位数达到

17.78%；无交易债券占比最低，为 27.47%；中期票据次之，月交易换手率中位数为 6.03%；无交易债券占比较低，为 36.52%（见表 3-2-3）。

表 3-2-3　　城投债流动性数据表（2021 年 9 月 30 日）

债券类型	数量（只）	无交易债券 数量（只）	无交易债券 占比（%）	交易换手率中位数（%）
中期票据	3 834	1 400	36.52	6.03
非公开定向债务融资工具	2 464	1 253	50.85	0
公司债	1 181	433	36.66	3.54
短期融资券	506	139	27.47	17.78
非公开发行公司债	4 614	2 257	48.92	0.73
企业债	1 918	1 165	60.74	0
项目收益票据	21	20	95.24	0
项目收益债券	101	58	57.43	0
小微企业扶持债券	16	11	68.75	0
集合债券	3	1	33.33	4.67
总计	14 658	6 737	45.96	2.02

资料来源：DM 固收投研系统、生命资产

第三章　城投债定价实证分析

本章基于 2020 年 3 月至 2021 年 9 月月度城投债全量样本数据[①]，对城投债定价——利差的影响因素以及变化趋势展开实证分析。

---

① 避免极端值或不确定性因素干扰，剔除当天剩余期限小于（不包含）6 个月或大于（不包含）6 年的债券，以及 ABS 和非固息债。

第一节　分析框架描述

一、模型描述

本文旨在分析城投债利差的形成机制,因此设定基本分析模型如下:

$Y = f(X_i)$

其中,Y = 利差 – 中债隐含违约率①;X_i 为债券区域能级、企业类型、剩余期限、中债隐含评级②、债券类型、债券余额、债券月交易量等信息。

具体表示如下:

(a) AREA_level_ID:区域能级,债券主体所属地方政府的行政级别。

(b) ENTERPRISE_TYPE:企业类型,债券发行人的企业属性。

(c) REMAIN_PERIOD:剩余期限,债券距离到期日剩余的时间(取推荐值)。

(d) BOND_IMPLIED_RATING:中债隐含评级。

(e) BOND_TYPE:债券类型。"0"表示私募债(剔除永续债);"1"表示公募债(剔除永续债);"2"表示永续债(公私募都包含)。

(f) BOND_BALANCE:债券余额。

(g) VOLUME:债券月交易量。

(h) CBD_YIELD:国开行收益率,即当期国开行债收益率

基于上述基本模型,本文采用各时间切片静态全量分析和动态时序比较分析方法,研究各解释变量的显著性,以及各解释变量对 Y 影响的动态特征。

二、样本选取

本文选取 2020 年 3 月至 2021 年 9 月的全量城投债数据,以每月最后一个工作日取数形成研究样本,共计 219 687 条数据。我们最初曾抽取 2019 年 7 月—2021 年 9 月城投债每月最后一个工作日的全量数据,共计 274 685 条样本、35 组时间切面,但 2020 年 2 月及以前中债公司尚未公布隐含违约率,无法计算因变量"利差—中债隐含违约率",因此确定样本集为 2020 年 3 月至 2021 年 9 月共 19 个切面。

---

① 因缺乏数据,模型对回收率做简化假设,回收率为 0。该假设可能导致对信用预期损失的高估。

② 考虑到数据缺失程度、精准性以及接受广泛度,我们从外部评级、YY 评级和中债隐含评级三个评级指标中选用了中债隐含评级。

三、数据生成及清洗

基于 DM 固收投研系统、聚源资讯提供的底层数据,我们抽取整合形成满足本文研究的城投债数据,再进行重复排除、缺失及错误检查等工作后,生成有效样本。2020 年 3 月至 2021 年 9 月月度切片数据总体情况如表 3-3-1 所示。

表 3-3-1　　　　　　　各时间切片样本数

日期	总样本数(条)	有效样本数(条)
2020-03-31	8 397	8 313
2020-04-30	8 971	8 886
2020-05-29	9 352	9 263
2020-06-30	9 755	9 665
2020-07-31	10 134	10 040
2020-08-31	10 681	10 586
2020-09-30	11 302	11 193
2020-10-30	11 332	11 220
2020-11-30	11 517	11 506
2020-12-31	11 695	11 683
2021-01-29	12 055	12 042
2021-02-26	12 094	12 081
2021-03-31	12 440	12 427
2021-04-30	12 984	12 969
2021-05-31	12 896	12 881
2021-06-30	13 145	13 130
2021-07-30	13 305	13 290
2021-08-31	13 887	13 871
2021-09-30	14 658	14 641

资料来源:生命资产

数据质量查验结果同样适用于解释变量具体指标的选择。如信用级别的备选指标最初包括外部评级、中债隐含评级,考虑到部分时间切片外部评级数据缺失严重①,我们在后续建模中选用了中债隐含评级指标,而未使用外部评级。

---

① 短融及超短融无需债项外部评级即可发行。

第二节 实证分析

一、各解释变量的显著性分析

基于上述全量城投债数据,对各解释变量与 Y 的相关性做 R^2 及 t 检验,除企业类型指标外,其他解释变量均通过 t 检验,说明均存在显著影响。同时从 R^2 来看,中债隐含评级与 Y 的相关性最大,债券类型、债券余额、区域能级的 R^2 在 0.01 以上,其他变量相关性均较低。

具体结果如表 3-3-2。

表 3-3-2　　　　　各变量相关性和显著性结果

变量名称	R^2	P＞|t|	是否保留
企业类型	0	0.582	否
区域能级	0.020	0	是
剩余期限	0.006	0	是
债券类型	0.059	0	是
中债隐含评级	0.276	0	是
债券余额	0.030	0	是
债券月交易量	0.009	0	是
国开行债收益率	0.008	0	是

资料来源:生命资产

值得注意的是,尽管 Y 值已经剔除了信用风险(中债隐含违约率),但在以上备选解释变量中,中债隐含评级不仅显著而且与 Y 值的相关性最大。

二、目标变量的描述性统计和时序变化分析

(一) Y 的描述性统计

Y 值的统计参数如表 3-3-3。

表 3-3-3　　　　　　　　Y 的描述性统计

统计指标	值	统计指标	值
count	218 624.000	25%	78.67
mean	155.428	50%	135.29
std	121.142	75%	233.58
min	-4 500.430	max	6 538.73

资料来源：生命资产

（二）2020 年 3 月至 2021 年 9 月 Y 值的时序变化情况

1. 总体时序图

我们按照时间轴将所有城投债的 Y 值投射出来（如图 3-3-1），发现自 2020 年四季度以来城投债的 Y 值显著离散化，其方差指标自 2020 年 11 月开始明显跳升（如图 3-3-2）。说明 2020 年 10—11 月有一个分水岭，城投债的定价逻辑可能出现了结构性变化。

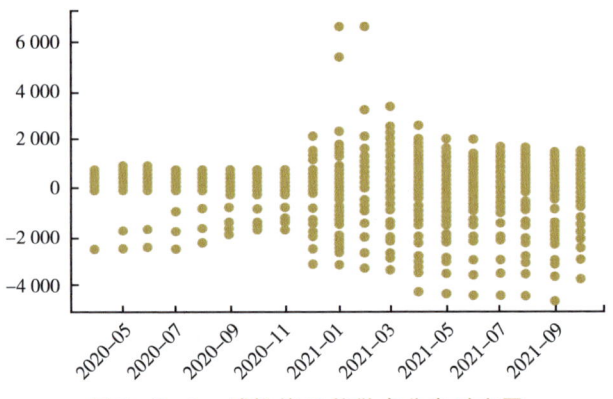

图 3-3-1　城投债 Y 值散点分布时序图

资料来源：生命资产

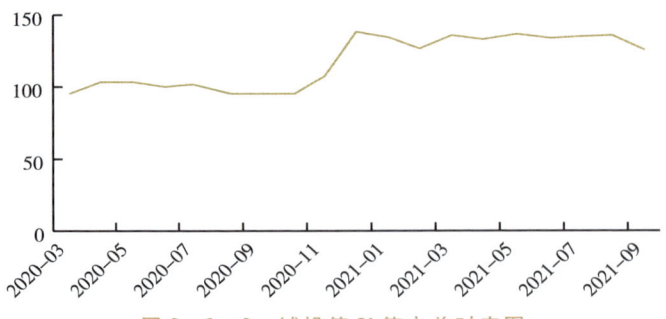

图 3-3-2　城投债 Y 值方差时序图

资料来源：生命资产

2. 评级粗分时序图

数据的离散程度会影响模型的解释力和变量的可预测性，考虑到不同评级的债券在利差和违约率上可能会有不同的表现，我们进一步将债券按中债隐含评级分组，来分析 Y 值时序分布的特征。

结论为：隐含评级较高（AA+及以上）的城投债 Y 值稳定且集中，低评级城投债的 Y 值自 2020 年四季度明显离散、异常值增多。这与我们在《保险资产管理机构应对违约债券策略研究》[①] 中的发现是一致的，即：对于品质较好的隐含评级，如 AA 及以上，不同评级违约风险抵补的排序具有较好的稳定性。

图 3-3-3、图 3-3-4 是中债隐含评级为 AAA、AAA- 和 AA+ 三个级别城投债的利差—隐含违约率的分布时序图和方差时序图。显而易见，Y 值集中分布在 -100 至 400 区间内，离散程度保持稳定，随时间推移发生的变化并不显著，到 2021 年下半年还有减小的趋势，初步说明评级较高的前三个等级城投债的定价逻辑稳定。

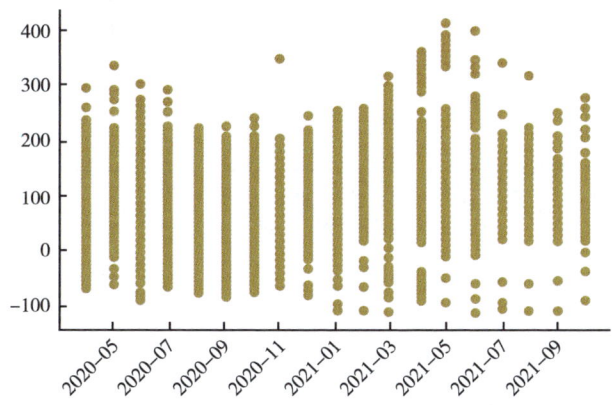

图 3-3-3　隐含评级 AA+及以上城投债 Y 值分布时序图

资料来源：生命资产

图 3-3-5、图 3-3-6 是除 AAA、AAA- 和 AA+ 以外的其他评级城投债利差—隐含违约率的分布时序图和方差时序图。该类债券自 2020 年 11 月开始，数据显著趋于离散、异常值增多，取值范围增大至 ±2 000 以外，方差显著跳升。说明低信用等级城投债的定价逻辑发生变化，预估价格的难度增大。如图 3-3-6 所示，低信用等级城投债 Y 值方差增大，离散程度增大。

---

① 生命资产：《保险资产管理机构应对违约债券策略研究》，中国保险资管行业协会 2019IAMAC 年度十项优秀课题之一，2019 年。

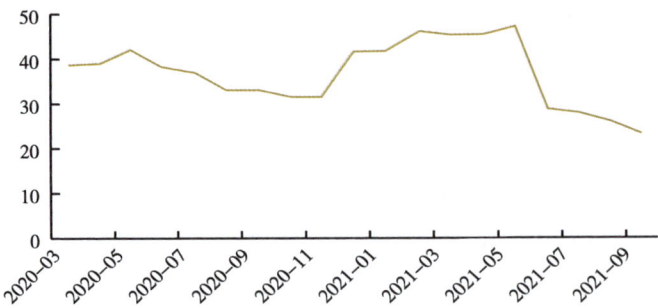

图 3-3-4 隐含评级在 AA+ 及以上的债券 Y 值方差时序图

资料来源：生命资产

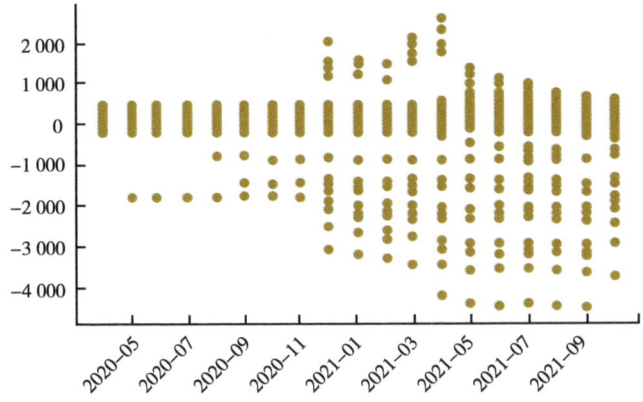

图 3-3-5 低信用等级城投债 Y 值分布时序图

资料来源：生命资产

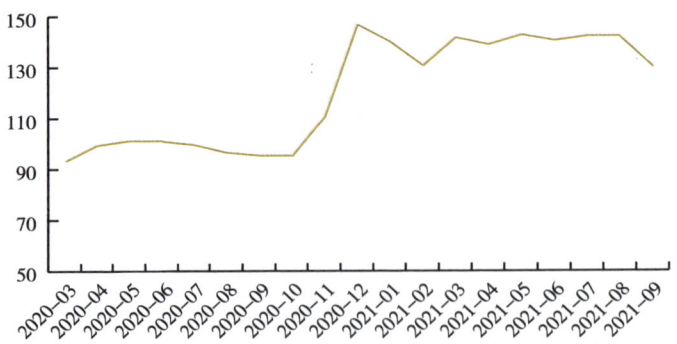

图 3-3-6 低信用等级城投债 Y 值方差时序图

资料来源：生命资产

三、模型的时序变化分析

考虑到被解释变量因信用等级不同而表现出较明显离散度的特点，且解释变量中中债隐含评级不仅显著且相关性最强，我们将按照中债隐含评级对样本分组，分别讨论各评级分组的城投债定价模型。同时，如前一部分数据分析所发现的：2020年第四季度低信用风险等级分组的Y值离散度（方差）出现跳升，因此我们在对Y值进行回归分析之前，需要进一步评估Y值与各解释变量之间关系的稳定性。

本部分选用前文单变量分析中t检验显著的7个变量，即债券区域能级、剩余期限、债券类型、中债隐含评级、债券余额、债券月交易量、国开行债收益率，逐一对每个时间切片做回归分析，用R^2贡献来看单一变量对于Y值的解释效果变化。

通过数据分析发现，只有AAA级（含AAA−）城投债的模型解释力自2020年四季度起稳定且较强，低信用等级模型解释力不强，甚至自2020年四季度显著下降。

（一）AAA级

由于中债隐含评级为AAA−级债券数量较少，我们把AAA级和AAA−级债券合并为一组进行观察，所得结果如图3−3−7所示。

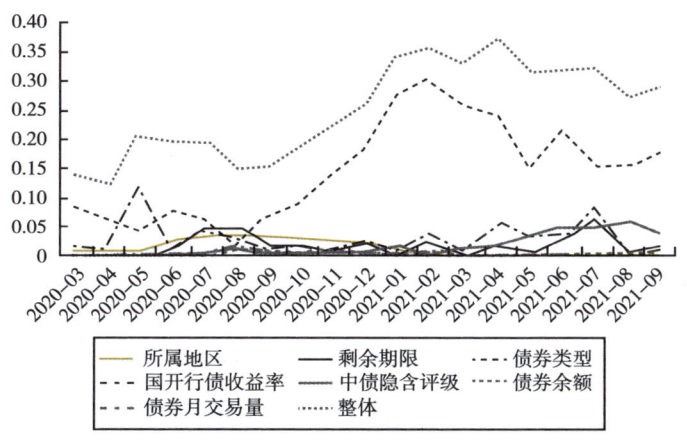

图3−3−7　AAA隐含评级城投债R^2时序变化图

资料来源：生命资产

模型整体 R^2 自 2020 年四季度起明显上升，在 2021 年达到基本平稳。在 7 个解释变量中，债券类型的相关性自 2020 年四季度大增，其 R^2 贡献与 Y 值 R^2 走势基本一致，其余变量对整体 R^2 影响不大。

（二）AA+级

从图 3-3-8 来看，所有变量的解释性在近两年波动较大，且模型整体解释性低于 0.1，主要影响变量各时期均不同，说明对于 AA+中债隐含评级而言，利差构成应该受其他因素影响。

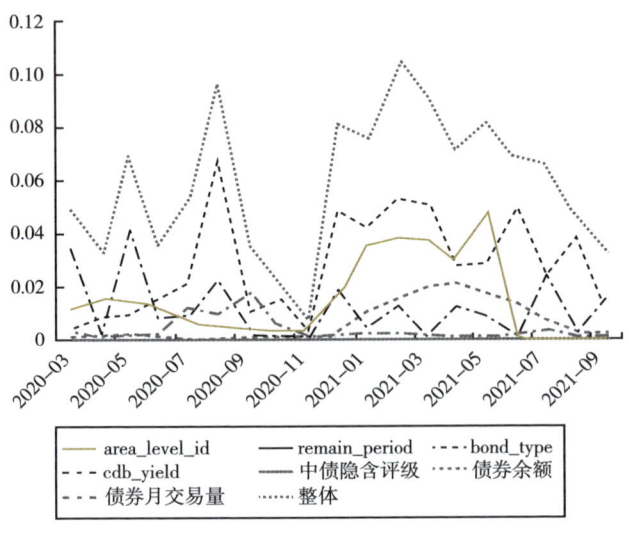

图 3-3-8　AA+隐含评级 R^2 时序变化图

资料来源：生命资产

（三）AA 级

如图 3-3-9 所示，中债隐含评级 AA 级债券的模型解释力恰好与 AAA 相反，在 2020 年四季度之前有一定解释力，R^2 处于 0.25—0.3 区间，但进入 2021 年解释力显著下降。

（四）AA-级

中债隐含评级 AA-评级的变量 R^2 时序变化如图 3-3-10 所示。

中债隐含评级 AA-级城投债的定价模型时序走势与 AA 级接近，模型整体 R^2 在 2020 年四季度出现显著下降，且主要影响变量依旧是债券类型。无论是解释变量 R^2 还是整体 R^2 都与 AAA 评级走势恰好相反，说明 AA 级和 AA-

级债券在 2020 年的信用风险溢价主要来源之一是债券类型,但在 2021 年后信用风险溢价来源发生了根本性的变化。

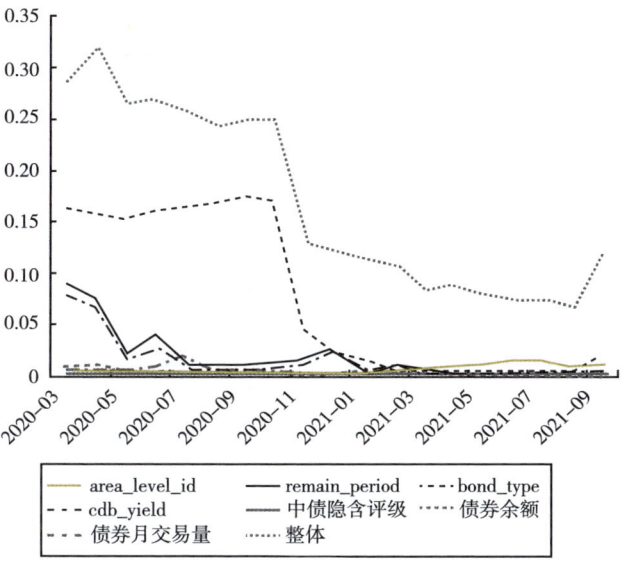

图 3-3-9 AA 中债隐含评级 R^2 时序变化图

资料来源:生命资产

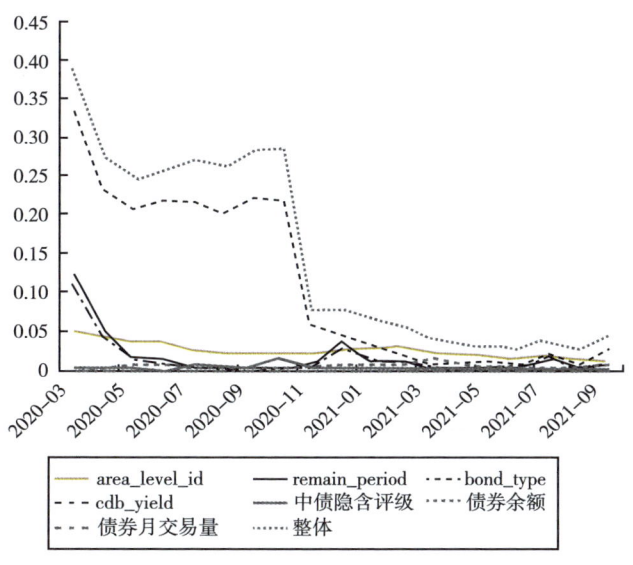

图 3-3-10 AA-及以下中债隐含城投债定价模型整体及各解释变量贡献时序图

资料来源:生命资产

此外，中债隐含评级 AA - 级以下评级债券数量较少（所有评级总和少于3 000样本，与 AAA 至 AA - 评级数量级不同，无法进行比较），所以不做讨论。

（五）各评级定价模型预测误差（MSE[①]）

我们使用前述变量模型，对以上评级分组的各时间切片数据做预测回归，并使用其后一期数据做检验，形成 MSE 误差分析如表 3-3-4 与图 3-3-11。

表 3-3-4　　　　　　误差分析表

时期	AAA	AA+	AA	AA-	整体
2020-04	2 119.78770	4 598.20850	9 388.50370	5 858.79300	7 575.24420
2020-05	1 113.71100	2 094.58870	8 991.47070	1 1121.64200	9 668.75830
2020-06	1 026.05030	1 889.59670	5 465.67390	6 498.29730	6 960.38820
2020-07	724.46119	1 523.45890	6 836.26920	6 176.04840	8 092.66880
2020-08	852.43410	1 558.95130	5 035.08580	6 236.97750	6 829.85730
2020-09	536.53272	1 004.38080	5 000.46540	6 183.07640	6 116.90250
2020-10	609.22658	1 321.72270	5 209.99370	8 687.79720	7 151.42720
2020-11	475.99632	1 002.52210	4 758.14440	5 880.80000	5 882.98240
2020-12	795.33057	1 272.99810	6 948.15820	15 755.19800	9 341.34810
2021-01	598.71119	1 580.37430	7 303.11990	15 490.43700	15 033.89900
2021-02	655.93127	3 245.34090	10 241.76500	17 617.04700	13 422.95000
2021-03	623.53763	2 018.32470	8 924.88480	14 756.91200	14 647.09600
2021-04	373.39741	2 290.86570	11 920.41700	18 134.99500	14 131.04800
2021-05	225.90373	2 335.44420	11 944.97600	14 190.53000	13 147.93900
2021-06	256.87472	1 563.37330	12 073.86500	14 157.23400	13 185.47500
2021-07	377.01532	1 064.28390	11 496.30700	13 473.59600	12 202.83900
2021-08	194.35965	884.15590	12 107.48000	13 891.66700	12 913.19200
2021-09	428.33052	1 116.77680	8 055.15260	13 703.70400	9 570.05730

资料来源：生命资产

[①] $\text{MSE} = \dfrac{1}{n} \cdot \sum_{i=1}^{n} (\widehat{y_i} - y_i)^2$。

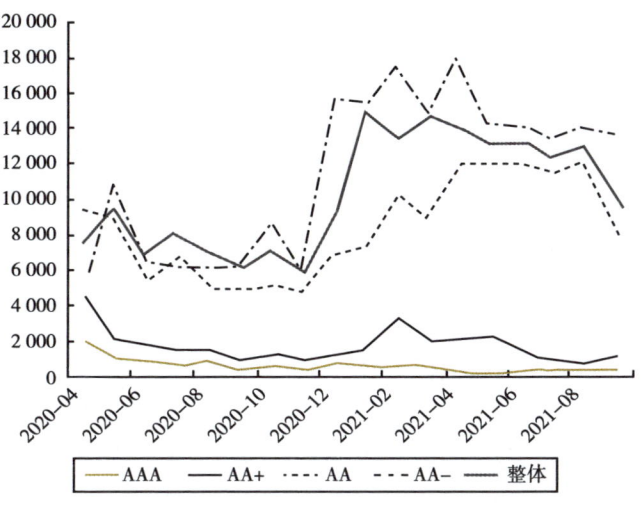

图 3 – 3 – 11　误差分析图

资料来源：生命资产

AAA 级债券的 Y 值预测误差呈明显下降趋势，2021 年二季度开始 MSE 基本维持在 400 以内，而其他信用等级的预测误差很大。

（六）时序变化分析结论

以上关于模型时序变化的分析结论明显指向一个结论：2020 年四季度，城投债市场定价出现了结构性变化，AAA 级（含 AAA -）债券定价逻辑趋于清晰，其他等级债券定价离散化的同时定价逻辑趋于不清晰。

四、AAA 级债券的定价模型

因为 AAA 级债券的定价逻辑渐趋清晰，本文基于最近一期（2021 年 9 月）时间切片数据，对其定价模型进行回归预测，结果如表 3 - 3 - 5。

表 3 – 3 – 5　　　　隐含评级 AAA 级城投债 Y 值模型回归结果

	coef	P > |t|
Intercept	2.5180	0
enterprise_type	5.0360	0
area_level_id	0.4059	0.087
remain_period	0.0040	0
bond_type	16.0543	0

续表

	coef	P>|t|
中债隐含评级	2.5180	0
债券余额	-0.0010	0.057
债券月交易量	6.31E-10	0.517
	R-squared：0.256	

资料来源：生命资产

第三节 经济解释

一、城投债定价逻辑的结构性变化：剥离政府职能与房产行业严控

（一）城投主体剥离政府职能新政

2020年，为有效抗疫我国实行宽松的货币政策，城投债作为逆周期调节的重要抓手和信用投放的重要载体，2020年全年发行规模达到44 056.82亿元，净融资额为16 771.09亿元。

2020年四季度在疫情得到有效控制、经济有序恢复的背景下，疫情期间特殊政策逐渐退出，中央经济工作会议重提"抓实地方政府隐性债务防范化解工作"的要求。2020年12月30日，《关于进一步深化预算管理制度改革的意见》由中央全面深化改革委员会第十七次会议审议通过，2021年3月由国务院印发实施，即国发〔2021〕5号文。该意见明确提出，清理规范地方融资平台公司，剥离其政府融资职能，对失去清偿能力的要依法实施破产重整或清算。标志着城投公司迎来新一轮政策收紧。

沪、深证券交易所2021年4月发文[①]要求城投债发行主体应符合地方政府性债务管理的相关规定，不得新增地方政府债务；城市建设企业总资产规模小于100亿元或主体信用评级低于AA（含）的，应审慎确定公司债券申报方案，并采取调整公司债券申报规模、调整募集资金用途用于偿还存量公司债券等措施强化发行人偿债保障能力。2021年7月银保监下发15号文明确银行保险机构不得以任何形式新增地方政府隐性债务，城投的新增融资不再与地方政府存在任何关联，未来的城投融资必须关注资金用途、是否投入合规的领域、

---

① 《上海证券交易所公司债券发行上市审核规则适用指引第3号——审核重点关注事项》和《深圳证券交易所公司债券发行上市审核业务指引第1号——公司债券审核重点关注事项》。

投入资金能否回收等事项。

政府出台的系列文件重在"打消财政兜底幻觉",反复强调城投债务并非与政府债务划等号的基本原则。即使是涉及隐性债务的城投主体,也不代表其全部债务都由财政承担。这对于城投债定价逻辑产生了深远的影响。

城投债自出现以来,其定价逻辑一直具有"重地区、轻个体"的特点,金融机构和评级中介在评估城投债信用风险时,多从地方财政实力及城投公司在当地城投平台中的地位构建城投债打分体系,对其财务实力的考量虽有所涉及,但不是决定因素。而2020年四季度以来,中央及金融监管机构出台的多项政策旨在打破以上定价逻辑,力图推动城投债发行主体回归市场、恢复普通信用主体的身份。

在此背景下,债券市场出现分化。一方面,弱城投债(AA级及以下)风险上升,原来显著影响定价的变量(如剩余期限、债券类型、无风险利率水平等)重要性降低,城投主体自身的风险程度及市场主体对其风险程度的判断在债券定价中开始发挥主要作用。受限于信息不透明和"无史可鉴"等因素,新逻辑下的价格异常值增多。因此,弱城投债价格自2020年四季度开始异动频繁,导致整体弱城投债定价离散化。另一方面,有实力的强城投债风险降低,定价确定性增强。

但是,本轮政策是否能够切实促成城投债务与政府债务分道扬镳?城投可持续发展是否真能脱离政府的支持,并逐步建立可持续发展的业务模式与体系?最终的效果仍需要长期观察。

(二)房地产行业调控的影响

地产政策于2020年7月开始收紧。2020年8月,"三道红线"政策出台;2020年12月底,房地产贷款集中度管控政策出台;2021年2月,土地出让"两集中"政策出台。

收紧政策之下,特别是房地产贷款集中度管控政策出台,国内贷款增速快速下滑,在5月增速进入负区间以来,下降幅度仍在持续扩大。按揭款也在2021年初以来的增速高位下滑,从1月的69.31%下降到9月的19.82%。

在房地产行业调控背景下,2021年1—9月全国住宅土地出让金累计42 209亿元,同比下降7.46%;其中江苏、广东、浙江等沿海经济发达地区仍保持小幅正增长,云南、新疆、内蒙古、山西、黑龙江等省份土地出让大幅下降,地方财政压力进一步加大。土地出让收入减少导致城投偿债资金来源收紧,非标债务面临较大的偿还压力。2021年1—10月,非标违约事件27起,已超过2020年全年水平。同时，土地市场景气度下行也会引发投资者对区域发展的担忧，投资意愿下降，债券净融资下滑，利差走阔，进一步恶化弱平台的融资能力。

房地产作为地方城投企业高度关联行业，其明显趋严的调控政策给城投债也带来了影响，增加了其定价的不确定性。

二、对信用利差之谜的讨论

目前研究及实务领域对于信用利差之谜的解释多为流动性风险、宏观经济因素等。我们通过本课题对Y值具有显著影响的解释因子的研究，可以看出造成城投债信用利差之谜的部分原因。

（一）弱城投债（2020年3月至2020年9月期间）

对于弱城投债（AA级及以下）而言，2020年3月至2020年9月期间解释变量"债券类型"显著且R^2贡献维持在0.15以上，债券类型具体取值为："0"表示私募债；"1"表示公募债；"2"表示永续债。

线性回归中"债券类型"系数估计值尽管每个时间切片有所差异，但一直为正，说明永续债比公募债的Y值大、定价高。永续债期限长、流动性稍弱于公募债，是造成定价差异的潜在原因。

此外，个别月份中剩余期限的R^2贡献也较高，说明期限长的城投债Y值大、定价高。

（二）强城投债（2020年四季度至2021年9月）

对于强城投债（AAA级）而言，2020年四季度至2021年9月情况类似，解释变量"债券类型"显著且R^2贡献维持在0.15以上，说明永续债比公募债的Y值大、定价高。

（三）市场情绪等其他因素

前面的实证分析说明，相当部分的Y值信息未被模型覆盖，即使对于AAA级城投债而言，预测误差依然存在，说明还有其他解释变量待挖掘。我们认为可能的原因包括：政策收紧后市场情绪受到影响，高估风险而减仓或怠于认购弱城投债等过度反应可能造成该类债券Y值过大；城投企业定位的摇摆和博弈可能造成估值的大幅波动或定价在不同剩余期限上的显著差异，如天津城建等主体因流动性紧张，其长期限债券风险定价显著跳升，而短期限债券在天津市政府大力采取措施化解债务风险后趋稳。

三、信用风险对定价的影响机制

通过前述实证分析发现，信用风险对城投债定价的作用机制至少有两个：

一是信用违约风险本身，即中债隐含违约率所反映的违约风险；二是中债隐含评级对 Y 值的显著相关性，即随信用评级降低，利差中非违约风险部分在离散化的同时取值放大。

我们推测该现象产生的原因可能是：

（1）流动性补偿要求，在新政导致城投债风险上升、定价逻辑发生调整的背景下，"持有到期"策略受到考验，风险越高的债券流动转手的需求越大，形成流动性补偿要求；

（2）市场对城投债违约风险的量化估计缺乏经验和统一认识，评级越低违约估计的量化范围越宽、不确定性越大，导致 Y 值放大；

（3）情绪冲击，城投债风险及价格异动上升，给投资者带来超预期冲击。

第四章　城投债定价经验估计

在保险资金运用和风险管理中，城投债定价最常见的应用场景有两个：一是投资定价；二是投后估值和风控。本章基于 2020 年 3 月至 2021 年 9 月月度时间切片数据，尝试给出城投债定价的经验区间，在城投债投资及风险管控中提供参考。

第一节　定价方法

城投债收益率由三部分组成：无风险收益率、信用风险程度以及 Y 值。即：

城投债收益率 = 无风险收益率 + 信用风险程度 + Y 值

本文中，无风险收益率为与城投债同一剩余期限的国开行债券收益率；信用风险程度为中债隐含违约率；这两个数据均可以公开取得，后续不再讨论。下文将围绕 Y 值的经验区间展开。

第二节　箱线图方法

我们首先选用箱线图描绘历史各时间切片不同中债隐含评级城投债的 Y 值。箱线图反映 5 个统计量：最小边界值、第一四分位数、中位数、第三四分位数与最大边界值来描述数据，不受异常值的影响，其能够较准确地描绘数据的分布情况。箱线图标识说明：

黑色圆圈：异常值，即在最大与最小边界线以外的样本；
上部短横线：最大边界值，即上四分位值 $+1.5 \times IQR$；
箱线上限：上四分位值；
绿色实心三角：平均值；
绿色短横线：中位数；
箱线下限：下四分位点；
下部短横线：最小边界值，即下四分位值 $-1.5 \times IQR$；
$IQR =$ 上四分位值 $-$ 下四分位值。

一、AAA 级

AAA 评级数据样本量较大，Y 值的均值在 40—70bp 上下波动，中位数略低于均值。进入 2021 年以后，中位数基本稳定在 40bp 附近；上、下四分位值距离很近，处于 30—50bp；异常值均在上方（见图 3-4-1、图 3-4-2）。

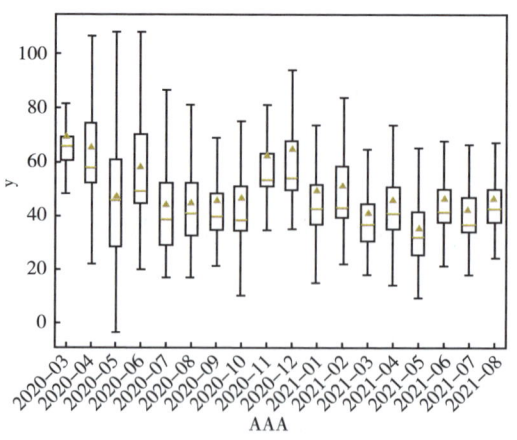

图 3-4-1　AAA 评级箱线图（不含异常值）

资料来源：生命资产

专题三 城投债风险定价模型在保险资金投资中的应用研究

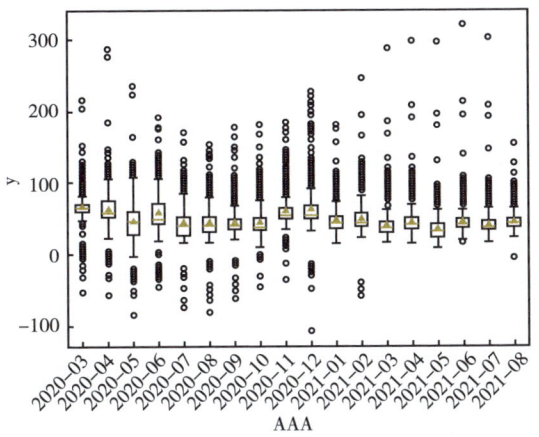

图 3-4-2 AAA 评级箱线图（含异常值）

资料来源：生命资产

具体数据如表 3-4-1 所示。

表 3-4-1　　　　　　　　AAA 级各时间切片数据统计

日期	样本数	均值	标准差	上四分位点	中位数	下四分位点
2020-03-31	505	69.8640	26.5000	60.4600	65.440	69.2000
2020-04-30	533	65.5672	30.4912	51.8900	57.820	74.3200
2020-05-29	558	47.6995	31.1953	28.3225	45.485	60.5475
2020-06-30	569	58.7473	27.1038	44.3700	49.300	70.1200
2020-07-31	579	44.5574	27.3842	28.9500	38.610	52.0100
2020-08-31	612	44.9594	24.9720	32.1700	40.615	51.8450
2020-09-30	636	46.2719	24.2490	34.3400	39.715	48.2975
2020-10-30	631	47.0471	23.8905	34.2750	38.130	50.6850
2020-11-30	666	62.5364	24.8856	50.9025	53.720	62.9575
2020-12-31	669	65.0818	32.8442	49.6100	54.080	67.6700
2021-01-29	656	49.7545	21.9360	36.1300	42.495	51.5325
2021-02-26	653	51.6387	25.8631	38.9100	43.020	58.1700
2021-03-31	671	41.6018	22.0310	30.1650	36.540	44.3150
2021-04-30	703	45.8561	21.0261	34.9050	40.790	50.4450
2021-05-31	708	35.9283	19.5025	25.3825	31.940	41.3625
2021-06-30	706	46.4396	19.8188	37.2800	41.290	49.4550
2021-07-30	732	42.4295	19.2676	33.6525	36.955	46.6825
2021-08-31	761	36.1952	14.5693	28.2200	32.430	38.6500
2021-09-30	792	46.1595	14.4040	37.7400	42.135	49.5825

资料来源：生命资产

二、AAA－级

AAA－评级城投债样本较少，Y 值均值位于 40—70bp，2021 年以来主要位于 50—60bp，中位数略低于均值，异常值很少（见图 3－4－3、图 3－4－4）。

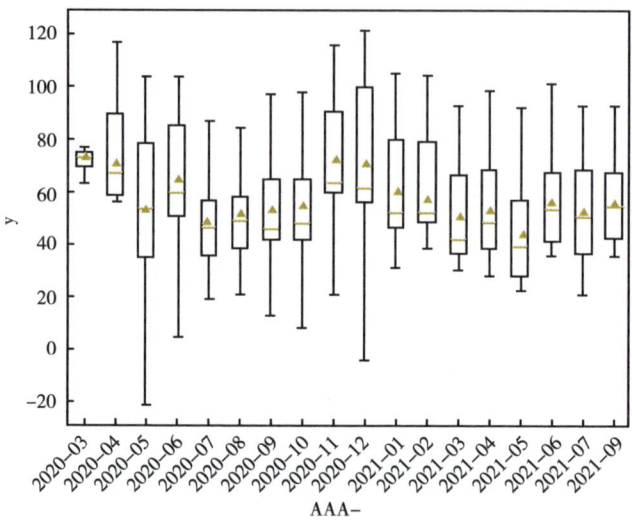

图 3－4－3　AAA－评级箱线图（不含异常值）

资料来源：生命资产

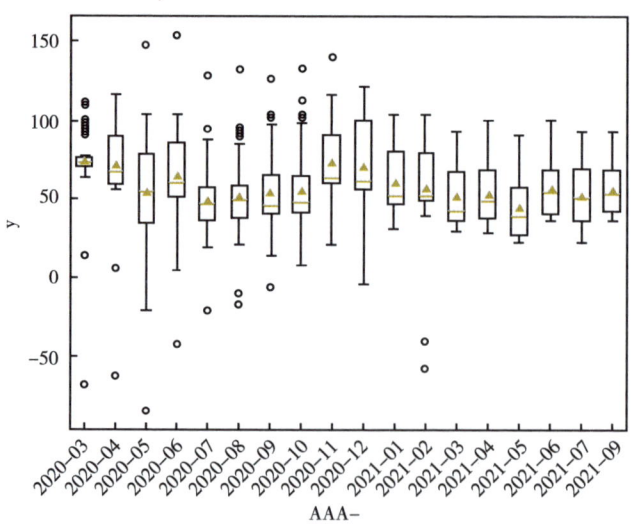

图 3－4－4　AAA－评级箱线图（含异常值）

资料来源：生命资产

具体数据如表 3-4-2。

表 3-4-2　　　　　　AAA-级各时间切片数据统计

日期	样本数	均值	标准差	上四分位点	中位数	下四分位点
2020-03-31	42	73.7245	28.2000	70.2050	73.04	75.1550
2020-04-30	45	71.3320	28.4706	58.9500	66.93	89.6200
2020-05-29	49	53.9527	34.0574	34.8200	53.87	78.5700
2020-06-30	53	64.8579	27.6985	50.4600	59.68	85.0600
2020-07-31	59	49.4398	21.6720	35.5450	46.33	57.1000
2020-08-31	68	51.5243	22.4136	38.6500	48.99	58.2175
2020-09-30	74	53.9230	21.9978	41.5650	45.90	65.0275
2020-10-30	77	55.8573	21.9479	41.3400	48.05	65.1300
2020-11-30	47	73.1294	23.0640	60.2750	63.58	90.3500
2020-12-31	49	71.1716	28.5711	55.7600	61.36	99.8400
2021-01-29	48	61.3198	19.8672	47.0025	52.10	79.6125
2021-02-26	48	57.9427	29.1852	48.7850	52.28	79.3475
2021-03-31	59	51.8251	19.8676	36.2650	42.16	66.6300
2021-04-30	66	53.3947	18.1374	38.5050	48.62	68.4775
2021-05-31	67	44.7551	19.0182	28.0400	38.92	57.0450
2021-06-30	76	56.7871	16.9907	41.0500	53.52	67.5775
2021-07-30	75	53.1135	19.2402	36.9450	50.46	68.8900
2021-08-31	79	46.5386	15.1774	33.1300	40.37	58.7200
2021-09-30	87	56.1103	15.5969	42.7350	54.43	67.3400

资料来源：生命资产

三、AA+级

AA+级城投债 Y 值均值处于 75—100bp，2021 年下半年以来均值基本在 75bp 附近，中位数多数低于均值，上、下四分位值逐渐拉近，基本处于 50—80bp；异常值主要位于上方（见图 3-4-5 和图 3-4-6）。

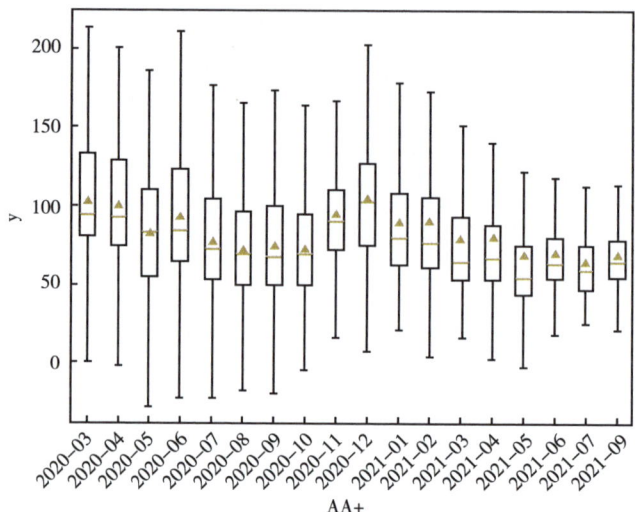

图 3-4-5 AA+评级箱线图（不含异常值）

资料来源：生命资产

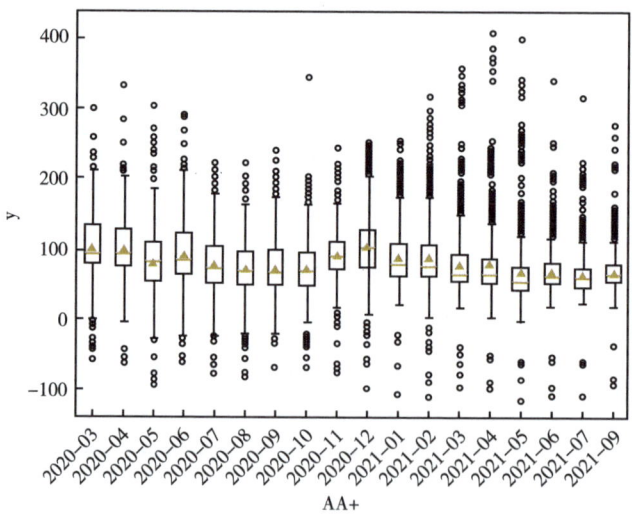

图 3-4-6 AA+评级箱线图（含异常值）

资料来源：生命资产

具体数据如表 3-4-3 所示。

表 3-4-3　　　　　　　　AA+级各时间切片数据统计

日期	样本数	均值	标准差	上四分位点	中位数	下四分位点
2020-03-31	1 246	103.7220	38.8100	80.2900	93.970	133.6150
2020-04-30	1 339	100.7418	37.9099	74.2700	93.580	128.4900
2020-05-29	1 394	82.9922	42.2429	54.7225	83.390	109.8950
2020-06-30	1 442	93.5179	37.9206	64.2950	84.215	123.7650
2020-07-31	1 496	77.6357	36.2162	52.8175	72.265	104.2000
2020-08-31	1 575	72.7636	32.8484	49.4550	69.030	96.2350
2020-09-30	1 667	74.9320	33.2917	50.3300	67.050	100.1200
2020-10-30	1 672	73.7673	31.4933	49.0150	69.025	95.1300
2020-11-30	1 698	94.0181	29.2930	72.1100	89.805	110.2275
2020-12-31	1 724	105.5622	39.5601	74.5500	102.755	127.4300
2021-01-29	1 763	90.5127	42.0208	62.0100	79.830	108.5400
2021-02-26	1 734	91.0919	47.6975	60.8200	76.175	106.0325
2021-03-31	1 782	80.1622	48.1645	53.8600	64.275	93.1600
2021-04-30	1 866	80.4735	49.5434	52.6850	66.310	87.6850
2021-05-31	1 781	70.1921	52.4399	43.0200	54.270	74.5600
2021-06-30	1 771	70.8629	30.2776	53.5850	63.090	79.3100
2021-07-30	1 791	65.6884	29.5042	47.0800	58.570	73.9050
2021-08-31	1 887	57.7668	27.7132	41.5200	49.680	66.2650
2021-09-30	1 981	69.2894	23.0894	54.4300	64.220	78.2700

资料来源：生命资产

四、AA（2）级

2021 年，AA（2）评级城投债的 Y 值均值和中位数基本都稳定在 150bp 左右，上、下四分位值分别为 100bp 和 200bp。但该评级的部分异常值存在过大偏离，最小值达到 -4 000bp 以外，相关样本多为融资主体较弱但存在担保，成交价格显著偏离中债估值；最大值达到 1 500bp，为债券评级已调降，成交价格未受影响或风险处置正在推进可能好转的城投债（见图 3-4-7 和图 3-4-8）。

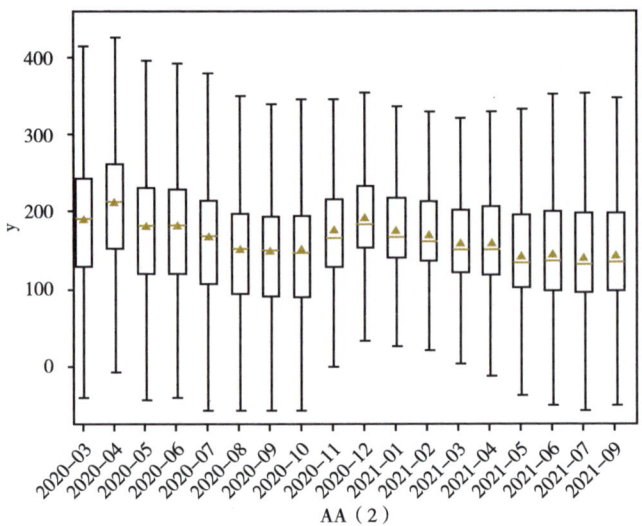

图 3-4-7　AA（2）评级箱线图（不含异常值）

资料来源：生命资产

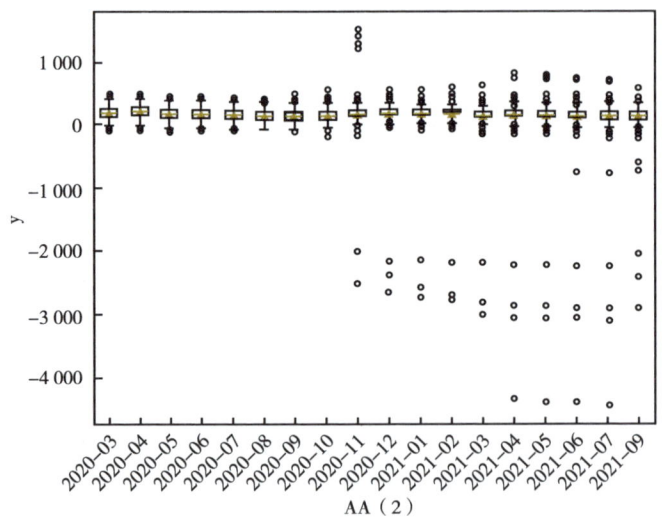

图 3-4-8　AA（2）评级箱线图（含异常值）

资料来源：生命资产

具体数据如表 3-4-4 所示。

表 3-4-4　　　　AA（2）级各时间切片数据统计

日期	样本数	均值	标准差	上四分位点	中位数	下四分位点
2020-03-31	2 323	192.4953	81.4800	129.6000	190.010	243.6100
2020-04-30	2 556	213.7716	81.6535	152.7500	209.250	262.8750
2020-05-29	2 666	183.4649	80.4034	121.2500	182.805	231.2150
2020-06-30	2 824	183.0555	78.7288	120.6600	180.915	228.8900
2020-07-31	2 948	168.6220	77.9878	106.5125	167.055	215.6675
2020-08-31	3 132	152.6631	74.8646	93.5025	150.120	196.4325
2020-09-30	3 347	149.5446	74.3670	90.7650	145.170	193.3800
2020-10-30	3 382	151.4946	74.6678	91.2775	146.525	194.3100
2020-11-30	3 472	176.9212	97.1724	129.6375	166.665	215.8700
2020-12-31	3 483	192.4800	100.3637	153.9350	182.830	233.9250
2021-01-29	3 710	177.3462	98.8594	139.8875	165.480	217.6375
2021-02-26	3 687	172.1685	99.5590	136.6350	161.740	214.1150
2021-03-31	3 792	160.1894	102.8047	122.2750	150.250	201.9925
2021-04-30	4 033	160.1830	126.9190	119.4900	150.700	206.5300
2021-05-31	4 083	144.8455	128.4921	102.0800	134.170	196.7650
2021-06-30	4 218	146.9331	129.4339	100.3125	134.440	201.0475
2021-07-30	4 248	142.9191	131.6586	94.8775	130.845	197.7200
2021-08-31	4 437	130.2828	129.5851	81.7800	118.970	184.1600
2021-09-30	4 723	147.7561	100.1514	98.5850	134.530	197.5950

资料来源：生命资产

五、定价经验估计

基于上述箱体图的经验数据统计，我们可以粗略估计出各中债隐含评级城投债的定价区间（如表 3-4-5）。

表 3-4-5　　　　　　　　定价区间（bp）

中债隐含评级	隐含违约率	Y值平均值	Y值区间	利差平均值	利差区间
AAA级	3	45	30—50	48	33—53
AAA-级	3	55	40—70	58	43—73
AA+级	6	75	50—80	81	56—86
AA（2）级	30	150	100—200	180	130—230

资料来源：生命资产

在国开行债券收益率基础上提高相应的利差点数，即可对城投债粗估出合理的价位，或判断特定债券价格是否合理，或作为新会计准则下预期收益损失预估的参考值。

该估计方法以中债隐含评级分组，优点在于对总体平均值有较准确的把握，但未考虑债券的个性化特点，难免粗糙。

第三节　模型估计

基于第三章实证分析所得的 Y 值模型，我们可以对 AAA 级债券 Y 值进行预测。

$$Y 值 = 2.518 + 5.036 \times 企业类型 + 0.4059 \times 区域能级 + 0.004 \times 剩余期限 + 16.0543 \times 债券类型 + 2.518 \times 中债隐含评级$$

根据以上线性回归结果，对城投债的利差测算举例如表 3-4-6。

表 3-4-6　　　　　　　　利差测算表

中债隐含评级	企业类型	区域能级	剩余期限（天）	债券类型	Y值预测（bp）	说明
AAA级	2	1	365	1	33	隐含评级为AAA级，省属平台且为地方国有企业发行的公募城投债，剩余期限1年，Y值预测为33bp
AAA-级	2	2	500	2	53	隐含评级为AAA-级，市属平台且为地方国有企业发行的永续城投债，剩余期限500天，Y值预测为53bp

资料来源：生命资产

各解释变量取值范围如表 3-4-7。

表 3-4-7　　　　　　　　　　取值范围表

变量符号	变量名称	变量说明
AREA_ID	区域能级	"1" 省级；"2" 市级；"3" 县级
ENTERPRISE_TYPE	企业类型	企业类型（性质） "1" 中央国有企业 "2" 地方国有企业 "3" 集体企业 "4" 中外合资企业 "5" 外商独资企业 "6" 民营企业 "7" 公众企业 "8" 国有企业 "9" 民营相对控股企业 "10" 国有相对控股企业 "11" 其他分类 "12" 中资企业
REMAIN_PERIOD	剩余期限	天数
BOND_TYPE	债券类型	"0" 私募债（剔除永续债） "1" 公募债（剔除永续债） "2" 永续债（公私募都有）
BOND_IMPLIED_RATING	中债隐含评级	

资料来源：生命资产

基于以上 Y 值估计，加上隐含违约率及国开行债券收益率，得出城投债定价，可用于判断特定债券价格是否合理，或作为新会计准则下预期收益损失预估的参考值。

该估计方法考虑了债券的个性化特点，能够针对单一债券的定价给出预测。但对于非 AAA 级城投债，因模型预测误差过大，不建议采用。

第五章　回顾与总结

本文对 2020 年以来城投主体剥离政府职能新政及房地产行业调控背景下，城投债定价逻辑及定价经验取值展开讨论和研究，主要包括以下三部分：

第一部分梳理信用债定价相关理论研究和实践经验。利差作为信用债定价的核心内容，市场对其构成的认识大致经历三个阶段：第一阶段认为信用违约风险决定利差，莫顿模型和强度模型均是代表；随违约数据积累、"信用利差之谜"的发现，相关认识进入第二阶段，当时大量研究集中于对流动性风险的讨论；第三阶段则发展至综合模型，利差研究不再局限于信用风险和流动性风险，而扩展至宏观经济、金融体制等多种因素。

第二部分在简单回顾城投债定价概况后，将研究对象定义为 Y 值（城投债利差—中债隐含违约率），建立相应线性回归模型对自 2020 年 3 月至 2021 年 9 月城投债全量数据合计 19 个时间切片进行时序分析。发现：（1）中债隐含违约率对整体 Y 值影响显著大于其他解释变量；（2）自 2020 年四季度起，Y 值形成逻辑发生明显变化，具体表现在：一是低等级信用债的 Y 值趋于离散，模型整体及各解释变量 R^2 显著下降；二是高等级信用债的 Y 值趋于集中，模型整体及各解释变量 R^2 上升。本文针对该发现，全面梳理了自 2020 年以来城投债政策及相关行业变化，认为 2020 年四季度抗疫政策退出后，国家重提"抓实地方政府隐性债务防范化解工作"，给城投债定价逻辑带来重大影响。政府出台的系列文件重在"打消财政兜底幻觉"，反复强调城投债务并非与政府债务划等号的基本原则，这显著有别于以往"重地区、轻个体"的城投债定价逻辑。同时，房地产作为地方城投企业高度关联行业，其明显趋严的调控政策给城投债也带来了影响，增加了其定价的不确定性。此外，针对城投债的"信用利差之谜"现象、信用风险作用于定价的机理，本文基于实证分析结论给出了经济解释。

第三部分进一步基于前述时间切片数据，运用箱线图统计以及实证预测模型两种方法，对评级较好（AA 以上）的债券的利差和 Y 值区间给出经验估计。如，基于历史数据，AAA 级城投债的 Y 值平均值为 45bp，利差平均值 48bp。[①]

本文的研究虽使用了 2020 年 3 月至 2021 年 9 月城投债利差全量数据，力求刻画城投债定价近两年来的全貌，但受限于解释变量数据缺失（如交易数据颗粒度较粗等）、中债隐含违约率数据发布仅一年有余等现有条件，研究方法和结论还有待在未来随数据的进一步丰富、可靠性持续提升而不断改良和拓展。

---

① 利差值也受到中债隐含违约率的影响，此处估计将 AAA 级城投债的中债隐含违约率简化为统一的 3bp，与实际有差异。

本专题参考文献

[1] 曹培慎,王洁怡. 我国企业债券信用利差与宏观经济因素关系研究——基于 TVP-VAR 模型 [A]. 中国管理现代化研究会、复旦管理学奖励基金会. 第十五届(2020)中国管理学年会论文集 [C]. 中国管理现代化研究会、复旦管理学奖励基金会:中国管理现代化研究会,2020:11.

[2] 陈森鑫,何彪. 信用利差与债券市场流动性的动态关系分析 [J]. 金融与经济,2017(04):4-9.

[3] 陈施微. 我国企业债券利差影响因素的实证研究 [D]. 浙江大学,2008.

[4] 程文卫. 我国交易所上市企业主体债券利差的影响因素研究 [J]. 生产力研究,2009(08):56-58,71.

[5] 戴国强,孙新宝. 我国企业债券信用利差宏观决定因素研究 [J]. 财经研究,2011,37(12):61-71.

[6] 何志刚,邵莹. 流动性风险对我国公司债券信用利差的影响——基于次贷危机背景的研究 [J]. 会计与经济研究,2012,26(01):78-85.

[7] 纪志宏,曹媛媛. 信用风险溢价还是市场流动性溢价:基于中国信用债定价的实证研究 [J]. 金融研究,2017(02):1-10.

[8] 廖菁,张家瑞. 我国债券市场信用利差的影响因素研究 [J]. 现代经济信息,2019(22):237-239.

[9] 刘逖. 如何衡量流动性:理论与文献综述 [J]. 上证联合研究计划课题报告,2002.

[10] 卢镇宇. 中国公司债券流动性对信用利差影响机制研究 [D]. 暨南大学,2014.

[11] 马金华,杨晓飞. 城投债的必然发展方向:市政债券——基于城投债信用利差实证研究 [J]. 创新,2013,7(04):43-48,127.

[12] 童星麟. 债券违约风险传染性对信用利差的影响 [J]. 金融市场研究,2020(05):31-42.

[13] 王超. 经济政策不确定性与信用利差影响及其作用机制研究 [J]. 上海金融,2020(02):14-20,42.

[14] 王琪. 信用利差与流动性溢价的关系研究 [D]. 上海交通大学,2016.

[15] 杨宝臣,马志茹,苏云鹏. 中国公司债券的信用利差与流动性风险 [J]. 技术经济,2016,35(11):105-112.

[16] 杨朝军. 证券市场流动性理论与中国实证研究 [M]. 上海交通大学出版社,2008.

[17] 张亦春, 陈华, 郑晓亚. 中国企业部门信用风险溢价期限结构与宏观经济因子 [J]. 中国管理科学, 2019, 27 (05): 1-10.

[18] 赵静, 方兆本. 中国公司债信用利差决定因素——基于结构化理论的实证研究 [J]. 经济管理, 2011, 33 (11): 138-148.

[19] 赵银寅, 田存志. 我国企业债券信用利差的宏观影响因素分析 [J]. 商业时代, 2010 (34): 64-66.

[20] 周宏, 林晚发, 李国平. 信息不确定、信息不对称与债券信用利差 [J]. 统计研究, 2014, 31 (05): 66-72.

[21] 朱如飞. 公司债的非流动性与风险溢价——基于中国的实证研究 [J]. 投资研究, 2013, 32 (01): 43-55.

[22] Amihud Y. Illiquidity and Stock Returns: Cross-section and Time-series Effects [J]. Journal of Financial Markets, 2002 (5): 31-56.

[23] Black, F. & Cox J. C. Valuing Corporate Securities: Some Effects of Bond Indenture Provisions [J]. The Journal of Finance, 1976, 31 (2): 449-470.

[24] Duffie, D. & Singleton, K. J. Modeling Term Structures of Defaultable Bonds [J]. Review of Financial Studies, 1999, 12 (4): 678-720.

[25] Harris. Liquidity Trading Rules and Electronic Trading System [J]. Monograph Series of Finance and Economics, 1990 (4): 152-179.

[26] Jankowitsch R, Nashikkar A, Subrahmanyam M. Price Dispersion in OTC Markets: A New Measure of Liquidity [J]. Journal of Finance and Banking, Forthcoming, 2010: 121-147.

[27] Jarrow, R. A., Lando, D. & Turnbull S. M. A Markov Model for the Term Structure of Credit Risk Spreads [J]. Review of Finance, 1995, 50 (1): 53-86.

[28] Kyle, A. Continuous Auction and Insider Trading [J]. Econometric, 1985, (53): 1315-1335.

[29] Longstaff, F. & Schwartz, E. A Sample Approach to Valuing Risky Fixed and Floating Rate Debt [J]. Journal of Finance, 1995, 50 (3): 789-819.

[30] Merton R C. On the Pricing of Corporate Debt: The Risk Structure of Interest Rates [J]. The Journal of Finance, 1974, 29 (2).

[31] Ohlson, J. A. Financial Ratios and the Probabilistic Prediction of Bankruptcy [J]. Journal of Accounting Research, 1980, 18 (1): 109-131.

[32] Roll R. A Simple Implicit Measure of the Effective Bid-ask Spread in An Efficient Market [J]. Journal of Finance, 1984 (39): 1127-1139.

[33] Vasicek, O. A. Credit Valuation [M]. San Francisco: KMV CO., 1984: 122-158.

专题四

我国城投债信用风险分级预警系统研究

课 题 单 位：光大永明资产管理股份有限公司
课题负责人：林文杰
课题组成员：董洪延、李铭、林斌

现阶段，城投债已成为我国债券市场的主力品种，也在各保险机构资产配置中占据绝对重要比例。与产业债已发生诸多主体违约相比，城投公募债尚未出现违约案例。但是随着城投企业非标违约及私募债风险事件的不断出现，加之国家政策层面不断出台政策对城投信用与地方政府信用相切割，城投债信用风险防控，特别是对存续期城投债进行监测预警的重要意义已不言而喻。

对城投现有风险防控方法和手段进行研究后发现，目前对城投债预警的研究文献较为匮乏，实践中投资机构也经常采用跟踪评级的方法作为预警常规手段。本文提出评级和预警应是风险管理的两种手段，采用评级工具实现预警目的具有一定不适用性。本文针对城投债的信用风险特征，构建了一套相对简单、实用的城投债分级预警系统。

本文共分五章。第一章在梳理城投及城投债发展历程的基础上，提出从政策周期、业务属性、违约或风险案例的维度把握城投债信用风险特征，并对此进行总结；第二章提出信用风险预警的重要意义，并在比较研究评级公司、其他市场研究机构、监管机构的信用风险管理体系的基础上，提出本文建立城投债信用风险预警系统的总体框架。第三章则在具体指标层面对信用风险预警系统进行介绍并给出各指标的预警值。第四章针对山东省样本城投企业，进行实证应用。第五章是本文结尾，总结该研究的不足和相关建议。

第一章　城投债的信用风险特征

第一节　城投债发展轨迹

现阶段，城投债存量已接近债券市场 1/3，无论是哪种类型的投资机构，在资产组合中城投债的配置都占据相当比例。城投债信用风险防范成为绕不开的工作重点。

关于城投的定义，各类机构在不同阶段给出不尽相同的定义。根据 2010 年 6 月国务院印发《关于加强地方政府融资平台公司管理有关问题的通知》（国发〔2010〕19 号），其中将融资平台定义为：地方政府及其部门和机构等通过财政拨款或注入土地、股权等资产设立，承担政府投资项目融资功能，并拥有独立法人资格的经济实体。这是官方首次对政府融资平台进行明确定义，突出融资平台地方国企属性，以及承担政府投融资项目的职能。

了解城投的现状、历史发展轨迹及其背景，有助于更好地了解其信用特征。

一、城投债发展阶段分析

（一）初步发展阶段

最早在 20 世纪 80 年代末 90 年代初，全国各大城市出现政府投融平台，也被称为"城投公司"。当时，国务院进行新一轮政府投融资体制改革，要求地方政府不再直接负责基础设施建设，而是将此类建设活动公司化。

1991 年，上海率先成立城投，之后广东等省市也相继成立。此期间的操作模式表现为，政府投融资平台只是个载体，自身并无资产。当时的城投公司主要由财政部门、建委共同组建，公司资本金和项目资本金由财政拨款，其余以财政担保向银行贷款。

1995 年国家《担保法》出台后，这种模式难以为继。财政不能担保，而这类公司没有自己的资产，债务上升，举步维艰。1994 年国家分税制改革，导致财权上收事权下放，地方财力和事权不匹配，预算资金吃紧。《预算法》规定，地方预算不列赤字，各地方开始主动成立城投平台。2002 年，重庆市通过国债、土地、存量资产注入及税收返还等方式组建"八大投融资平台"，把原来政府直接投资的方式改为向社会融资的方式。各地开始纷纷效仿，大规模建立投融资平台。

（二）快速发展阶段

2008 年，在积极财政政策和适度宽松的货币政策下，地方政府投融资平台的作用迅速突出。2009 年 3 月，中国人民银行和原中国银监会提出支持有条件的地方政府组建投融资平台，发行企业债、银行间工具等，以拓宽中央政府投资项目的配套资金融资渠道。到 2010 年，全国各地投融资平台 3 800 多家，负债规模超过 7 万亿元。

（三）规范发展阶段

2010 年 6 月，国务院下发 19 号文，要求加强地方政府投融资平台的管理；8 月，各种监管文件通知，清查地方投融资平台。

2012 年，《关于制止地方政府违法违规融资行为的通知》（财政 463 号文），要求进一步规范融资平台公司的融资行为。

2013 年 4 月，原中国银监会下发 10 号文，要求加强对地方政府融资平台贷款风险监控，以遏制地方政府的盲目投资冲动，降低金融系统的风险，优化贷款投向结构，控制平台总负债水平。

2014 年 8 月，全国人大常委会第十次会议表决通过《预算法》修正案，允许地方政府限额举债。2014 年 9 月，国务院下发《关于加强地方政府性债务管理的意见》（国发〔2014〕43 号），加快建立规范的地方政府举债融资机制，剥离城投平台融资功能，发行置换债券置换一类债务，明确划清政府与企业界限。

2016 年 10 月，国务院办公厅发布《关于印发〈地方政府性债务风险应急处置预案〉的通知》（国办函〔2016〕88 号）。这是加强地方政府债务管理文件的自然延续，也是中央对于地方政府债务风险防范工作的具体部署和应急指南。

2017 年 6 月，财预 87 号文，财政部坚决制止地方以政府购买服务名义违法违规融资的通知；11 月财办金 92 号文防止 PPP 异化为新的融资平台，遏制隐形债务风险增量。

2018 年 8 月，《中共中央 国务院关于防范化解地方政府隐形债务风险的意见》（中发 27 号）和《中共中央办公厅 国务院办公厅关于印发〈地方政府隐形债务问责办法〉的通知》（中发 46 号文），关注隐形债务风险。

2018年10月，国办发101号文要求保障在建项目顺利实施，避免形成"半拉子"工程，同时加强地方政府专项债券资金和项目管理。

2019年6月，国办函40号文鼓励金融机构参与隐形债务展期置换。

2021年4月，国发5号文强调化解政府隐形债务的重要性，清理规范地方融资平台公司，剥离其政府融资职能，对失去清偿能力的要依法实施破产重整或清算。

二、城投债发展规模分析

（一）规模快速增长

2008年以后，城投债得到快速增长。根据Wind数据统计，2008年城投债全年发行量仅992亿元，2013年突破1万亿元，2020年发行量达到4.68万亿元。2021年，尽管监管政策在融资方面对城投进行了限制，但当年1—8月城投债仍发行3.92万亿元，较上年同期增长24.9%。

根据Wind数据统计，截至2021年11月末，城投债存量12.78万亿元，较年初增加1.72万亿元，在信用债中的占比为27.4%。城投债存续数量16 605只，占信用债总存量的36.8%。存续城投发债主体数量2 874家，占到信用债总发债主体数量的46.8%（见图4-1-1）。

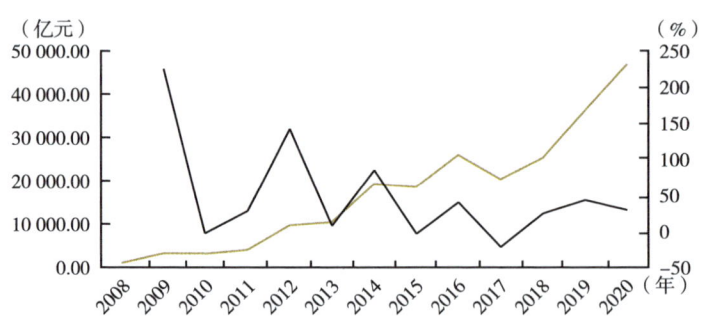

图4-1-1　2008—2020年城投债发行情况

资料来源：Wind

（二）品种结构较为丰富

2021年前8个月，城投债发行工具以公司债和银行间非金融企业债务工具为主。其中，公司债发行占比为33.9%，银行间占比约为59.0%。

截至2021年10月末，城投债存量12.63万亿元，存续只数16 337只，有存续债的城投公司数量2 864家。按存量占比，企业债为13.90%、公司债为

37.79%，银行间金融工具为 48.23%。银行间金融工具中，中期票据为 26.81%，定向工具为 14.74%，短融为 6.68%（见表 4-1-1）。

表 4-1-1　　　　存量城投债的品种结构（截至 2021 年 10 月末）

类型	数量（只）	数量占比（%）	余额（亿元）	余额占比（%）
中期票据	3 928	24.04	33 860.50	26.81
定向工具	2 875	17.60	18 619.69	14.74
短期融资券	1 263	7.73	8 432.97	6.68
企业债	2 368	14.49	17 560.33	13.90
公司债	5 880	35.99	47 725.56	37.79
项目收益票据	23	0.14	106.10	0.08
合计	16 337	100.00	126 305.15	100.00

资料来源：Wind

（三）低资质信用等级逐年下降

从存量债券信用等级分布看，AA 等级占比持续减少，从 2016 年的 18.9%下降至 2021 年 11 月的 8.3%（见表 4-1-2）。

表 4-1-2　　　　存量城投债的外部评级分布　　　　（单位：%）

时间	AAA	AA+	AA	A-1	其他
2021-11	29.1	18.9	8.3	1.3	42.3
2020	31.7	18.5	10.2	1.9	37.6
2019	33.2	17.9	12.4	1.7	34.8
2018	33.4	17.6	14.6	1.9	32.5
2017	29.7	19.7	18.1	1.7	30.8
2016	28.5	20.7	18.9	2.1	29.8

资料来源：Wind

（四）区域分布较不均衡

城投债主要分布省份包括江苏、浙江、山东、四川、湖南、湖北、重庆等地（见表 4-1-3）。

表4-1-3　　　　　　　存量城投债的区域分布情况

序号	省份	存量（亿元）	数量（只）	城投企业数量（家）	序号	省份	存量（亿元）	数量（只）	城投企业数量（家）
1	江苏	26 221.15	4 194	518	17	广西	2 433.44	349	56
2	浙江	15 254.42	1 940	368	18	云南	2 157.27	243	51
3	山东	8 553.81	1 021	199	19	上海	2 133.93	214	58
4	四川	8 311.22	1 073	207	20	新疆	1 325.59	206	45
5	湖南	7 280.48	983	166	21	河北	1 269.00	169	35
6	湖北	5 813.82	706	135	22	吉林	1 250.80	130	21
7	重庆	5 714.07	737	117	23	山西	1 186.53	128	20
8	江西	5 248.47	649	119	24	甘肃	727.86	88	18
9	广东	4 814.93	442	90	25	辽宁	382.22	65	33
10	北京	4 789.82	323	47	26	黑龙江	339.08	50	13
11	安徽	4 502.93	609	130	27	内蒙古	226.20	33	16
12	河南	3 805.66	520	92	28	宁夏	180.50	30	7
13	福建	3 553.76	483	81	29	西藏	170.06	13	3
14	天津	3 459.57	361	40	30	青海	165.73	24	5
15	贵州	2 643.62	328	103	31	海南	125.90	13	4
16	陕西	2 586.63	283	61	32	香港	50.00	4	1

资料来源：Wind

从2021年各省债项为AAA的城投利差看，云南、天津、吉林、贵州、山西等地利差较高（见图4-1-2）。

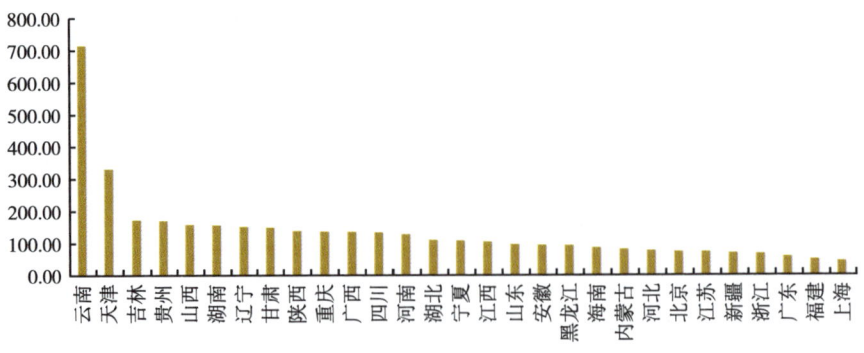

图4-1-2　各区域AAA级别城投债利差情况

资料来源：Wind、光大永明资产

第二节 城投债的信用特征

"城投"是承担政府项目投融资职能的地方国有企业的统称。在各地方经济发展的过程中,往往会根据承担的业务性质不同,设立多个功能性平台,侧重于承担某一类政府公益性项目的建设和运营。由于业务的公益属性不同,以及项目自身产生收入和现金流能力的差异,会导致不同类型城投企业的自身偿债能力及政府支持意愿会出现些许差异。在城投发展初期,这种差异所带来的信用风险方面的分化较不明显,但随着外部政策和经济金融形势的不断变化,投资者已经越来越关注这种差异和分化。

一、城投企业业务性质分类

根据业务公益性质不同,可将城投企业的业务分为公益性业务、准公益性业务和经营性业务。尽管部分从事经营性业务,但城投企业以公益性和准公益性为主。城投企业在监管政策影响下,不断进行整合转型,业务市场化程度呈现逐步提高的趋势。如全部转变为经营性业务或以经营性业务为主,则不适宜将其划入城投行业进行分析。

城投企业承担的公益性和准公益性基础设施投资业务类型主要包括:土地一级开发整理;棚户区改造及安置房/保障房建设;基础设施代建;机场、地铁、公共汽车、轻轨等城市交通设施投资;市内道路、桥梁、高架路、人行天桥等路网设施投资;城市供水、供热、供气、电信、污水处理、园林绿化、环境卫生等公用设施投资等。

在城投的发展过程中,一些区域通过企业间资产的重组整合,将区域内公益性和准公益性业务整合至一家或几家平台内,形成区域性综合性平台。在各类园区发展的过程中,通常会设立一至两家平台,进行园区内土地平整、基础设施和厂房建设、公用设施运营等。园区类平台通常也表现为综合性平台。

按照发债城投主营业务的特点,城投企业大致可分为十一类。

(一)土地整理平台

从城投企业主营业务类型来看,土地开发业务是城投企业开展最广泛的业务,几乎全部城投企业均有不同程度的涉及。

土地储备的基本流程包括土地收购、土地储存和上市流转等。城投企业承担的土地开发业务主要为接受政府或其授权方委托,对地块内的道路、供水、供电、供气、排水、通讯、围挡等基础设施建设,并进行土地平整,满足必要的"通平"要求,使土地达到"三通一平""五通一平""七通一平""九通一平"的建设条件或出让条件。

(二)棚改/旧改/房地产平台

棚户区改造,是政府为改造城镇危旧住房、改善困难家庭住房条件而推出的民生工程,目的是改善群众的居住条件,兼顾完善城市功能、改善城市环境,也有人称之为"危房改造"。城投企业在其中承担拆迁、建设等任务。政府回购,或政府通过货币化方式,定向销售给特定人群。

旧城区改造,主要针对旧城区的一些老旧小区进行重建、翻新、改造,以改变旧城区的面貌,也就是旧改,有可能是直接拆除重建,也有可能只是翻新改造。

(三)基建代建平台

基建包括室内道路、桥梁、高架路、人行天桥等路网设施投资等。城投的参与模式经历BT、政府购买服务等方式后,目前以代建、自建等方式居多。

(四)公用事业平台

公用事业是指具有各企业、事业单位和居民共享的基本特征的,服务于城市生产、流通和居民生活的各项事业的总称。公用事业具体包括城市自来水、电力、煤气、供热和公共交通事业等。由于公用事业不以营利为目的,因而经常入不敷出,需要财政补贴,因此此类公司经常被划入城投公司业务范畴内。

(五)文旅平台

从业务属性角度看,文旅类平台主要分为两大类:第一大类主要从事景区的开发建设业务,承担景区内基础设施建设、土地开发整理、配套设施建设等;第二大类主要从事旅游经营业务,分为景区运营和旅游资源衍生业务。

(六)水利投资平台

水利投资平台以水利建设为核心,主要经营范围包括水库、灌区、大中型河道治理、供水工程、污水处理等水利基础设施建设运营,也有部分涉及中小水电站运营、水利风景区运营等。

(七)轨道交通平台

轨道交通平台运营范围包括地铁、轻轨等路线的建设和运营,收入来源包括轨道运输服务、工程施工、广告服务等。由于政府通常会采用周边土地出让方式部分平衡投资支出,因此也会包括房地产开发等业务。

（八）高速公路平台

高速公路平台企业分为政府还贷类和经营性高速。市场上一些机构仅将包含政府还贷的高速公路平台列为地方政府投融资平台，而将经营性高速企业划分为产业类企业，另一些机构则将其全部列为地方政府投融资平台序列内。

（九）铁路平台

我国铁路线路按投资主体主要分为国家铁路、地方铁路、合资铁路三种类型，分别对应投资主体为国铁集团、地方铁投平台、国铁集团与地方铁投平台合资公司。铁投平台在与国铁集团合资建设中作为地方政府产权方代表，财务平衡需要财政的支持。

（十）综合性城投平台

综合性城投平台是指包含多种业务类型的平台公司。各区域最大型城投公司多数都为综合性城投。可分为控股型，母公司本部仅为管理平台，子公司分别承担基础设施建设、公用事业运营等业务。

（十一）园区平台

园区平台是城投企业重要构成。从主管部门及功能性上区分，可分为国家级新区、高新区、经开区、海关特殊监管区域、综保区、航空港区等。

园区城投通常承担园区开发建设的职责，在园区建设阶段主要承担土地整理、园区建设等任务，园区发展成熟到一定阶段，城投企业一般从事运营和物业出租等。园区平台通常由园区管委会或园区国资委直接设立或实际控制。

二、从业务性质分类看城投企业的信用风险

（一）城投与其他类似国企的区别

将城投作为一个整体分类来看，城投与其他国企的区别在于，因承担当地主导的公益性业务而形成债务和资产，包括大量应收政府类款项，使得企业信用与政府信用捆绑在一起。

建筑施工企业和地方产投平台是经常容易与城投混淆的两类主体。更细致的区分有助于更深刻地理解城投企业的基本特征。

1. 城投企业与建筑企业的区别

城投企业承担的基础设施建设项目与建筑企业性质类似，但是两者在职责上存在明显差异。城投企业在基础设施建设项目中承担的职责为接受政府委托方的委托，负责基础设施建设业务整体管理，包括项目资金的筹备、施工进度

与项目人员的安排等。而传统的建筑施工企业主要承担项目建设职责。在项目完工结算后，移交给政府方的项目，城投企业仍可能持续进行项目维护和管理。

2. 城投与产投平台的区别

两者相似之处都是地方政府控制下的企业，财政厅或国资委为控股股东。不同之处在于资产和业务构成不同：城投企业主要从事基建类、公益类业务；而产投平台通常整合的是当地的产业类国企，包括工业企业、金融类企业等，主要以市场化业务为主。

（二）城投内部各类型企业的不同表现

本文此处不做主观分析，仅从收益率角度客观描述不同类型平台在市场上的收益率表现。

根据对2021年城投收益率的统计分析，信用利差介于200—300bp的细分平台类型包括基建代建平台、功能区平台、文旅平台、综合型城投平台，这些平台均为公益性较明显的平台；利差在150—200bp的平台类型包括产投平台、棚改/房地产平台、公用事业平台，这些均为市场化意味相对更多的业务；利差低于150bp的平台包括铁路平台、交投平台、收费公路平台、轨道交通平台，这些均为现金流相对较好的交通类平台。

应该指出的是，随着市场环境的变化，城投内部不同类型企业的分化将继续演化。这些都伴随着投资者对城投自身信用，以及与政府信用关系如何演变的看法的改变而转变。

第三节　城投债的信用风险（城投政策周期视角）

城投企业在发展过程中受政策的影响很大。城投企业早已构成经济中重要的微观力量，对基础设施建设、宏观和金融稳定都起到重要作用，规范城投企业的发展已成为必要之议题。

一、对城投企业的四轮政策周期

对城投企业的监管政策具有明确的目的性和方向性，尽管在每个周期中后期会因为宏观经济压力或其他原因使得政策力度放松，但政策始终保持连续性和不断具体化并更具针对性。

（一）2010—2013 年：规范融资平台举债时期

前期城投的大规模举债引发国家重视。以国发〔2010〕19 号文为统领，国务院牵头，财政、发改委、银监会、国土资源部等跟进。主要包括：清查各类债务（政府性债务审计），清理规范融资平台（名单制管理），禁止政府提供隐形担保，规范平台融资行为。

（二）2014—2017 年：政府性债务监管时期

以国发〔2014〕43 号文为标志，2014 年城投监管政策进入新的一轮周期。主要指导思想是"修明渠、堵暗道"。一是在"修明渠"上，赋予地方政府依法适度举债融资权限，加快建立规范的地方政府举债融资机制（一般债和专项债）。另外，推广使用政府与社会资本合作模式（PPP）融资。二是剥离融资平台公司政府融资职能，融资平台公司不得新增政府债务，控制和化解地方政府性债务风险（对 2014 年底之前的一类债务进行置换）。

到了政策后期，出现地方政府通过 PPP 和政府购买方式增加隐形债务的问题，财政部又出台相关政策，《财政部关于坚决制止地方以政府购买服务名义违法违规融资的通知》和《防止 PPP 异化为新的融资平台》，遏制隐形债务风险增量。

（三）2018—2020 年：隐形债务监管时期

上轮债务监管政策打开了地方政府发债的通道，但对于堵暗道不及预期，政府隐形债务仍在快速增长。鉴于此，2018 年开始对隐形债务进行重点防范。2018 年 8 月，《中共中央 国务院关于防范化解地方政府隐形债务风险的意见》《中共中央办公厅 国务院办公厅关于引发〈地方政府隐形债务问责办法〉的通知》下发。审计署全面开展地方政府隐形债务审计工作，财政部牵头通过系统对隐形债务进行逐步上报监测。

本轮监管目的：一是查清隐形债务规模，逐笔甄别；二是隐形债务化解，明确六大化解债务工具、鼓励金融机构参与隐形债务展期置换，以及建制县化债试点。

（四）2021 年：进一步化解隐形债务、清理规范地方融资平台公司时期

2021 年 4 月国发 5 号文，强调化解政府隐性债务的重要性，清理规范地方融资平台公司，剥离其政府融资职能，对失去清偿能力的要依法实施破产重整或清算。银保监会发布 15 号文，重点对仍具有隐性债务的融资平台限制贷款。交易商协会、上交所和深交所分别将城投公司分档管理，对其融资进行相应限制。

这一轮监管政策重点在于金融监管部门和地方政府要落实监管责任和属地责任。金融监管部门，包括银保监会、交易商协会、两家交易所、发改委，均出台相关政策或窗口指导（见表4-1-4）。江苏等部分地方政府也出台了相关政策。

表4-1-4　　　　2021年以来对城投的监管政策梳理

时间	部门-政策	核心内容	影响
2021年初	交易所、银行间—窗口指导	"一二三四""红橙黄绿"分档管理，主要参考隐性债务在内的债务率	广义债务负担重的区域影响大
2021.03	国务院—国常会	政府杠杆率要有所降低	地方政府债务随地方政府债务限额增长，降杠杆约等于化解隐债
2021.04	国务院—5号文	清理规范融资平台，剥离其政府融资职能，对失去清偿能力的要破产重整或清算	之前出现过的表述，不会超预期
2021.06	财政部、自然资源部等—财综19号文	国有土地使用权出让收入划转至税务部门征收	对政府性基金收入注水区域有影响；规范土地出让金返还
2021.06	交易所—窗口指导	一般预算收入50亿元以下的地区在交易所的公司债不能新增，只能借新还旧	此类区域涉及不多
2021.07	15号文及补丁	银行保险机构不得为有隐债的城投新增流贷	多数城投流贷占比较低，且执行单体口径，易规避

资料来源：光大永明资产整理

二、城投债监管政策比较

城投债政策主要由城投债的发行主管部门颁布。对其进行比较后发现：

（1）从以往经验看，在每个由国务院发文引导的大政策周期中，发改委、银行间和交易所等城投债监管部门的政策松紧方向并不完全一致。

（2）从政策对象看，国务院和财政部以往政策重点是对政府融资和融资平台融资做切割，而金融监管部门直接监管的对象是融资企业，政策着力点交织但不完全重合。而2021年隐形债务监管进一步深入，规范地方融资平台公司列入重点方面，各监管层面政策着力点趋向一致。发改委、交易商协会和证监会都在限制发债企业及用途方面对城投企业进行了分类管理。

（3）在融资限制力度上看，银保监会出台政策对信贷的限制影响力更甚于债券市场渠道（见表4-1-5）。

表4-1-5　　　　　城投债发行部门的监管政策比较

时间	国家发改委	交易商协会	证监会（交易所）
2008年1月	大幅宽松 7号文，明确发行企业债券所需的净资产、净利润等指标，简化企业债发行核准程序		
2008年10月		发债平台需满足"六真原则"	
2010年11月	收紧 2881号文：发展企业偿债资金来源70%及以上必须来自企业自身收益		
2012年4-6月	收紧 被银监会纳入监管类平台名单的发行人，发改委原则上不再审批其发债申请。"21111原则"		
2012年7月		宽松 发债平台由满足"六真原则"放松为四类	
2014年3月		宽松 拟放开对城投类发债企业所在地方的行政级别限制	
2014年9月	大幅收紧 国发19号文：从资产质量、融资成本等方面新增监管政策，并对原部分政策进行收紧		
2014年12月		收紧 要求申请发债企业说明其举借债务不会增加政府债务规模，政府不会通过财政资金直接偿还该笔债务	
2015年2月		宽松 放松了额外出具说明的主体范围和募集资金用途	《公司债券发行与交易管理办法》颁布，发行主体范围扩大至所有公司制法人

续表

时间	国家发改委	交易商协会	证监会（交易所）
2015年5—6月	宽松 1327号文及补充说明：对担保措施、区域经济指标、募集资金用途、发债企业数量指标等方面进行放松	宽松 确保在建项目后续融资需求与国家重大项目融资需求	小幅收紧 "双50%"标准制定
2016年9月		宽松 对经济基础较好的省会及计划单列市，支持其下属区县级基建类企业注册发行债务融资工具	收紧 "双50%"调整为"单50%"
2018年2月	收紧 194号文：纯公益性项目不得作为募投项目申报企业债券		
2019年2月	宽松 187号文：对2019年企业债券领域风险进行全面排查，对在建项目融资、基础设施补短板等领域加大支持力度		宽松 对于6个月内到期的债务，以借新还旧为目的发行公司债，放开"单50%"的限制，但不许配套补流
2019年9月			小幅收紧 2019年9月19日以后受理的私募公司债，规模超过净资产40%的部分只能用于借新还旧
2021年初	收紧 隐形债务平台企业限制发行海外债	收紧 按一、二、三、四类限制发债用途及规模	收紧 按红橙黄绿，限制发债用途及规模

资料来源：光大永明资产整理

第四节　城投债信用风险事件及特征

一、城投债市场信用风险事件

债券市场上城投债目前共出现4家发行人违约/技术性违约事件（见表4-1-6）。

表4-1-6　　　　　　　　城投债技术违约/技术性违约案例

债券简称	违约日期	发行人	违约风险类型	后续情况	违约前主体评级
16呼和经开PPN001	2019年12月6日	呼和浩特经济技术开发区投资开发集团有限责任公司	未按时兑付利息	下一工作日部分偿还、剩余3个月内偿付	
17兵团六师SCP001	2018年8月13日	新疆生产建设兵团第六师国有资产经营有限责任公司	未按时兑付本息	下一工作日兑付	AA
15吉林铁投PPN002	2020年8月17日	吉林市铁路投资开发有限公司	未按时兑付本息	下一工作日兑付	AA+
18沈公用PPN001 17沈公用PPN001	2020年10月23日	沈阳盛京能源发展集团有限公司	提前到期未兑付	担保代偿	AA

资料来源：Wind

从所在区域看，违约事件分别处于内蒙古、新疆、吉林和辽宁省，共性是这些区域经济发展欠佳。

从融资主体看，这几家企业资质都相对较差。沈阳盛京能源处于破产重整。吉林铁投和呼经开后续也存在贷款违约等负面舆情。兵团六师在2017年后再未发债。

二、城投非标风险事件

（一）区域分布

自2018年起，共发生145期非标风险事件，涉及104个主体。

从地区分布看，贵州省风险事件数量最多，其次是云南、河南、四川、内蒙古、陕西等省份（见表4-1-7）。

表4-1-7　　2018—2021年城投企业非标违约主体数量在区域分布情况

（单位：个）

地区	2018年	2019年	2020年	2021年	总计
贵州省	7	24	13	8	52
云南省	1	5	1	3	10
河南省		3	1	4	8
四川省	2	3	2		7
内蒙古自治区	3	2		1	6

续表

地区	2018 年	2019 年	2020 年	2021 年	总计
陕西省	1	2	2		5
湖南省	1		2		3
天津市	1		1	1	3
吉林省			2		2
辽宁省	1		1		2
甘肃省				1	1
河北省		1			1
湖北省	1				1
江苏省			1		1
青海省		1			1
山东省				1	1
总计	18	41	26	19	104

资料来源：广发证券研究

（二）行政级别分布

从行政层级看，区县级城投发生风险事件的比例最高，为 70.2%；地市级其次。省级有 5 家主体出现风险事件，分别出现在天津、青海和吉林省，均为非核心城投企业，或城投属性相对较弱（见表 4-1-8）。

表 4-1-8　城投企业非标违约主体在行政级别上的分布情况

行政级别	数量（家）	占比（%）
省级	5	4.8
地市级	18	17.3
区县级	73	70.2
总计	104	100.0

资料来源：广发证券研究

三、城投企业信用风险特征总结

（一）与地方政府支持能力密切相关

一是城投债券或非标风险事件发生省份与地方财政债务水平密切相关。贵州、云南是风险事件发生最多的省份，从地方政府政府债务与发债城投债务之和/一般预算收入看，这两个省份也属于全国前列（见图 4-1-3）。

二是从城投风险事件发生的区域层级角度，也可以看出类似之处。城投所处层级越高，能够调动的资源越丰富，最终发生风险的可能性下降。

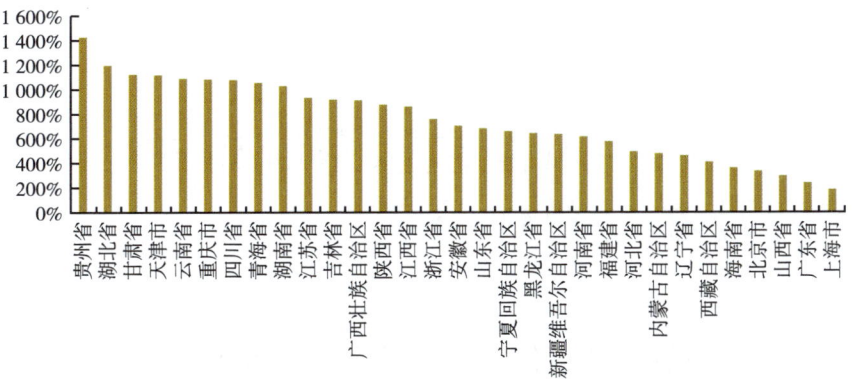

图 4-1-3 2020 年各省份（地方政府＋城投）债务总额／一般预算收入
资料来源：广发证券研究、光大永明资产

（二）与地方的支持意愿有关

支持意愿与支持能力密切相关，随着支持能力下降，意愿随之下降的可能性也在增大。因为当可支配的资源空间下降的时候，困难增多会抑制人的主观能动性的发挥。但由于地方政府不同于企业，掌握的资源更为丰富和多样，发生风险事件并不真正代表"山穷水尽"，而是相关决策者在考虑救助成本后的收入成本选择，因此，支持意愿也很重要。

从城投风险事件中，我们发现，城投所处层级越低，其救助意愿会越下降，因为违约对当地影响的范围会更小。而从各省在出现风险时的处理情况看，风险的发生与处理情况与决策者的市场化意识有很大关系。

（三）与企业的业务特质和资源掌控有关

尽管都是城投企业，但从事的业务性质不同，在区域的重要性上会有一定区别。当区域财力不济的时候，政府的扶持或救助就会带有倾向性。

从吉林铁投和沈阳公用的例子，我们可以发现，这两个主体均非所在层级核心业务属性城投，而且企业盈利能力较弱，且不占有有价值的资源。

（四）受政策周期的影响

长期以来，投资者认为城投企业的信用资源更多地建立在区域政府信用的基础上。而从 2014 年起，中央层面大的政策方向一直是剥离城投的投融资属性，将城投信用与政府信用分割。在政策的发力周期，伴随相关政策的密集出台，不可避免地对投资者的情绪和判断逻辑造成影响，从而对城投十分依赖的筹资性现金流入造成冲击。

第二章
城投债信用风险预警系统相关研究及本文总体框架

第一节 城投债信用风险预警系统相关研究

随着城投债成为各机构资产配置的主力品种，以及城投债违约风险也已越来越接近现实，城投债信用风险预警成为保险机构在防范其信用风险时的重要工具。但目前在公开文献中，对城投债风险预警系统的研究和论述相对较少。

在业务实践中，评级公司仍以评级或跟踪评级作为对发债对象进行风险预警的主要方法。投资机构内部，风险预警方法或是跟外部评级机构相同，或是对评级方法的延伸运用，选取各自机构认为相对有效的风险指标进行预警。市场研究机构更侧重于对独到的风险指标的挖掘和分析。监管机构在信用风险防控的角度提出风险分类的方法。这些方法为构建本文的城投债信用风险预警系统提供了有益的参考。

一、评级公司对城投企业的评级体系

（一）基本逻辑和结构

城投作为政府相关实体企业，与地方政府的关系十分密切。因此，城投企业的信用级别与地方政府的信用级别密切相关。

国际评级公司认为，城投企业级别的得出，建立在城投企业自身信用级别、地方政府信用级别和两者相关性的基础上。因此，在地方政府具有独立评级的前提下，对城投企业的评级，重点关注影响城投企业自身级别和两者之间相关性的风险要素（见图 4-2-1）。

国内评级公司对城投企业的评级体系，部分采用与国际评级公司相同或类似的逻辑，部分评级公司的评级方法中则未明确表述其与地方政府信用级别的关系，而是将影响城投的信用要素分为区域综合实力、企业经营实力、企业财务实力、外部支持等，进行综合评比打分（见图 4-2-2）。

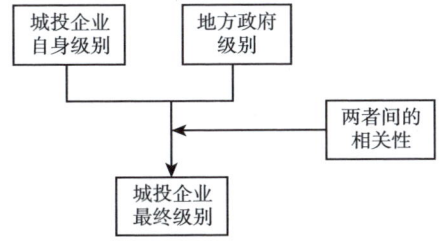

图 4-2-1　国际评级机构对城投企业的评级方法逻辑

资料来源：光大永明资产

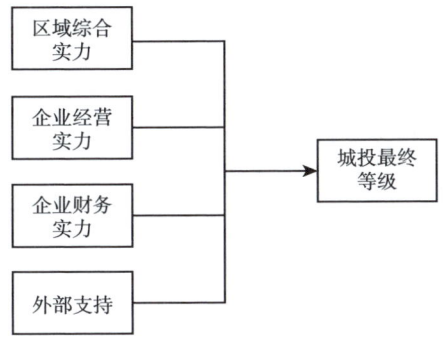

图 4-2-2　国内评级机构对城投企业的评级方法逻辑

资料来源：光大永明资产

不论哪种逻辑，可以看出，影响城投企业的信用评级要素主要来自三部分：一是区域综合实力，代表地方政府的财力及支持城投企业的最大可能性；二是经营风险，可以刻度企业获取偿债资金来源的规模和可靠程度；三是财务风险，可测度企业偿债资金对所需偿还债务的覆盖程度。

（二）风险要素和指标体系

1. 地方政府/地方财力

这里一般从地方经济增长与发展、财政平衡及稳定性、政府性债务负担及管理、政府治理水平等几个方面描述。各家评级公司在衡量地方政府信用/地方综合实力方面指标相差不大（见表 4-2-1）。

表 4-2-1　评级公司对地方财力的评价要素和指标

	GDP
地方经济增长与发展	GDP 增速
	人均 GDP

续表

财政平衡及稳定性	一般公共预算收入
	一般公共预算收入增速
	上级补助收入
	基金收入
政府性债务负担及管理	负债率
	债务率
	债务期限结构
政府治理	信息公开度
	不良记录

资料来源：光大永明资产整理。

2. 企业经营和财务指标

下面选取三家评级公司的指标体进行对比（见表4-2-2）。可以看出，三家公司基本都从业务风险和财务风险两个角度进行分析。在具体指标选取方面，略有不同。

表4-2-2　三家评级公司对城投企业经营和财力的评价要素和指标

新世纪评级			联合资信		东方金诚	
业务风险	市场竞争	地位	企业基础素质	股东及股权结构（层级）	业务风险	企业规模	总资产
		规模					净资产
	盈利能力	公益性项目盈利能力		企业职能定位和竞争优势（地位）		专营地位	
		经营类业务盈利能力		人员素质		公司治理及发展战略	
				政府支持			
	公司治理	股权结构清晰度		企业信用记录			
		信息披露、管控效率	企业管理	治理结构			
		项目决策和管控		管理水平			
		发展愿景	经营分析	业务类型、公益占比、稳定性			
财务风险	财务会计政策	投融资计划合理性	未来发展				
		审计意见	信息质量			信息质量	

158

续表

	新世纪评级		联合资信		东方金诚	
财务风险	资产规模和质量	资产变现能力	财务风险	资产质量	应收类款项	盈利能力	补助收入/利润总额
		价值合理性			存货、在建工程	债务及偿债保障	(实收资本+资本公积)/资产总额
		占比较大科目合理性分析			资产受限情况		资产负债率
	负债规模和结构	资产负债率		资本结构	债务结构和负担		全部债务资本化比率
		资本化比率			资本质量（永续债、公益资产注资）	流动性	自由现金流获取能力
		短期债务占比			财务政策激进或保守		资产变现能力
		担保比率		盈利能力	营业收入和政府补贴		外部融资能力
	现金流状况	营业收入现金率			营业利润率		
		经营性现金流量/债务		现金流量	现金收入比		
	流动性短期因素	资产变现			筹资现金流变动		
		现金类资产/短期债务		偿债能力	现金短债比		
					EBITDA利息保障倍数		

资料来源：光大永明资产整理

3. 政府对城投支持意愿的评价

由于城投平台替地方政府进行投融资，政府会在资本注入、财政补贴、税收优惠、融资协调等方面给予平台支持，平台遇到危机时也有出手救助的意愿。

关于地区对城投的支持意愿，国内评级公司一般从两方面考虑：一是城投所承担项目的重要性（可以用城投承担政府项目收入占总收入的比重来衡量，也可以简单地用城投平台的资产总规模衡量）；二是城投公司与地方政府的关系紧密性（可以用公司净资产规模或历年财政补贴情况占净利润比重衡量过去的支持力度，也可以观察城投的往来对象，以及平台领导是否有政府任职履历，平台所属层级及在当地平台中的排名高低）。

国际评级机构则对地区政府的支持意愿进行了精细化度量。以标普为例，其对政府相关实体评级方法的重点在于对政府特别支持可能性的评估。其将政府支持分为一般支持与特别支持。一般支持是与主体日常经营活动有关的支持，具有持续性和经常性的特点；而特别支持是"离散的"或"临时的"，对特别实体进行支持，支持能力与政府财政实力有关。标普指出，特备支持和一般支持的界限有时难以划分，且存在一定不可预见性，特别支持通常发生在政府相关实体存在信用风险和资金压力较大的情况下，一般体现为流动性注入、资产注入、政府或政府控制银行的信贷支持、资本重组和债务清偿救助辅助等。

二、其他市场研究机构的指标体系

券商等市场研究机构在考察城投公司信用风险时，在各个风险要素维度更倾向于挖掘更具有代表性的指标。

（一）地方财政实力

1. 经济发展

经济发展除了一般用 GDP 规模、GDP 增速、人均 GDP 外，还提出使用人口净流入增速指标。在地方财政对土地依赖较强的背景下，人口净流入规模大的城市，土地出让收入更容易保持。人口净流入的区域也代表未来前景向好。

2. 综合财力

地方政府的财力主要包括几个维度：

（1）一般预算收入，包括税收收入和非税收收入，是财力构成中最稳定的部分。

（2）一般预算外收入，包括转移收入和基金收入。对于基金收入，需要注意的是"注水"现象：一些城投帮助地方拍地，政府获得出让金后全额返还，政府性基金收入高速增长。对于基金收入，可以与区域土地成交金额替代使用。

（3）债务收入。债务收入中的专项债收入，除了项目融资外，目前还发行再融资债，用于偿还地方政府存量债务或置换隐性债务。

（4）其他资源，包括地方金融资源、地方国企资源、地方主管领导资源。金融资源包括当地信贷规模，区域性银行，包括城商行、农商行等的市场地位；地方国企如果资源较强，也增加地方政府利用资源的渠道。例如在贵州省化解债务时就利用了贵州茅台的股权划转。地方主管领导，如果对化解债务问题重视，能够积极与市场沟通并找到切实可行的方案，也可以看作是一种重要资源。

3. 债务负担

并不容易找到一个指标能够比较客观、准确地衡量各个区域的债务负担水平。债务/财力因为分子和分母的构成多样化，会衍生出多个指标。比较通常的做法是，分子用地方政府债务＋城投债务；分母可以用GDP、一般预算收入、一般预算收入＋基金收入。目前比较常用的指标为（地方政府债务＋城投债务）/（一般预算收入＋基金收入）。但一些地区的基金收入数据获取难度相对较大。

（二）与地方政府的关系

1. 业务类型

公益性强的业务，主要业主方是地方政府，因此与政府的绑定程度更深。但是目前城投普遍进行市场化转型，同时公益性项目要求更规范地通过地方政府专项债解决，城投承担公益性项目的角色和规模都在变化。

公益属性强的业务包括基础设施建设、土地开发整理、棚改保障房建设。交通建设运营、公用事业带有半公益性质。文旅、国有资本运营企业，公益性相对较弱。

2. 营业收入来自政府的占比

来自政府收入规模的占比，一定程度可以反映城投与政府信用的挂钩程度。

3. 来自政府的（应收款项＋存货）/资产

城投公司替政府做事，形成的资产主要放在存货科目，如果已经结转，则放在应收款项类中，具体包括应收账款、其他应收款和长期应收款几个科目。

如果城投企业的资产中，来自政府项目形成的存货和应收类款项的占比较高，则说明城投的负债形成的资产主要用于政府项目。城投与政府的关系就十分密切。

4. 实收资本＋资本公积

在城投成立之初，以及在城投的发展过程中，政府通过注入资本金、资产及划入资产的方式对城投企业进行支持。资产包括土地、厂房、地方国企股权等。实收资本和资本公积的规模，可以部分反映政府对平台的资源支持力度。

5. 政府补助稳定性

城投企业由于承担大量公益性项目，往往主营业务一般亏损居多。政府经常每年对其进行补助。政府补助一般计入其他收益或营业外收入科目。政府对平台的补助经常性保持在较大规模，说明对城投的支持力度较大。

（三）城投平台地位

1. 行政级别

行政级别越高的城投平台，往往可支配的资源越多。这在一省内较为适用，但对于不同省份之间的比较，需结合实际情况。一些发达的区县级城投，受益于当地财政自给率水平很高，可能比不发达省份的地市级平台的资源更多。

通常而言，市场上经常将城投平台的行政级别分为省级、地市级、区县级、国家级新区、国家级园区、省级园区、普通园区等。

2. 平台地位

第一，如果一个区域内平台数量多，政府资源分配分散，城投平台规模有限，政府支持就会分散化。第二，不同平台因为成立背景、历史、业务类型等原因，经常会存在主要平台、次要平台、一般平台等。在对一个具体区域的平台进行分析时，首先要统计区域内发债平台数量，然后对平台地位进行排序。

3. 市场认可度

市场认可度可以主要通过信用利差反映，代表债券市场投资者眼中不同城投平台的资质差异。信用利差越高，说明投资者需要的信用溢价越高，市场认可度越低。

（四）资产质量

1. 资产价值

城投公司有价值的资产包括具有土地权证资产、上市公司股权以及能够带来现金流的资产。

具有土地权证的资产分布在存货、无形资产、投资性房地产等科目。对于土地资产价值的分析，关注其状态、用途、指标和获取模式等。持有大量土地的资产，融资方面更容易得到投资者信赖。

根据有关券商报告，有771家地方控股上市公司，186家地方参股上市公司。上市公司股权如在城投公司名下，则相对变现能力较强。

能够带来现金流的资产主要指地铁轨交、收费公路、水务、能源等公益性强，同时现金流具有一定规模且稳定的资产。

2. 受限资产占比

用受限资产/净资产衡量资产的变现能力，以及未来可用于融资的空间。受限资产占比高，说明融资比例已经较高，剩余可用于抵质押融资的空间较小。

（五）负债情况

1. 债务水平

资产负债率代表了整体负债的水平。其中负债包括有息债务和无息负债。债务资本化比率代表了有息债务负担水平。

在计算有息债务时，对于永续债、永续信托、明股实债基金等可根据严谨口径计入有息债务中。

2. 债务期限结构

债务到期分布较为均衡的企业，流动性压力相对会小。如果城投企业短期偿债压力较大，在市场环境变差的情况下，易出现流动性问题。

衡量债务期限结构的指标包括：短期有息债务占比、现金及等价物/短期有息债务。短期有息债务占比越高越不好；而现金及等价物代表非受限的货币资金，其对短期有息债务的覆盖越高越好。

3. 债务融资渠道

从债务融资渠道的角度去考虑，主要因为在滚动融资中债券融资、非标融资期限相对较短，对市场情绪相对更敏感，而银行贷款则相对稳定。

非标占比、债券融资占比是常用的指标。这两个指标越高，说明企业融资越不稳定。

估值变动情况也值得高度关注。与同级别同类型企业相比，估值的攀升或与前期相比估值的上升，都意味着企业基本面的变化或者投资者的看法出现变化。

一些机构提出结构化发行指标，认为采用结构化发行的企业，面临融资渠道不畅通的问题。

还有些机构提出关注一级市场批文注册情况。批文注册回馈一般包括已通过、已反馈和终止审批三种情况，如果出具终止审批意见，则需要关注。

4. 债务融资增量变化

城投企业由于盈利能力普遍较弱，十分依赖债务再融资。因此债务融资增量的变化对其偿还存量到期债务十分重要。

这里可以考察筹资性净现金流的变化，或者筹资性现金净流入的变化。

5. 或有负债

城投企业或有负债主要来自两个方面：一是担保；二是来自非并表子公司。因此，指标方面一是考察担保比率，二是考察对非并表子公司是否存在大额应收类款项，以及进一步考察子公司的资产质量和盈利能力。

三、监管机构对存续期发债主体信用风险监测体系

（一）存续期信用风险监测指标

2017年深圳证券交易所发布《深圳证券交易所公司债券存续期信用风险管理指引（试行）》。要求在公司债券存续期间持续动态监测、排查、预警债券信用风险。其中在信用风险监测与分类一章，要求受托管理人通过多种方式和渠道，持续动态收集可能影响债券信用状况的信息，及时准确掌握债券信用变化情况。影响信用状况的几个方面包括：

1. 发行人所处行业环境或政策变化情况。

2. 发行人经营和财务状况变化情况。

对于财务状况的不利变化，提出以下具体指标：

（1）最近一年 EBITDA 利息保障倍数（EBITDA/资本化利息支出＋财务费用的利息支出）小于 1；

（2）最近 3 年经营活动现金流量净额持续为负；

（3）最近 3 年平均归属于母公司所有者净利润为负；

（4）最近一期资产负债率、速度比率、总资产报酬率、EBITDA/全部债务较上年同期发生不利变化，且变动幅度均超过 30%；

3. 发行人股权结构、内部治理结构变化情况。

4. 发行人新增债务或担保的情况。

5. 发行人主要资产的变化情况。

6. 发行人信息披露义务履行情况。

7. 发行人募集资金使用情况。

8. 发行人主体评级、债券债项评级变化情况。

9. 增信措施有效性变化情况。

10. 公众投诉、媒体报道情况。

该指引提出，鼓励受托管理人结合发行人业务模式、所处行业特性等因素，有针对性地建立债券信用风险监测指标体系或模型，运用风险监测技术手段强化风险持续动态监测。

同时要求,针对信用风险监测和分析结果,将债券划分为正常类、关注类、风险类和违约类。

(二) 公司债券审核重点关注事项及指标

2021年,深圳证券交易所发布《深圳证券交易所公司债券发行上市审核业务指引第1号——公司债券审核重点关注事项》,其中提到审核时的重点关注事项:

1. 公司治理与组织机构。

2. 发行人、发行人控股股东或实际控制人存在重大负面舆情。

3. 发行人控股股东或实际控制人支配的发行人股权存在高比例质押、冻结或发生诉讼、仲裁等事项,可能造成发行人股权结构不稳定的。

4. 发行人董事、高级管理人员变动频繁或变动比例较大的。

5. 发行人非经营性(非因生产经营直接产生的对其他企业或机构的往来占款和资金拆借)往来占款和资金拆借余额超过最近一年末审计总资产的3%。

6. 最近一期末发行人对外担保余额超过当期末净资产。

7. 财务信息披露,包括:

(1) 银行借款余额低于有息负债的30%;

(2) 银行借款与公司债券外其他公司信用类债券余额之和低于有息负债的50%;

(3) 短期债务占比显著上升或最近一期末有息债务构成以短期债务为主;

(4) 债券余额存量较大且存在显著债务集中兑付压力;

(5) 有息债务余额年均增长率超过30%,最近一年末资产负债率超过行业平均水平且速冻比率小于1;

(6) 最近一年末资产负债率、有息负债与净资产比例超过行业平均水平的30%;

(7) 非流动资产占比显著高于同行业可比企业;

(8) 受限资产账面价值超过总资产50%;

(9) 发行人现金及现金等价物净增加额持续大额为负;

(10) 经营活动现金流缺乏可持续性;

(11) 筹资活动现金流量净额持续大额为负或大幅波动;

(12) 净利润持续为负、营业收入、净利润持续下滑或大幅波动,毛利率波动较大;

（13）净利润较为依赖大额资产处置收益，或盈利较为依赖股票二级市场投资收益、投资性房地产增值等非经常性损益；

（14）发行人存在"存贷双高"等特征、财务信息不透明特征。

第二节 建立城投债信用风险预警体系的总体框架

一、以信用风险预警为目的

（一）目前市场上尚缺少专门以信用风险预警作为对象的研究

保险机构在实践中往往混淆评级和预警。保险机构投资债券的信用风险管理大概可分为两类：一类是投前准入；另一类是投后存续期跟踪监测。投前准入一般以评级为主要手段，达到投资级别即可入池进行投资操作。存续期管理工具分为跟踪评级和风险预警。

（二）评级和预警作为两个信用风险管理工具，既具有相似性，又具有各自特点

从管理目的上看，评级主要用于区分不同企业间的信用风险高低和排序，信用等级可进一步用于风险定价；而预警主要是提前发现评级对象的风险苗头和风险信息，为下一步执行卖出止损等投资决策提供参考。从工具适用原则上讲，评级的要求是准确性、稳定性，最好能够跨越一定周期时限；而预警对工具的要求主要是灵敏性、预判性，能够在一定程度上提前发现风险，为后续判断和操作留下空间。从构建方法上，两者都是从影响信用风险的要素入手，但评级是通过各个指标和阈值将评级对象的各个维度按从好到坏不同程度地进行划分；而预警更多是通过指标、设定阈值，能够及时发现其边际恶化的迹象，并从指标组合维度观察和判断恶化的程度。

（三）业务实践中，用评级的方法来做预警存在一定不适用性

一是从外部评级实践看，我国债券市场投资者一直诟病评级机构评级调整不及时，无论是级别还是展望的调整，都是相关信息已成为事实后的"事后调整"，导致的结果是或者市场已经提前做出反映，或者事后调整造成市场进一步恐慌。二是从内评实践看，即便级别的调整可以比外评更为频繁，级别稳定性的要求也可以降低，但级别的调整动作仍是相对慎重和需要达到"一定程度"才能进行，对于每日、每月的风险监测中发现的异常值或突发事件，采用通常的评级手段进行管理仍不尽其然。另外，从部门职责分工的角度，预警体系的建立和使用可以独立于评级部门，业务部门可根据自己的需求建立预警体系，与评级部门相互验证。

（四）预警体系的指标可以充分借鉴评级体系的指标

两者都是用于揭示信用风险，用于信用评级的指标可以充分借鉴、吸收，用于预警体系中。

二、预警对象为城投债，充分围绕城投债的信用风险特点建立预警体系

目前监管机构尽管在存续期信用风险管理中提出风险监测和预警的框架，但没有提出针对城投债的预警体系。而本文的预警对象则明确为城投债。

（一）城投信用风险特征

1. 与地方政府关系密切

城投企业地方国有背景突出，与政府关系密切。作为基础设施项目投融资、建设、运营活动的主体，一般由地方政府部门、所属事业单位等出资设立。

政府支持力度很大。城投企业的基础设施建设职能对促进地方经济发展非常重要，地方政府通常对城投企业运营给予了很大支持。

2. 业务公益性及专营性

城投企业主营业务公益性及区域专营性显著。城投企业的主营业务以基础设施等较强公益性项目的建设运营为主，主营业务在区域内具有较强的专营性。

3. 城投企业往往盈利能力差，资产流动性弱

平台企业往往盈利性较低、现金流不稳定。由于主营业务的公益性，城投企业盈利较低，对财政补贴依赖较大；现金流主要依赖于地方政府对建设项目的回款以及外部融资，稳定性较弱。

资产流动性较弱。城投企业资产以变现能力较差的基础设施建设项目、政府注入的国有资产以及对政府部门等的应收款项为主，资产流动性较弱。

（二）城投债信用风险预警要素

从偿债来源的角度，城投企业的偿债来源包括：自身控制的资源、政府支持以及外部融资。城投债这几个偿债来源的关系是：相比债务偿付规模，城投企业每年来自自身的利润和政府补助等收入都不足以对债务偿付进行有效支撑，债务滚动是城投债务能够偿付的最主要来源。而支撑其不断能够滚动融资

的背后逻辑是其从事的业务特质,及由此产生的对政府必然对其进行支持的预期。

影响其偿债能力的逻辑同样来自这几个方面:企业自身因素,包括业务特质的改变、自身控制资源的弱化;政府支持(能力或意愿)的下降;外部融资的变化。而预警体系的重点正是监测影响这几个方面因素的变化及在超过设定阈值时进行预警。

1. 企业自身因素的变化

城投政策的变化是业务特质的变化的主要推手。从2014年以来,国家对城投大的政策方面,具有较强的连贯性和一致性,均围绕剥离政府融资职能和市场化转型展开,虽然目前不同区域不同城投所处的阶段不同,但都应处在弱化城投属性的过程中。更具体地看,城投以往承担公益性项目建设运营和投融资的双重角色。从政策设计的角度,监管政策的重心更多的是剥离其投融资的角色,使为公益性项目融资的功能交给地方政府发行债券的方式完成,而公益性项目建设运营的职能可以继续保留下来。

按照这一设想,城投企业自身控制的资源也将随着发生变化。一方面,城投企业将在不断兼并重组的过程中进行进化;另一方面,随着主营业务性质的不断演进以及与政府关系的更为规范化,其资产科目的构成可能更加市场化(见图4-2-3)。

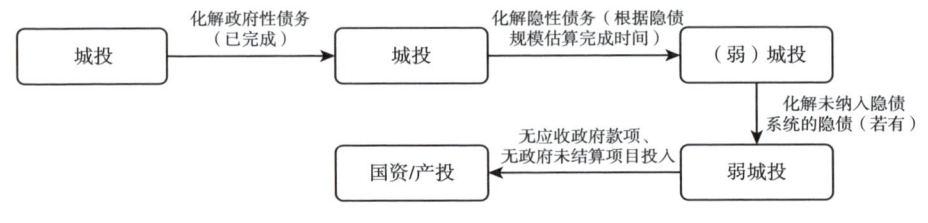

图4-2-3 城投企业属性演化轨迹

资料来源:光大永明资产

2. 来自政府支持因素的变化

政府的支持仍来自两方面:一是政府救助能力的变化;二是政府救助意愿的变化。救助能力主要通过地区经济实力和发展前景、财力和债务率等表现。值得注意的是,在未来我国经济将步入质量型发展阶段的过程中,地区间的分化可能会表现得更明显。救助意愿会随着国家政策导向、区域财力、区域主政领导的变迁等因素而发生变化。救助意愿归根结底是一个集体性选择,既有客观因素,也有主观因素的作用。需要参考当地违约历史、地方决策者的施政理念等针对性分析。

3. 来自外部融资的变化

城投依赖借新还旧，外部融资是影响其信用风险的关键变量。对外部融资变化的分析既表现为对现有融资结构、融资规模分析，也包括为未来融资可获得性的判断。

三、构建城投债分级预警指标体系的基本原则

在总结城投企业信用风险特征的基础上，形成城投债信用风险预警要素，并结合借鉴各类机构对城投企业信用风险的评级指标，构建本文的城投债预警指标体系，这是建立预警系统的核心（见图4-2-4）。具体指标体系将在下一章展开，此处仅对构建指标体系的基本原则进行说明。

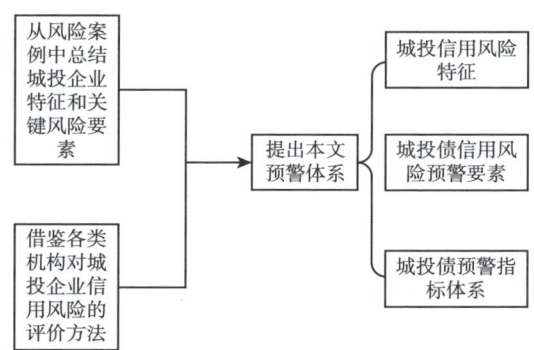

图4-2-4 构建本文预警体系的基本逻辑

资料来源：光大永明资产

（一）敏感性

预警的目的是能够前瞻性或及时反映预警对象信用风险的边际变化，因此指标选取的第一原则是具有敏感性，能够反映该要素在任一时点的状态，能够根据指标值的变化跟踪其历史动态轨迹。相比于滞后类指标，应尽可能多选取先行指标和同比类指标。

（二）实用可操作性

预警指标的选取可以包括多个维度，比如定量指标、定性指标，宏观层面指标、中观层面指标、微观层面指标，结构化指标、非结构化指标。仅从舆情的角度，就可以从多个角度进行挖掘。

本文预警指标体系建立的第二个原则是实用可操作性。一是从数量上尽可

能用相对较少的指标去反映较为全面、较为重要的信息;二是从数据可获得性上倾向多采用定量指标,而少采用定性指标。

(三) 结果可分级应用

预警指标体系的建立是为了最后能够进行分级预警,并对应不同层次的债券处置手段。对于持仓资产,一般的处置手段包括密切关注、不得新增持仓、择机减仓、立即处置等。

第三章
城投债信用风险分级预警系统指标体系设置

第一节 城投债信用风险分级预警系统指标框架

通过对城投企业偿债来源的分析,本文第二章推导出影响城投企业偿债能力的三个核心要素:政府支持、自身因素和融资环境,本节通过对上述三个要素的展开构建城投债信用风险预警指标体系。

信用风险分级预警系统的构建主要分为指标选取、指标阈值设置、分级及其应用等步骤。

一、城投债信用风险分级预警系统指标选取

信用风险预警指标体系为三级指标体系:一级指标根据影响城投企业偿债能力的核心要素设置政府支持、城投平台和融资环境三项指标。二级指标设置方面,政府支持指标下设经济前景、区域财政情况和区域金融环境等三个二级指标。城投平台主要从城投自身角度来衡量城投主体个体资质,下设平台地位、债务负担和资产情况等二级指标。融资环境不设二级指标。三级指标设置见表4-3-1。

表 4-3-1　　模型指标体系设置

一级指标	二级指标	三级指标/指标代码	定量指标计算公式	阈值
政府支持	经济前景	常住人口增速/①	—	0%
	区域财政情况	一般公共财政预算收入增速/②	—	0%
		政府性基金收入增速/③	—	0%
		广义债务率/④	(地方政府债务余额+发债城投有息债务余额)/一般公共预算收入	932.10%
	区域金融环境	区域信用利差/⑤	同区域城投公募债个券利差中位数	200bp
		本外币存款余额/广义债务/⑥	域内金融机构本外币存款余额/(地方政府债务余额+发债城投有息债务余额)	2.06倍
		区域城投债净融资/⑦	—	-1.15亿元
城投平台	平台地位	平台地位/⑧	—	一般
	债务负担	全部债务资本化比率/⑨	全部有息债务/(全部有息债务+所有者权益)	56.90%
		非标融资占比/⑩	非标融资规模/全部有息债务	12.00%
		短期债务占比/⑪	短期债务/全部有息债务	35.62%
		有息债务增速/⑫	$(2020年末有息债务/2018年末有息债务)0.5^{-1}$	30.13%
		现金短债比/⑬	(货币资金+应收票据+交易性金融资产)/短期债务	38.83%
	资产情况	担保比率/⑭	担保余额/所有者权益	28.32%
		应收类款项增长率/⑮	2020年末应收类款项/2019年末应收类款项-1	36.92%
		受限比率/⑯	受限资产规模/所有者权益	39.53%
融资环境	融资成本/⑰		分配股利、利润或偿付利息支付的现金/有息债务均值	6.85%
	净融资为负的年数/⑱		近3年筹资活动净现金流至少2年为负	2年
	隐含评级与外部评级偏离程度/⑲		外部评级赋分-隐含评级赋分	3
	主体利差/⑳			99.76bp

资料来源：光大永明资产

二、城投债信用风险分级预警系统指标阈值设置

城投债信用风险预警指标体系的三级指标可以分类为定性指标和定量指标,其中平台地位为定性指标,其余均为定量指标。

在定性指标的阈值设置方面,平台地位指标可根据机构自身对城投公司研究的精细程度来设置,精细程度越高,对平台地位的划分情况越多。本文对平台地位设置"高""较高"和"一般"三种评价。根据实务经验,将指标阈值设置为"一般"。

定量指标的阈值设置方面,为减少主观因素对阈值设置的干扰,在合理可行的前提下,指标阈值均选取基于全市场统计数据的分位数作为指标阈值;在分位数作为指标阈值不合理或不可行的情况下,结合投资机构风险偏好,依据实务经验设置指标阈值。

根据上述设置原则,将统计数据的 3/4(或 1/4)分位数作为阈值的定量指标主要有广义债务率、全部债务资本化比率、有息债务增速、短期债务占比、现金短债比、非标融资占比、担保比率、应收类款项增长率、受限比率、融资成本、本外币存款余额/广义债务和区域城投债净融资。具体而言,数值越大资质越好的指标取 1/4 分位数作为阈值,数值越小资质越好的指标取 3/4 分位数作为阈值。

将中位数设置为阈值的定量指标是主体利差。从统计数据看,所有市级平台主体利差的 1/4 分位数与中位数的差值仅 27.12bp,3/4 分位数与中位数的差值为 192.95bp,中位数到 3/4 分位数之间主体利差快速走阔,3/4 分位数主体利差较高,与公司风险偏好不符,故选择中位数作为阈值。

将 0 设置为阈值的定量指标主要有常住人口增速、一般公共预算收入增速和政府性基金收入增速。上述指标的正负具有更强的经济意义,因此将阈值设为 0。

根据经验设置阈值的定量指标主要有净融资为负的年数、隐含评级与外部评级偏离程度和区域信用利差。净融资为负的年数和隐含评级与外部评级偏离程度均为计数指标,不具备使用统计指标的条件,上述指标阈值根据经验设置。区域信用利差主要依据公司实务经验设置。

三、城投债信用风险分级预警系统的分级及应用

城投债信用风险分级预警系统在使用过程中有三个环节需要结合专家经验

进行设置：第一个环节为指标的阈值设置；第二个环节为指标权重设置；第三个环节为系统打分结果评价。各机构可结合各自实际情况选择合理的设置方法。

在指标阈值设置环节，每个指标均可设置梯度阈值，指标在触发不同的阈值时获得不同的分数，细化对指标的评价。

在指标权重设置环节，单指标得分通过加权后加总获得主体的最终评分，不同指标的指示性强弱存在差异，因此可以设置不同的权重。例如，主体利差和隐含评级与外部评级偏离程度等指标与主体关系紧密，指示性强，应该设置更高的权重；常住人口增速等指标在更加长远的角度影响主体的资质，时效性较弱，可以设置较低的权重。

在系统打分结果评价环节，可以针对系统评分结果设置不同的预警等级，得分显示主体预警等级越高，相应地应该采取更有力的措施来应对风险上升。

为简化评价流程，本文分级预警系统在第一环节和第二环节均未设置分级。第一环节仅设置一个阈值，结果分为触发或不触发。第二环节对各个指标得分直接加总作为主体得分，即对不同指标不设权重。具体而言，采用单向减分制，触发阈值时减1分，不触发时不增减分数。在第三环节系统评分结果评价中对得分进行分级处理，主体扣分越多，触发的预警等级越高，需要采取越有力的应对措施。

分级预警系统设置预警指标20个，主体得分在-20—0分之间，结合业务实践，设置以下四个等级的风险预警：不预警、一级预警、二级预警和三级预警，各级预警对应的系统得分和应对措施见表4-3-2。考虑到即便违约主体触发全部指标的概率也很低，因此三级预警的指标得分区间明显阔于不预警、一级预警和二级预警的指标得分区间。需要说明的是，指标得分区间、预警等级及应对措施的设置因不同机构的风险偏好而不同，不具有普适性。

表4-3-2　　　　城投债信用风险分级预警系统预警等级设置及应对措施

	不预警	一级预警	二级预警	三级预警
指标得分（分）	[-4,0]	[-8,-5]	[-12,-9]	[-20,-13]
应对措施	—	密切跟踪关注	限制买入并择机卖出	强制卖出

资料来源：光大永明资产

需要说明的是，信用风险分级预警系统的主要作用为预警，预警等级高与信用风险大并不完全等同，因此其应对措施并不具有强制性。各机构对于持仓主体的具体应对措施应当结合持仓主体的各方面情况综合判断而做出。

第二节　政府支持指标选择与阈值设置

城投企业作为当地政府发展经济的重要抓手，根植于所在区域。城投企业的发展情况与所在区域的发达程度高度相关，因此在对城投企业自身的状况进行评价之前，应先对其所在区域的发展情况进行评价。政府支持下设经济前景、区域财政状况和区域金融环境三个二级指标。

一、经济前景

人口是区域发展的重要支撑，人口持续净流入不仅显示了当地产业的吸引力，也对房地产市场形成一定支撑。相反，人口持续净流出表明当地经济缺乏活力，发展前景较为暗淡。近年来，部分资源枯竭型城市及东北地区部分城市人口持续净流出，侧面显示了当地经济发展困境。

在全国有存续城投债的地级市中，可公开查询到2020年常住人口增速的一共267个城市，其中增速大于0的一共100个地级市，增速小于0的一共167个地级市，本文将人口增速阈值设置为0。

二、区域财政情况

区域财政状况下设一般公共预算收入增速、政府性基金收入增速及广义债务率等指标。

（一）一般公共预算收入增速

一般公共预算收入是地方财政收入中较为稳定的组成部分，主要包括税收收入和非税收入，且以税收收入为主，并通过税收收入与当地产业发展情况建立联系。一般公共预算收入增速高，则当地税收收入增长情况较好，主要产业经营情况较好，反之则反。

在全国有存续城投债的地级市中，可公开查询到2020年一般公共预算收入增速（或近两年一般公共预算收入规模）的共285个城市，其中增速大于0的共225个地级市，增速小于0的共60个地级市。本文将一般公共预算收入增速阈值设置为0。

（二）政府性基金收入增速

政府性基金收入以国有土地使用权收入为主，是城投企业回款的最重要来源。稳定增长的政府性基金收入对城投企业还本付息提供一定保障，政府性基金收入下降意味着城投企业可获得的回款规模下降，还本付息及资本支出将更加依赖外部融资，从而导致债务负担进一步加重，财务情况恶化。

在全国有存续城投债的地级市中，可公开查询到 2020 年政府性基金收入增速（或近两年政府性基金收入规模）的共 267 个城市，其中增速大于 0 的共 181 个地级市，增速小于 0 的共 86 个地级市。本文将政府性基金收入增速阈值设置为 0。

（三）广义债务率

广义债务率不仅衡量地方债务负担、未来偿债压力，还是监管部门对城投发债主体分档管理的重要依据，进而影响城投企业外部融资。本文将广义债务率阈值设置为有存续债的 277 个地级市数据的 3/4 分位数 932.1%。

在对区域财政状况进行评价时，除了上述因素，还应考虑 GDP 下修或增速情况。近年来，部分区域主动或被动地挤水分，导致地区生产总值发生不同程度下修，此时应该重新评估当地经济发展状况及政府信用情况。同时应关注到，地区生产总值下修并不必然导致名义 GDP 增速为负。低名义 GDP 增速可能存在两种可能：第一种情况下该数据属实，说明当地经济增长明显失速；第二种情况下真实名义 GDP 增速低于公告数据，地方主政官员基于完成考核指标等因素的考虑，对数据进行了"优化"。无论上述哪种情况，均应获得足够重视。本文未将 GDP 相关指标列入指标体系主要是因为一般公共预算收入中的税收收入与 GDP 相关性高，在不考虑减税降费等措施的情况下，一般公共预算收入增速放缓意味着 GDP 增速也放缓。

三、区域金融环境

区域金融环境主要通过本外币存款余额/广义债务、区域城投债净融资和区域信用利差三个指标来衡量。

（一）本外币存款余额/广义债务

本外币存款余额/广义债务主要衡量区域内金融机构本外币存款余额对区域广义债务的覆盖程度，指标值越大，说明区域内可调用的金融资源越多，债务安全性越高。

本文将本外币存款余额/广义债务指标阈值设置为 31 个省级行政单位 2020 年数据的 1/4 分位数 2.06 倍。

在评估本外币存款余额/广义债务时，应结合区域性银行规模和银行不良贷款率来使用。区域性银行一般由当地政府部门出资设立，与当地政府关系密切。在区域性银行异地展业受限的背景下，区域性银行的信贷投放更加集中于注册地，承担着支持当地经济发展的重任。一般情况下，区域性银行资产规模越大，地方政府可调用的资源越大，城投企业可获得的支持越大。银行不良贷款率与信贷投放地的经济发展情况呈现较高的关联性，当地主导产业景气度高，则企业盈利情况向好，偿债能力增强，银行不良贷款率下降；反之，银行不良贷款率上升。

（二）区域城投债净融资

区域城投债净融资一定程度上体现了投资者对区域的未来判断，在对区域未来发展悲观或担忧债务负担的情形下，投资者对整个区域的城投企业产生规避情绪，导致整个区域城投债净融资下滑。

截至2020年末，有存续城投债的地级行政单位303个，区域城投债净融资为正的有213个，为负的有84个，为0的有6个。本文将上述数据的1/4分位数-1.15亿元作为指标阈值。

（三）区域信用利差

区域信用利差体现了投资者对一个地方要求的信用风险溢价，从目前的情况看，区域信用利差明显较高的区域一般存在"网红"城投或区域存在非标违约。区域内存在市场认可度差的"网红"城投主体一般对区域内其他城投主体会产生两方面影响：第一，若"网红"城投主体流动性紧张，当地政府可能协调当地其他平台资源进行救济，该主体信用状况的边际恶化易传导至区域内其他主体。第二，基于"区域一盘棋"的考虑，机构投资者易产生"一刀切"的非理性行为，导致区域的融资环境边际恶化。

城投行业发展至今，债券品种暂未发生实质性违约，已发生违约事项均为技术性违约，且均已兑付。与此不同的是，城投非标违约已屡见不鲜。非标因为信息披露不足、违约波及面较小、对区域融资环境的冲击相对较小等原因成为城投企业流动性紧张时优先选择的违约对象，非标也成为债券的"安全垫"。因此，非标违约意味着"安全垫"消失，应当警惕该主体债券品种的违约风险。基于实务经验，本文将区域信用利差阈值设为200bp。

第三节　城投平台指标选择与阈值设置

城投平台主要从城投自身角度来衡量城投个体状况，下设平台地位、债务负担和资产情况等二级指标。

一、平台地位

平台地位一般与政府支持意愿正相关,平台地位越高,业务重要性越强,政府支持意愿越强,可获得的支持力度越大。近年来,各地城投企业频繁整合重组,城投企业在整合重组中职能定位和平台地位均可能发生变化,整合后地位弱化的城投企业未来获得的政府支持或有所下降。

在评估平台地位时,要结合业务规模、城投业务持续性、非城投业务占比及业务委托方政府属性等指标衡量。城投业务持续性主要衡量城投企业未来城投业务空间,城投业务持续性下降可能是随着区域基础设施逐步完善,基建需求逐步下降。当地城投公司业务逐步缩减,城投属性逐步弱化,政府支持意愿或随之弱化。非城投业务占比主要衡量城投企业市场化业务占比情况,随着监管要求城投企业信用和政府信用解绑,各地城投均寻求扩展非城投业务以实现市场化转型。从实际情况看,多数城投企业不具备开展市场化业务的经验和人才储备,盲目进行市场化转型将面临一定经营风险。城投企业开展业务一般与委托方签署代建协议或回购协议等,委托方一般为当地政府部门或其他国企。近年来,越来越多地方政府出于风险隔离或"逃避责任"的考虑将项目委托方由政府部门变更为当地非发债国企,城投企业回款对象和应收对象变更为信息披露不充分的当地国企,回款安全性弱化。本文对平台地位设置"高""较高"和"一般"三个指标值,将指标阈值设置为"一般"。

二、债务负担

债务负担主要通过全部债务资本化比率、有息债务增速、短期债务占比、现金短债比、非标融资占比和担保比率等指标来衡量。

(一)全部债务资本化比率

全部债务资本化比率反映的是通过借贷形式筹措的资本占全部资本的比例,较高的全部债务资本化比率不仅表明企业面临较大偿债压力,也会引发投资者担忧进而导致融资渠道不畅。由于城投公司可能将部分有息债务计入其他流动负债、其他应付款、长期应付款和其他权益工具等科目,一般需根据上述科目中有息负债规模对全部债务进行调整。考虑到部分城投信息披露不充分,本文全部债务不对上述科目中有息部分进行调整。

将数据可得的全市场城投主体按照主体级别进行分类，对不同级别主体的全部债务资本化比率取中位数作图4-3-1。可以看出，主体级别与全部债务资本化比率呈正相关关系，主体资质越强，融资能力越强，投资者对发行人债务负担的容忍度越高。

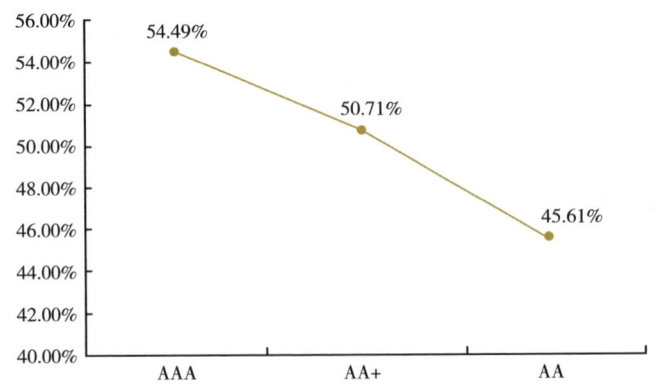

图4-3-1　不同信用等级城投主体全部债务资本化比率中位数情况

资料来源：光大永明资产

全体城投发行人的分位数指标值如表4-3-3，本文将有公开数据的所有发债城投全部债务资本化比率的3/4分位数设为指标阈值。

表4-3-3　全部债务资本化比率主要分位数

	1/4分位数	中位数	3/4分位数
全部债务资本化比率	36.18%	47.42%	56.90%

资料来源：光大永明资产

（二）有息债务增速

有息债务增速反映城投企业的融资节奏。部分城投企业在投资者初次买入时主要债务指标处于一般水平，但融资诉求大，短期内有息债务规模快速增长，债务指标迅速恶化，进而引发市场担忧，导致持仓债券在持有后期面临一定估值波动风险。因此，需要对发行人有息债务增速进行分析，从而为投资久期的设置提供一定参考。

将数据可得的全市场城投主体按照主体级别进行分类，对不同级别主体的有息债务增速取中位数作图（见图4-3-2）。可以看出，主体资质越强，有息债务增速越慢。结合上文对全部债务资本化比率的分析，一种解释是资质较强的主体普遍债务规模大，因此虽然债务增量的绝对值较大，但体现在相对比率上要小于弱资质主体。

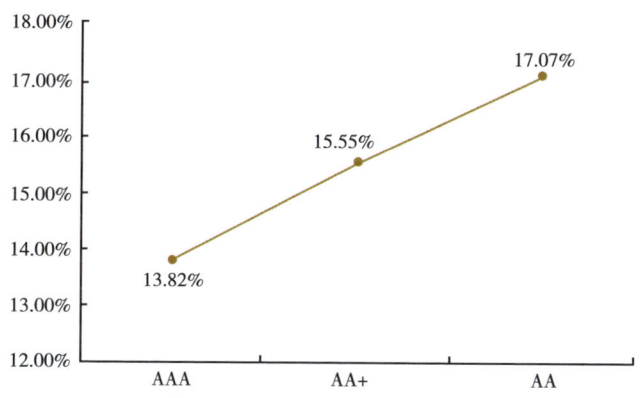

图 4-3-2 不同信用等级城投主体有息债务增速中位数情况

资料来源：光大永明资产

本文将有公开数据的所有发债城投有息债务增速的 3/4 分位数 30.13% 作为指标阈值（见表 4-3-4）。

表 4-3-4　　　　　　　　有息债务增速主要分位数

	1/4 分位数	中位数	3/4 分位数
有息债务增速	4.53%	15.59%	30.13%

资料来源：光大永明资产

（三）短期债务占比

短期债务占比衡量企业债务期限结构的合理性，短期债务占比过高易导致企业债务集中偿付压力大。此外，短期债务占比高可能系金融机构认可度低倒逼城投企业债务期限短期化的结果。发行人市场认可度下降，投资人对发行人的可投期限缩短，发行人以短期债务融资品种置换到期的长期品种，导致债务整体期限下降。

从统计数据看，AA+和 AA 级主体短期债务占比的中位数相近，且明显高于 AAA 级主体，AAA 级主体的债务期限结构更为合理（见图 4-3-3）。

本文将有公开数据的所有发债城投短期债务比的 3/4 分位数 35.62% 作为指标阈值（见表 4-3-5）。

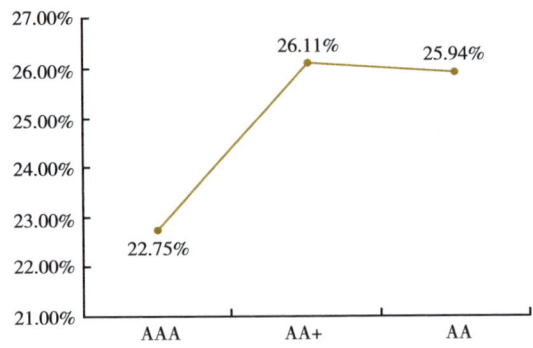

图 4-3-3　不同信用等级城投主体短期债务占比中位数情况

资料来源：光大永明资产

表 4-3-5　短期债务比主要分位数

	1/4 分位数	中位数	3/4 分位数
短期债务占比	15.87%	24.99%	35.62%

资料来源：光大永明资产

（四）现金短债比

现金短债比主要衡量企业现金类资产对短期债务的偿付能力。在计算该指标时，还需要对现金类资产的质量进行评价，主要考虑受限现金类资产的规模、受限原因是否系基于理财等目的的主动受限及专项用途资金规模等。从统计数据看，现金短债比与主体级别呈正相关关系，主体资质越好，现金类资产对短期债务覆盖程度越好（见图 4-3-4）。

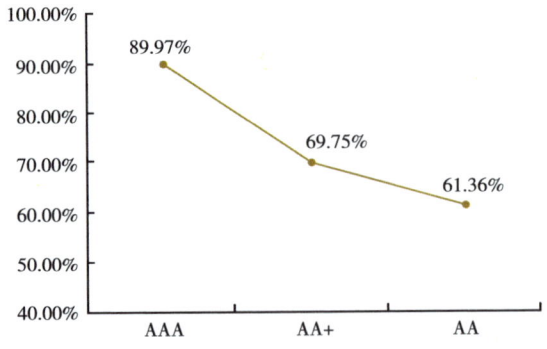

图 4-3-4　不同信用等级城投主体现金短债比中位数情况

资料来源：光大永明资产

本文将有公开数据的所有发债城投现金短债比的 1/4 分位数 38.83% 设为指标阈值（见表 4-3-6）。

表 4-3-6　　　　　　　　现金短债比主要分位数

	1/4 分位数	中位数	3/4 分位数
现金短债比	38.83%	66.55%	114.69%

资料来源：光大永明资产

（五）非标融资占比

非标融资一般被认为是银行渠道和债券渠道融资不畅情况下的第三选择，非标融资占比高一般说明城投企业市场认可度较差、外部融资不畅。不同发行人在对非标融资进行会计记账时差异较大，部分发行人将非标融资全部计入长期借款科目，且不对长期借款明细情况进行披露；另有部分发行人将部分非标融资计入长期借款，剩余非标融资计入长期应付款或其他应付款，但仅披露长期应付款和其他应付款明细情况；上述操作均会导致非标融资占比数据低估。

在对非标融资进行评价时，还应关注发行人非标融资的品种结构，例如：金租的融资成本明显低于商租，保债的融资成本一般低于其他非标品种，银行资金以信托通道形式向城投发放的信托贷款等。投资者较为关注的非标融资一般为高成本非标，上述非高成本非标不应作为负面信号。

对不同信用等级的主体进行统计发现，城投公司非标占比规模与主体级别呈负相关关系，主体资质越差，非标融资占比越高（见图 4-3-5）。

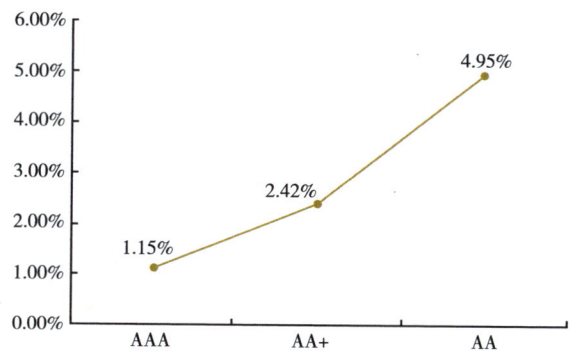

图 4-3-5　不同信用等级城投主体非标融资占比中位数情况

资料来源：光大永明资产

本文将非标融资占比阈值设置为国盛固收统计的 2 807 家城投的非标融资

占比的 3/4 分位数 12.00%（见表 4-3-7）。

表 4-3-7　　　　　　　　　非标融资占比主要分位数

	1/4 分位数	中位数	3/4 分位数
非标占比	0.00%	3.31%	12.00%

资料来源：光大永明资产

（六）担保比率

对外担保是城投企业的或有负债，城投之间大规模互保使区域内城投高度绑定，容易形成区域性风险。在分析城投公司对外担保时，应对担保对象结构进行详细分析。城投公司担保对象主要包括同层级城投、下级行政单位城投、非城投类国企和当地工商企业等。其中，在分析对非城投类国企和当地工商企业的担保时，着重分析反担保措施及其可行性；分析对下级行政担保城投的担保时，着重分析担保的发生背景、代偿的启动条件及发行人与下层级城投的业务往来等。

从统计数据看，城投公司担保比率与主体级别呈负相关关系，主体资质越差，担保比率越高（见图 4-3-6）。

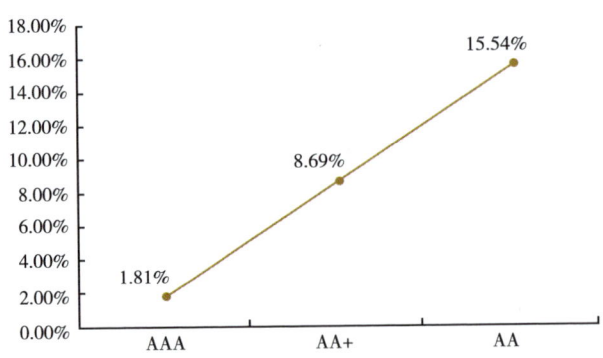

图 4-3-6　不同信用等级城投主体担保比率中位数情况

资料来源：光大永明资产

本文将担保比率指标阈值设置为国盛固收统计的 2 595 家城投的担保比率的 3/4 分位数 28.32%（见表 4-3-8）。

表 4-3-8　　　　　　　　　担保比率主要分位数

	1/4 分位数	中位数	3/4 分位数
担保比率	1.50%	10.71%	28.32%

资料来源：光大永明资产

除上述指标外，非长期公募产品占比也是一个需要考虑的重要指标。该指标衡量的是私募债、PPN、短融、超短融及短期公司债等品种融资余额占直接融资的比重。私募债和 PPN 的信息披露不充分、非市场化发行的概率更高，短融、超短融及短期公司债等品种可能说明投资者仅对发行人短期偿债能力有信心。在发行人设立时间等条件满足监管要求的情况下，上述非长期公募产品占比高说明发行人可能存在一定信用瑕疵。

三、资产情况

资产情况主要考虑应收类款项增长率和受限比率等指标。

（一）应收类款项增长率

应收类款项增长率是相对值指标，主要衡量应收类款项较上年同期的变化情况，应收类款项的大幅增加说明公司主营业务回款滞后或往来款拆出规模较大，均对公司资金形成占用。若应收类款项基数较小导致变化率较大，可不予考虑。在对应收类款项进行分析时，也需要关注各应收类科目余额的变化情况：应收账款的变化情况需结合"营业收入"和"销售商品、提供劳务收到的现金"科目分析其合理性，其他应收款科目除分析其自身的同比变化外，还应结合"其他应付款"科目评估发行人净往来情况。

从统计数据看，AA 级主体应收类款项增长率最高，AA+级主体增长率最低，主体资质与应收类款项增长率无明显相关关系（见图 4 - 3 - 7）。

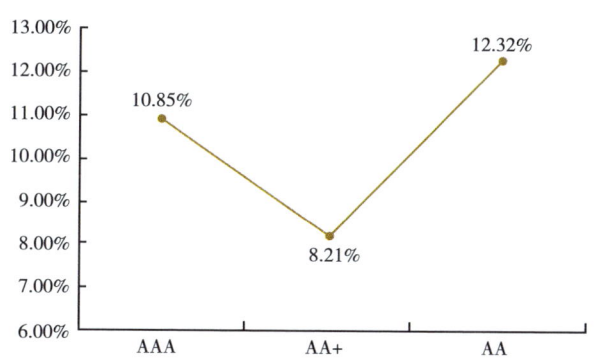

图 4 - 3 - 7　不同信用等级城投主体应收类款项增长率中位数情况

资料来源：光大永明资产

本文将应收类款项增长率阈值设置为有公开数据的所有发债城投的 3/4 分位数 36.92%（见表 4 - 3 - 9）。

表 4-3-9　　　　　　　　应收类款项增长率主要分位数

	1/4 分位数	中位数	3/4 分位数
应收类款项增长率	-5.05%	10.95%	36.92%

资料来源：光大永明资产

（二）受限比率

城投企业的土地资产、投资性房地产和上市公司股权等资产具备融资职能。在对土地资产进行分析时，应对相关土地的出让金缴纳情况、权证情况、土地区位情况、土地性质和用途等进行综合评估。在对投资性房地产进行分析时，需关注资产记账方式、区位情况、地产类别和目前的实际用途等。对于上市公司股权，应考虑上述公司是否仅为并表子公司但实际不受公司管理。总体而言，受限资产规模越大，表明企业未来可用融资空间越小。

从统计数据看，城投公司受限比率与主体级别呈负相关关系，主体资质越差，受限比率越高；AAA 级城投与 AA+级城投受限比率中位数相近，AA 级城投受限比率明显高于 AAA 级和 AA+级（见图 4-3-8）。

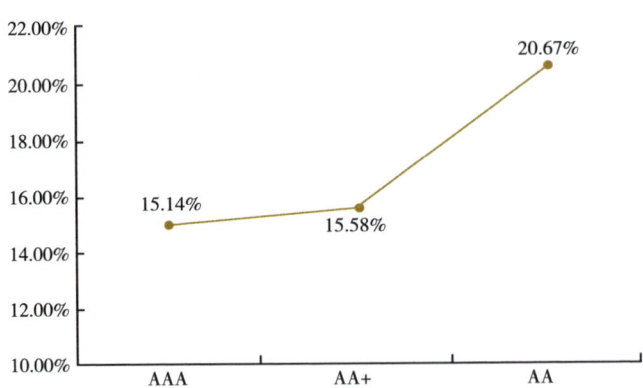

图 4-3-8　不同信用等级城投主体受限比率中位数情况

资料来源：光大永明资产

本文将受限比率指标阈值设置为国盛固收统计的 2 642 家城投的受限比率的 3/4 分位数 39.53%（见表 4-3-10）。

表 4-3-10　　　　　　　　受限比率主要分位数

	1/4 分位数	中位数	3/4 分位数
受限比率	6.76%	18.64%	39.53%

资料来源：光大永明资产

此外，非政府部门应收类款项占比和无效资产的注入也应当引起注意。非政府部门应收类款项占比主要衡量企业应收账款、其他应收款及长期应收款等应收类款项科目中应收非政府部门的比重。应收政府部门款项安全性高于非政府部门，该指标值越大，说明应收类款项质量越低，坏账风险越大。政府或股东向城投企业注入无效资产不会改善企业经营情况，但在财务方面却因做大权益规模对资产负债率等相关财务指标起到美化作用。

第四节 融资环境指标选择与阈值设置

融资环境下不区分二级指标和三级指标，直接设置融资成本、净融资为负的年数、隐含评级与外部评级偏离程度和主体利差等四项指标。

一、融资成本

融资成本直接反映金融机构对城投企业认可程度，较高的融资成本说明金融机构认可度差，企业承担较大财务成本。城投公司融资成本可通过 EBITDA／（EBITDA 利息保障倍数×有息债务均值）计算得到，考虑到全市场数据规模较大且城投公司一般不分配利润，本文以分配股利、利润或偿付利息支付的现金／有息债务作为城投企业融资成本。

从统计数据看，融资成本与主体级别呈负相关关系，主体资质越好，融资成本越低（见图 4-3-9）。

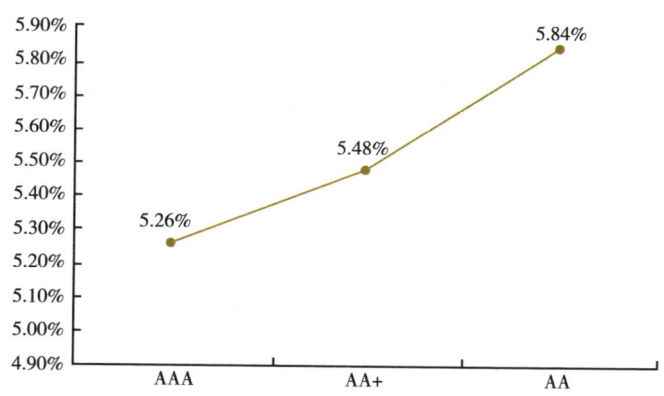

图 4-3-9 不同信用等级城投主体融资成本中位数情况

资料来源：光大永明资产

本文将融资成本指标阈值设置为有公开数据的所有发债城投的3/4分位数6.85%（见表4-3-11）。

表4-3-11　　　　　　　　　融资成本主要分位数

	1/4分位数	中位数	3/4分位数
融资成本	4.68%	5.69%	6.85%

资料来源：光大永明资产

二、净融资为负的年数

净融资体现城投企业筹资活动净现金流状况，除少数发达地区城投企业主动降负债导致债务规模下降外，多数城投企业仍有较大的资本支出和还本付息需求。因此，若城投企业净融资为负，可能说明公司外部融资环境有所恶化。

净融资为负的年数指标主要考虑2018—2020年筹资活动净现金流为负的年份数，基于实务经验，本文将指标阈值设为2年，即若3年中有2年或3年净融资为负，则减分。

三、隐含评级与外部评级偏离程度

中债隐含评级是从市场成交价格和发行人披露信息等因素中提炼的信用评价，与外部评级的最大区别在于隐含级别中包含了时效性较高的价格因素。多数城投发行人的中债隐含评级低于外部评级，但若隐含评级与外部评级级差较大，应作为负面信号给予关注。"隐含评级与外部评级偏离程度"计算的是发行人最大利差券的偏离程度，隐含评级和外部评级的赋分情况如表4-3-12，将隐含评级和外部评级转换成相应分值后作差即得到级差数据，即隐含评级与外部评级偏离程度＝外部评级赋分－隐含评级赋分，基于实务经验，本文将指标阈值设置为3。

表4-3-12　　　　　　　　　评级赋分对照

隐含评级	外部评级	赋分
AAA+	—	11
AAA	AAA	10
AAA-	—	9
AA+	AA+	8
AA	AA	7

续表

隐含评级	外部评级	赋分
AA（2）	—	6
AA −	AA −	5
A +	A +	4
A	A	3
A −	A −	2

资料来源：光大永明资产

四、主体利差

主体利差数据选取了所有市级发债平台，删除了PPN、私募债、担保债和永续债，对于双市场上市的企业债直接剔除，并选取剩余期限1—10年的券。将个券利差定义为个券估值与同期限国债收益率的差值，主体利差定义为该主体符合上述要求的个券利差的中位数。

从统计数据看，城投公司主体利差与主体级别呈负相关关系，主体资质越差，主体利差越高，且AA级主体与AA+级主体的级差远阔于AA+级主体与AAA级主体的级差（见图4−3−10）。

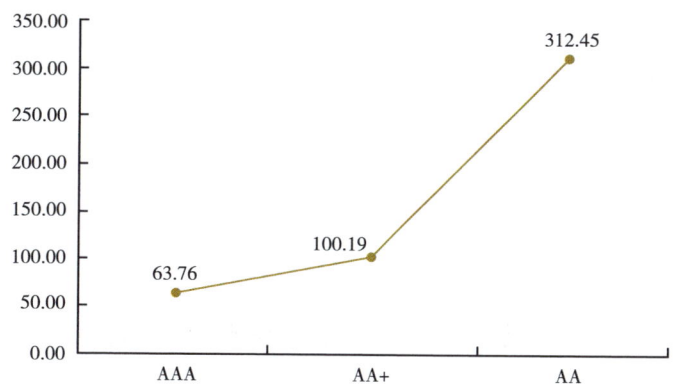

图4−3−10　不同信用等级市级城投主体主体利差中位数情况

资料来源：光大永明资产

对所有市级平台的主体利差取分位数如表4−3−13，本文将主体利差阈值设为中位数99.76bp。

表 4-3-13　　　市级平台主体利差主要分位数

	1/4 分位数	中位数	3/4 分位数
市级平台主体利差	72.64bp	99.76bp	292.71bp

资料来源：光大永明资产

城投企业是否存在结构化发行行为、估值偏离及异常成交等也是考虑城投企业资本市场表现的重要指标。结构化发行具有实际融资金额小于名义发行金额、发行价格非市场化等特征，部分城投企业通过采用结构化发行的方式融资，反映了发行人市场化融资较为困难、市场认可度下降。债券估值是以市场价格信息为基础加工生成的估值，反映了公平交易下特定时点的可变现参考价格。而风险与收益正相关，债券估值大幅上升一般意味着发行人的风险在提高。但是从实际情况看，结构化发行行为辨别难度较大，多数城投债二级交易并不活跃，二级估值存在一定滞后性。考虑到数据可得性较差，未将上述情况纳入指标体系。

第四章
城投债信用风险分级预警系统实证研究——以山东省为例[①]

第一节　样本选取与样本数据处理

基于第三章的指标体系设计，本章选取山东省有存续城投债且有公开数据的市级城投公司进行实证检验。山东省下辖 16 个地级市，其中滨州市市级平

---

① 本章内容主要是通过样本直观展示预警体系的实践操作流程。构建的预警体系不同，输出的结果也会变化。本章输出的结果和结论并不代表作者在业务中实际所持的观点，与所供职单位无关，也不构成任何投资建议。

台滨州城建投资集团有限公司和烟台市市级平台烟台市财金发展投资集团有限公司、烟台市城市建设投资有限责任公司存续债券均为非公开债,信息披露不足;聊城市和枣庄市未查询到市级平台公司相关信息,因此,上述四市无市级平台公司纳入样本。

一、样本概况

本文共选取样本 23 家,其中青岛市和济南市经济实力强,均有 3 家市级平台公司纳入样本;滨州市、聊城市、日照市和枣庄市 GDP 规模在山东省排名下游,仅日照市有 1 家市级平台纳入样本。烟台市 2020 年 GDP 总额位列山东省第三位,经济实力强,但区域内城投融资较为保守,无符合条件的市级平台(见图 4-4-1)。

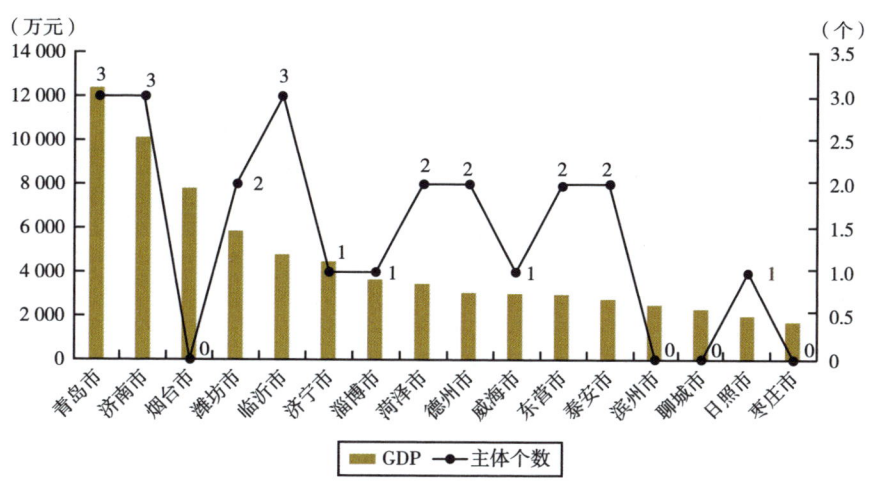

图 4-4-1 各地级市 GDP 规模及样本数量

资料来源:Wind、光大永明资产

二、样本数据处理

区域金融数据处理方面,区域城投净融资指标系将区域内所有发行人 2020 年债券净融资金额按区域划分并加总所得。区域信用利差数据引用 2021 年 9 月 30 日 DM 客户端公募城投债利差,其中烟台、枣庄和菏泽三市因公募城投债样本数量不足,无法形成区域公募利差数据。同日,烟台、枣庄和菏泽三市私募城投债区域利差分别为 126.06bp、370.80bp 和 318.08bp,考虑到同一主体私募债与公募债的品种利差一般不超过100bp,将上述三市的区域公募利差分别取为低于200bp、高于200bp和高于200bp(见表4-4-1)。

表4-4-1　　　　　　　　地级市主要区域数据

	常住人口增速(%)	本外币存款余额/广义债务	区域债券净融资	区域公募信用利差(bp)
滨州市	0.14	3.32	7.10	229.15
德州市	-2.39	4.02	48.20	98.02
东营市	0.63	6.08	0.40	331.06
菏泽市	0.16	4.29	10.66	>200.00
济南市	3.30	4.55	442.10	66.27
济宁市	0.02	2.57	207.08	433.10
聊城市	-2.40	5.74	26.40	401.20
临沂市	3.29	4.46	117.22	267.94
青岛市	6.02	2.15	822.45	78.71
日照市	0.66	4.14	33.31	252.83
泰安市	-2.89	4.06	59.69	128.58
威海市	2.49	2.51	110.36	227.77
潍坊市	0.38	2.53	315.64	395.87
烟台市	-0.50	6.50	54.30	<200.00
枣庄市	-1.97	3.55	7.40	>200.00
淄博市	0.15	3.42	56.50	81.34

资料来源:Wind、光大永明资产

在"隐含评级与外部评级偏离程度"的计算中,本文选取样本主体2021年8月17日存续债券中与同等级同期限收益率曲线利差最大的券作为计算级差的样本券。部分样本券为无外部评级的私募债或PPN,以样本券的主体评级作为该样本券的外部评级。

在"主体利差"的计算中,潍坊东兴建设发展有限公司和菏泽城投控股集团有限公司仅有存续私募债,在计算主体利差时,先计算二者的私募债利差,再考虑同区域可比平台公募债与私募债之间的品种利差,最后估算出二者的主体利差。青岛城市发展集团有限公司仅存一期公募债,但剩余期限短于1年,其利差数据的参考性较弱。

第二节　实证结果分析

一、样本评价结果统计分析

进行实证检验的样本主体合计23家，预警体系共设置负向指标20个，从样本主体统计结果看，所有主体触发阈值次数均落在1—9次的区间内，其中触发阈值次数最多的主体为9次，共1个主体，最少的主体为1次，共2个主体（见图4-4-2）。

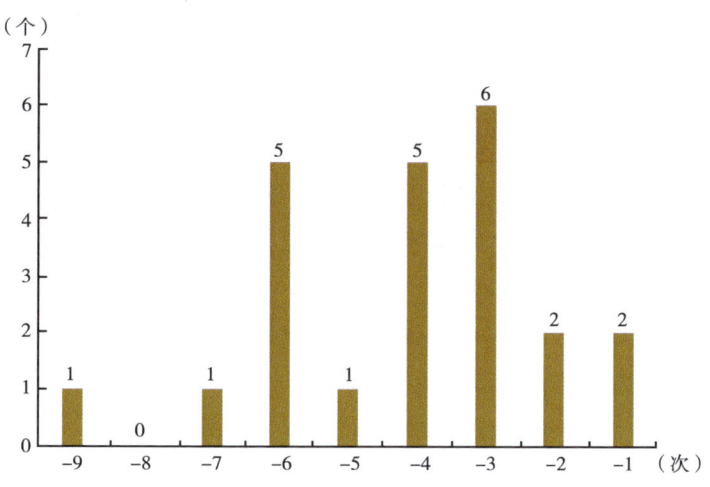

图4-4-2　样本主体得分分布情况

资料来源：光大永明资产

阈值触发次数较少的指标主要有广义债务覆盖倍数指标、区域城投债净融资、广义债务率和现金短债比。广义债务覆盖倍数指标触发次数为0，体现了山东省作为全国经济强省较为可观的区域本外币存款规模。区域城投债净融资触发次数为0，体现了山东省虽有部分网红区域存在，但区域城投净融资暂未发展至净流出的境地。广义债务率触发次数为0，说明山东省发债城投的主体问题不是债务负担重，而是非标融资、对民企担保等问题。

阈值触发次数较多的指标主要包括有息债务增速、区域信用利差和主体利差等。有息债务增速触发次数较多说明样本主体近年融资冲动较大、债务规模快速累积。区域信用利差和主体利差次数较多主要与近年来山东省担保圈、民企暴雷、城投非标融资和对民企担保等因素有关，导致市场对山东区域城投处于谨慎考量状态（见图4-4-3）。

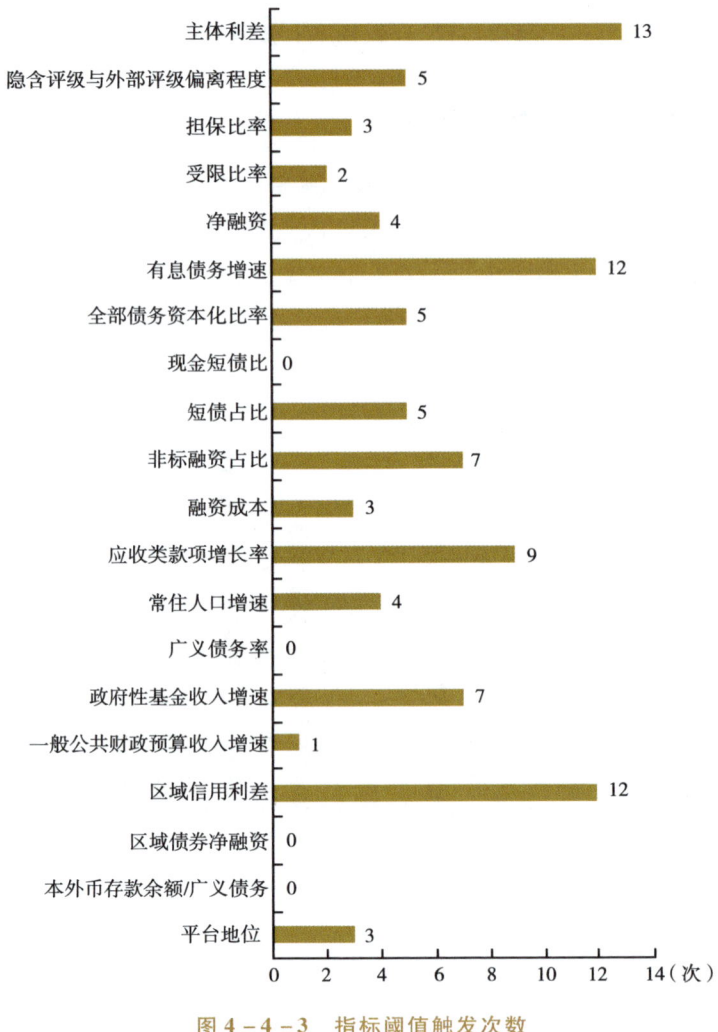

图4-4-3 指标阈值触发次数

资料来源：光大永明资产

二、样本主体分级预警

按照第三章中对指标触发次数进行分级预警的设置，样本主体中，不触发预警的主体共16个，触发一级预警的主体6个，触发二级预警的主体1个（见表4-4-2和表4-4-3）。本文样本主体为山东省有存续城投债且有公开数据的市级城投公司，整体资质较好，无触发三级预警的主体。

表 4-4-2　　　　　　　　　　样本主体预警等级

二级预警	日照市城市建设投资集团有限公司	
一级预警	青岛城市发展集团有限公司	菏泽城投控股集团有限公司
	东营市城市资产经营有限公司	菏泽投资发展集团有限公司
	青岛西海岸发展（集团）有限公司	泰安市城市发展投资有限公司
不预警	淄博市城市资产运营有限公司	东营市财金投资集团有限公司
	临沂城市发展集团有限公司	济南城市投资集团有限公司
	临沂城市建设投资集团有限公司	济南西城投资开发集团有限公司
	临沂投资发展集团有限公司	济宁城投控股集团有限公司
	潍坊市城市建设发展投资集团有限公司	德州财金投资控股集团有限公司
	威海城市投资集团有限公司	济南城市建设集团有限公司
	潍坊东兴建设发展有限公司	德州德达城市建设投资运营有限公司
	泰安市泰山投资有限公司	青岛城市建设投资（集团）有限责任公司

资料来源：光大永明资产

样本主体中，触发二级级预警的为日照市城市建设投资集团有限公司（以下简称"日照城投"）。日照市经济、财政实力在山东省排名下游，公司外部发展环境一般。日照城投是日照市市级主要平台公司，主要从事土地整理开发业务及安置房建设等，但是业务持续性弱，城投属性弱化。财务方面，公司资产规模较小，债务负担很重，受限比率和担保比率较高，可用授信一般。

触发一级预警的主要是菏泽、泰安和东营等 GDP 规模在山东省排名中下游的地级市主平台，以及青岛市次要平台。值得关注的是青岛城市发展集团有限公司（以下简称"青岛城发"）减分仅次于日照城投，青岛城发是青岛市级一般平台，主要从事直管公房出租、基础设施代建和工程施工等业务，公司基础设施代建业务规模小且多数不承担融资职能。财务方面，公司整体资产规模小且以直管公房为主、过半无权证；债务负担轻。

未触发预警的主体主要是山东省 2020 年 GDP 排名前 7 位（烟台市无样本除外）的地级市主平台，整体资质明显强于触发一级预警的主体。

表 4 - 4 - 3　样本主体触发预警统计

一级指标	区域环境						城投平台													合计
二级指标	经济前景	区域财政情况		区域融资环境			平台地位		债务负担				资产情况			融资环境				
三级指标代码	②	③	④	⑤	⑥	⑦	⑧	⑨	⑩	⑪	⑫	⑬	⑭	⑮	⑯	⑰	⑱	⑲	⑳	
日照市城市建设投资集团有限公司		-1							-1		-1		-1	-1	-1		-1	-1	-1	-9
青岛城市发展集团有限公司		-1		-1							-1			-1		-1	-1		-1	-7
东营市城市资产经营有限公司		-1		-1						-1				-1		-1			-1	-6
青岛西海岸发展（集团）有限公司							-1											-1	-1	-6
菏泽城投控股集团有限公司				-1				-1	-1	-1									-1	-6
菏泽投资发展集团有限公司				-1					-1	-1	-1			-1					-1	-6
泰安市城市发展投资集团有限公司	-1		-1	-1					-1				-1						-1	-5
淄博市城市资产运营有限公司				-1				-1		-1				-1		-1			-1	-4
临沂城市发展集团有限公司				-1					-1		-1								-1	-4
临沂城市建设投资集团有限公司				-1										-1					-1	-4
临沂投资发展集团有限公司							-1											-1	-1	-4
潍坊市城市建设发展投资集团有限公司				-1			-1		-1					-1				-1	-1	-4
威海城市投资发展集团有限公司				-1							-1							-1	-1	-3
潍坊东兴建设投资发展有限公司			-1														-1		-1	-3
泰安市泰山投资发展有限公司	-1																		-1	-3

续表

一级指标	区域环境						城投平台													合计
二级指标	经济前景	区域财政情况		区域融资环境			平台地位		债务负担				资产情况			融资环境				
主体名称＼三级指标代码	②	③	④	⑤	⑥	⑦	⑧	⑨	⑩	⑪	⑫	⑬	⑭	⑮	⑯	⑰	⑱	⑲	⑳	
东营市财金投资集团有限公司				-1											-1				-1	-3
济南城市投资集团有限公司		-1						-1					-1							-3
济南西城投资开发集团有限公司		-1		-1				-1									-1			-3
济宁城投控股集团有限公司											-1								-1	-2
德州财金投资控股集团有限公司		-1						-1												-2
济南城市建设投资集团有限公司	-1																			-1
德州德达城市建设投资运营（集团）有限公司	-1																			-1
青岛城市建设投资（集团）有限责任公司		-1																		-1

第五章 研究结论

一、预警体系的指标与权重需持续更新与验证

近年来受国家监管政策的逐步收紧，以及城投自身转型过程中出现的分化的影响，导致部分弱资质发债主体信用事件频发，部分财政实力较弱、债务负担沉重的区县级平台已经出现非标违约，但与其他产业债相比，城投行业违约与风险事件样本数量仍然偏少。本文所选取的指标主要基于当前市场主流观点以及历史违约与信用风险主体所表现的风险特征。未来随着城投债违约风险事件的不断积累，新的风险趋势的出现，本文中构建的城投信用风险预警体系中所设计的指标需要根据政策与市场环境变化而不断更新，并进行有效性验证，以提升其预警的准确性。另外，即使是短期内城投风险特征无明显变化，但政策环境与市场对于风险点关注的变化，也可能导致不同指标的指示性强弱程度出现变动，因此需要对预警体系中各指标的权重或阈值进行动态调整，从而提升预警的敏感性。

二、部分现有的预警指标的时效性有待提升

本文所选取的区域经济指标（如地方预算收入增速、广义债务率）、债券主体的财务指标数据抓取主要来源于各地统计局数据和债券主体定期披露的财务数据。受制于目前上述数据定期披露时间的影响，数据的时效性较为滞后，无法及时反映出观测对象的最新状况，对于预警体系的快速反应造成了一定的挑战。在未来实践中，可尝试建立或引入数据的趋势模拟模型，使得相关数据不再基于某一静态的时点数。并将相关数据经趋势化处理后应用于预警体系中，以加强数据的时效性，提升预警体系的预警效果。

三、未来预警体系的实操化、系统化存在很大的研究与应用空间

本文的预警体系研究主要是构建了城投债信用风险预警体系的总体框架，并在具体指标层面对信用风险预警体系进行介绍并给出各指标的预警值，最后对具体区域样本进行了实证应用研究。整体研究偏框架模型设计和案例验证，后续对预警体系的实操化、系统化仍存在很大的继续研究和应用空间。例如，

研究如何将预警体系引入机构投资者的投研、风控系统中,细化预警结果与应对机制的联动,为城投债的投后管理提供支持。或是对预警体系的自动化与智能化方面进一步研究,引入大数据抓取和机器学习技术,减少人工数据查找、处理与判断的工作量,以提升预警系统的精度与反应速度。

本专题参考文献

[1] 艾仁智,杨世龙,王金磊. 城投公司信用评级方法的比较与思考 [J]. 清华金融评论,2019 (7).

[2] 卜振兴,城投公司信用风险问题研究 [J]. 金融与经济,2020 (2).

[3] 程昊,城投债分析新框架:基于实用主义的策略研判 [J]. 债券,2020 (5).

[4] 费凡,谢灏,朱姝娟. 城投债信用利差影响因素分析 [J]. 债券,2020 (7).

[5] 樊信江,颜子琦. 城投新论投资策略—五个维度看城投 [EB/OL]. https://mp.weixin.qq.com/s/5Xwj4U3t78wMGOa3aqQh-WA,2021-08-18.

[6] 黄文涛,曾羽,张君瑞. 如何使用隐含评级测度行业和属性信用资质 [OL]. WIND,2017.

[7] 李田. 债券异常交易与市场化发行初探 [J]. 债券,2021 (11).

[8] 林文杰等. 数字评级在违约风险防控中的应用 [C]. 北京:中国证券业协会年度课题论文集,2018.

[9] 刘郁,姜丹,徐铮辉. 城投债发行政策知多少?[EB/OL]. https://mp.weixin.qq.com/s/nVvqVR8HnHNyguiMG_VXBw,2019-10-30.

[10] 潘俊,徐颖,刘玉峰. 城投债信用风险的传导机理与预警系统研究 [J]. 会计之友,2017 (18).

[11] 三万英尺Z. 城投平台按业务分类名单 [EB/OL]. https://www.sohu.com/a/470800597_611449,2021-06-06.

[12] 王一鸣,王立夫. 基于事件研究法的城投债信用利差分析 [J]. 债券,2021 (7).

专题五

基于神经网络的城投债信用风险分级预警系统的研究与应用

课 题 单 位：远东资信评估有限公司
课题负责人：陈浩川
课题组成员：简奖平　　于昊翔　　简尚波　　申学峰
　　　　　　张　妍　　冯祖涵　　杨安澜　　梅芷菁

截至 2021 年 11 月末，我国城投公司发行的债券（简称"城投债"）存量在公司类信用债存量中占比约 30%。尽管城投债还未出现过实质违约的情况，但是城投公司其他债务违约并不罕见，尤其是尾部平台的非标违约已经屡见不鲜，城投债违约风险日益增大。

为了应对不断上升的城投债违约风险，以及解决当前发行人委托评级区分度不足、评级虚高等问题，包括保险资管机构在内的广大债券投资者迫切需要一套有效且可验证的城投债信用风险评价标准和信用风险分级预警系统。这套标准和预警系统应能够实现及时、有效地将城投债信用风险进行分级，让保险资管机构更容易跟踪、识别城投债信用风险变化，更高效地做好债券投资组合风险管控。

本文首先从地方政府对城投公司的支持能力、支持意愿以及城投公司个体信用状况三个角度出发，全面梳理了可能对城投债信用风险构成影响的因素，形成信用风险分级预警系统备选指标池。之后，在 Python 语言环境中搭建由数据采集器、动态数据库、数据处理器和 BP 神经网络分级模型四大模块组成的城投债信用风险分级预警系统。

本文梳理了全市场仍有存续债券的城投公司名单，并从中抽样选取 210 家企业作为样本进行神经网络模型的训练和测试。从备选指标池中选取了 27 个可作为神经网络输入特征的定性和定量指标，对城投债二级市场信用利差进行划档分级，并以城投债信用利差所处级别作为输出变量,利用 Tensorflow 框架实现 BP 神经网络的搭建。分六种场景进行输入特征的设置,并分多种输出变量分级模式,分别进行模型训练,经过反复参数调试,得到最优模型训练结果。

在全面纳入地方政府对城投公司的支持能力、支持意愿以及城投公司个体信用状况三个维度输入特征的场景下,神经网络模型的训练结果最优,6 档等频分级模型可实现 65.38% 的分级准确率。在降低分级档位数量的情况下,4 档等频分级模型分级准确率可突破 70%,达到 73.08%。通过观察不同场景下模型分级准确度的差异,可以客观地推断出,当前城投公司信用的根基依然主要源自政府。如果未来城投公司信用逻辑发生变迁,比如变迁至"主要依托于城投公司自身个体信用",该分级模型同样能及时有效做出客观判断。

同时,本文采用多种不等频分级的方式获得的输出变量进行模型训练,所得到的模型分级准确率与等频分级时所获得的模型分级准确率基本相同。说明本预警系统在输出变量的分级方式设置上具有较强的鲁棒性,在未来的应用中可以适应一定程度的场景变化。

总体来说,本文选取的输入特征多维度、全方位地覆盖了城投公司信用风险的影响因素,选取的输出变量规避了当前城投债市场评级虚高的问题,更客观且更有区分度地反映了城投公司信用风险,最终实现的分级准确率与其他研究者的验证成果相比更为优异。

目前,由于时间限制以及未获得可靠稳定信息源等因素,部分指标未能全部纳入模型输入特征。未来,随着新的输入特征逐步加入,模型的分级能力和分级准确度将不断得到完善。基于此模型建立的城投债信用风险分级预警系统,对保险机构投资城投债可能有很大的参考价值。

第一章 研究背景

第一节 城投公司的定义

根据国务院在 2010 年下发的《关于加强地方政府融资平台公司管理有关问题的通知》，地方政府融资平台（以下简称"城投公司"）是指由地方政府及其部门和机构等通过财政拨款或注入土地、股权等资产设立，承担政府投资项目融资功能，并拥有独立法人资格的经济实体。

目前，在市场运作和相关研究中，相关人员和学者对城投公司尚没有明确定义。因此，本文参考上述国务院发文和市场对城投公司的主流看法，对城投公司进行界定。

本文将城投公司界定为：受地方政府实际控制或以直接/间接形式全资所有的，并且其投融资活动和运营业务大部分与公益性或准公益性项目相关的法人实体。

具体来讲，一般意义上的城投公司应当具备以下几项典型性特征：

（1）是拥有独立法人资格的经济实体；

（2）由地方政府实际控制和监督；

（3）公司大部分资产和债务与公益性或准公益性项目有关，其本身直接产生的经济回报较少；

（4）业务的开展高度依赖地方政府提供支撑，形式包括拨款或注入土地、政府购买、补贴、手续费支付等。

企业的主要业务是否属于公益性或准公益性项目，是判定一家企业是否属于城投公司的重要因素。一般来说，公益性或准公益性项目主要包括城市基础设施建设、一级土地开发、棚户区改造项目、保障性住房或安置房建设、各种公用事业服务等。

第二节 近年来城投债市场发展状况

"城投债"是一个集合概念，其包括由城投公司所发行的中期票据、短期融资工具、公司债、企业债等。

一、城投债市场现状

Wind统计数据显示，2012年以来，城投债总存量高速增长（见图5-1-1），截至2021年11月30日，我国城投债总存量约为12.84万亿元，在中国债券市场中占比近10%，在中国公司类信用债市场中占比约30%。

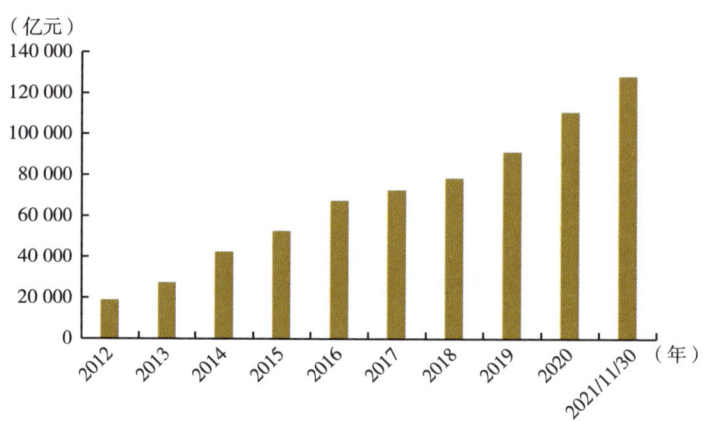

图5-1-1 中国城投债总存量（2012年至2021年11月30日）

资料来源：Wind，本课题小组整理

从主体评级来看，截至2021年12月1日，根据Wind统计口径，我国现存城投公司主体信用评级（发行人委托）分布如图5-1-2所示。我国城投

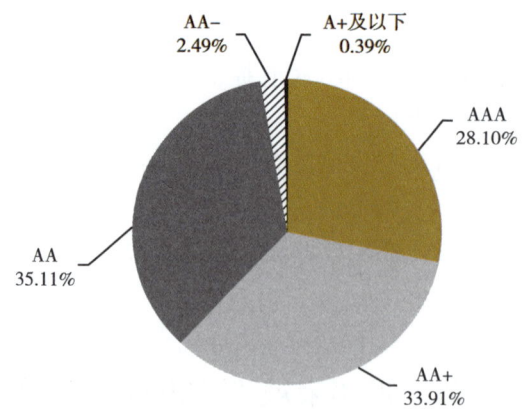

图5-1-2 城投公司各主体评级占比（数据截至2021年11月30日）

资料来源：Wind，本课题小组整理

公司 97.12% 的主体外部评级集中在 AAA、AA+ 和 AA 三个级别，主体评级在 A+ 及以下的城投公司极少。可以看到，目前上千家城投公司的市场主体评级高度集中于头部 3 个级别，其可能存在区分度不足、评级虚高等问题。

从发行主体地域分布来看，城投债发行地区分布不均衡，经济发达省份发行城投债券远超其他地区。Wind 统计数据显示，截至 2020 年末，江苏省城投债存量规模最高，高达 2.17 万亿元，在全国存量城投债中占比近 20%；其次是浙江省，占比近 10%，而有 9 个省市分别占比不足 1%（见图 5-1-3）。

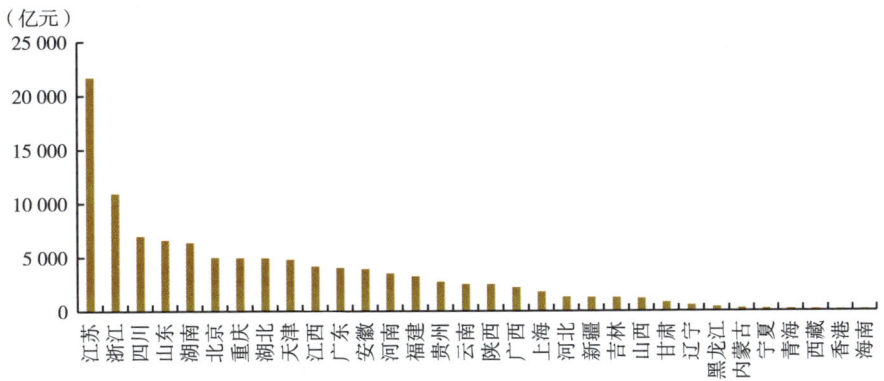

图 5-1-3　各省城投债存量（数据截至 2020 年底）

资料来源：Wind，本课题小组整理

二、城投公司及城投债发展简述

（一）始于地方政府融资需求

地方政府的融资需求是城投公司发展的根本动力。城投公司最早出现于 20 世纪 90 年代，当时国内市场经济尚处于起步阶段，地方政府迫切需要资金支持地方经济发展。为了扩大资金来源、解决地方发展资金不足的问题，诞生了城投公司这种形式的融资平台企业。

城投公司发展初期，财政部门和建委共同承担组建公司、财政拨款以及在城投公司向银行贷款的时候以财政做担保的角色。在这种形势下，城投公司只是政府向外发债、进行投融资活动的载体，不具备自有资产。

1995 年 6 月，《中华人民共和国担保法》颁布，规定国家财政不得成为城投公司直接担保的提供者。至此，城投公司不能再利用国家财政为其直接做担保，但是公司自身缺乏自有资产，很难获得债务融资。因此，在这之后的一段时间城投债的发行规模较小，成功发行的城投债多为行政级别较高（省级和直辖市级）的发行主体发行。

1992—2004年，基本只有省、直辖市这一级别的城投公司发债，且每年的发行额不足百亿元。2005年，地级市和县级市级别的发行主体开始增多，城投债的发行规模出现了大幅增长，发行主体逐渐趋于多元化，主体信用评级、债券期限结构也更为丰富。

（二）在金融危机背景下走向繁荣

2008年，城投公司才真正开始走向繁荣。当时正值国际金融危机，中央为刺激经济，推出"4万亿元"投资计划。此外，各级地方政府也有1.25万亿元的资金支持需求。资金缺口问题迫在眉睫，地方政府需要寻求外部融资的来源，以满足财政刚性支出的需求。

2008年下半年，在中央政策的激励下，以及在投资国际债券利益受损、信贷安全受到涉外企业倒闭的冲击等实际情况的影响下，各家商业银行纷纷推出相关制度和服务，积极跟进国内业务，高调宣布积极支持国家重点项目和基础设施建设。

2009年3月，央行和银监会鼓励有条件的地方政府组建城投公司，通过发行债券等方式，运用好融资工具，拓宽融资渠道，完成投资项目目标。同时，为了促进城投公司发展，各级地方政府把公用企事业单位的资产纳入城投公司。

2010年6月，国务院发布《关于加强地方政府融资平台公司管理有关问题的通知》，取消了商业银行的信贷规模限制，鼓励商业银行在合理的前提下扩大信贷规模，加大金融对经济增长的促进作用。我国各级地方政府以城投公司为支点，扩大信贷市场融资，大力推进基础设施建设。

在以上一系列外部支持措施的刺激下，各地城投公司如雨后春笋般出现，中国的城市基础建设蓬勃发展，城投债的发行规模也随之大幅增长。同时，城投公司的业务模式也随着各地区的城市发展而不断变迁，其业务结构从早期的仅有土地相关业务的单一化、公益性的结构，逐渐发展为包含土地相关业务、交通基础设施、产业类、公用事业等在内的多元化、经营性和公益性相结合的业务结构。

（三）城投债务风险暗流涌动，监管逐步收紧

由于城投公司大多承担公益性业务，其产生经营性现金流的能力有限，大多需要依靠政府补贴来维持经营，而其又大量举债，导致地方政府隐性债务迅

速增长。因此，相关监管部门开始意识到城投债务背后潜藏的违约风险。

2011年6月27日，国家发改委发布《关于进一步规范地方政府投融资平台公司发行债券行为有关问题的通知》，明确规定城投公司的主营收入中，政府补贴只能占30%。这一政令具有一定的前瞻性，因为城投公司的过度开支有超出地方财政的实际承受能力的可能，而这一政令的目的就是预防这种风险的发生。但当时的城投债风险尚未充分显现，因此监管实际执行的力度还不大。

2012年，国务院联合多部门出台《关于制止地方政府违法违规融资行为的通知》，阻断了"信政合作"模式。此后，城投公司融资的手段主要以发行债券为主，城投公司债券发行大幅增加，2013年发行规模超过了1万亿元。

随着城投债务规模继续迅速扩张，很多一开始没有考虑到的问题此时开始浮出水面。在基建资金大量投入的背景下，基础设施建设领域开始出现产能过剩的问题。为有效应对形势变化，国家相关监管部门对城投债的监管力度开始显著加强。

2014年10月2日，国务院出台了《关于加强地方政府性债务管理的意见》，要求划清地方政府和城投公司的关系，实现"城投的归城投，政府的归政府"，城投公司不再具备政府融资职能。此后，除2015年因"稳增长"压力而有所放松外，整体上政府对城投公司及城投债的监管在逐步收紧。

（四）城投债违约风险日益增大

尽管政策在不断收紧，地方政府强烈的经济增长意愿仍驱动城投债的规模继续扩张。尤其是2020年疫情期间，为了稳经济增长，城投债的发行规模环比增加了1万多亿元，当年总发行规模接近5万亿元。

截至目前，城投债虽然还未出现过实质违约的情况，但是城投公司其他债务发生的违约事件并不罕见，尤其是尾部平台的非标违约已经屡见不鲜。根据中债资信统计数据显示，2018—2020年，城投公司非标违约分别出现了23次、33次和29次。

2021年4月30日，呼和浩特春华水务开发集团有限责任公司主动披露了其对部分金融机构债务未能如期偿还的情况，引发市场广泛关注。春华水务作为呼和浩特市唯一的水务经营实体，承担了地方融资平台的角色。但是2017年以来其融资能力已明显下滑，还出现了被列入失信被执行人名单、存在贷款逾期记录、融资租赁款发生展期、存续债券在二级市场频繁折价交易等情况。春华水务突然公告债务逾期，进一步引发投资者对城投债"破刚兑"的担忧。

对于未来城投债是否会违约，可以说大概率会发生。2021年，国务院发布《关于进一步深化预算管理制度改革的意见》，提出要对地方融资平台公司进行规范和清理，要依法破产重整或清算已经失去清偿债务能力的城投公司。从政策表态上可以看出，部分地区城投债务问题已经迫在眉睫，而解决办法中，允许其破产违约成为了一个选择。

三、保险机构面临的城投债投资风险值得关注

作为债券市场的主要参与方之一，保险资金对信用资质较优的公司类信用债，特别是发行规模较大的城投公司债券也有较大需求。

2018年，中国保监会、财政部联合印发《关于加强保险资金运用管理支持防范化解地方政府债务风险的指导意见》。该意见要求保险机构妥善处理对地方政府的存量投资业务，及时发现、处置风险。针对城投债，该意见特别要求，保险机构要充分评估地方财政的承受力，不能在融资平台公司被剥离政府融资职能的情况下违规通过城投公司新增地方政府债务。该意见还指出，保险业和相关行业组织要发挥自身优势，进行针对地方债务风险的监控，并强化行业风险管理。

而在当前城投债发行人委托评级可能存在区分度不足、评级虚高等问题的情况下，城投债日益增长的信用风险对保险资管机构的风险管理工作形成了挑战，发行人委托评级可能不足以为保险资管机构进行资产配置提供足够的参考和预警效果。

因此，为了应对不断上升的城投债违约风险，以及解决当前城投公司发行人委托评级区分度不足、评级虚高等问题，保险资管机构以及广大债券投资者迫切需要一套有效且可验证的城投债信用风险评价标准和信用风险分级预警系统。这套标准和预警系统应能够实现及时、有效地将城投债信用风险进行分级，让保险资管机构更容易跟踪、识别城投债信用风险变化，并有助于保险资金做好收益和风险的匹配。

第三节　BP神经网络

伴随着大数据积累、计算机并行计算能力的发展，神经网络等机器学习算法为预测企业信用风险提供了新思路。

专题五 基于神经网络的城投债信用风险分级预警系统的研究与应用

人工神经网络（Artificial Neural Networks）通过编写计算机程序，对人类大脑特性进行系统性描述，从而模拟人脑处理问题。其根本原理就是模拟大脑神经元，再通过函数链接，形成网络结构。在神经网络模型中，每一个节点就是一个神经元，通过不同的函数与其他层的神经元相连接，最后传导到输出层形成一个学习结果。

BP（Back Propagation，反向传播）神经网络使用了反向传播算法，是最传统的一种神经网络。其原理为，在模拟过程中（这是一个从输入值导出输出值的过程，训练神经网络就是不断地去重复这个过程）收集系统所产生的误差，再把误差进行反馈，进而不断调整神经元的权重。如此循环，这样生成的人工神经网络系统就"习得"了根据输入值对输出值进行精准预测的能力。其实际计算过程如图 5-1-4。

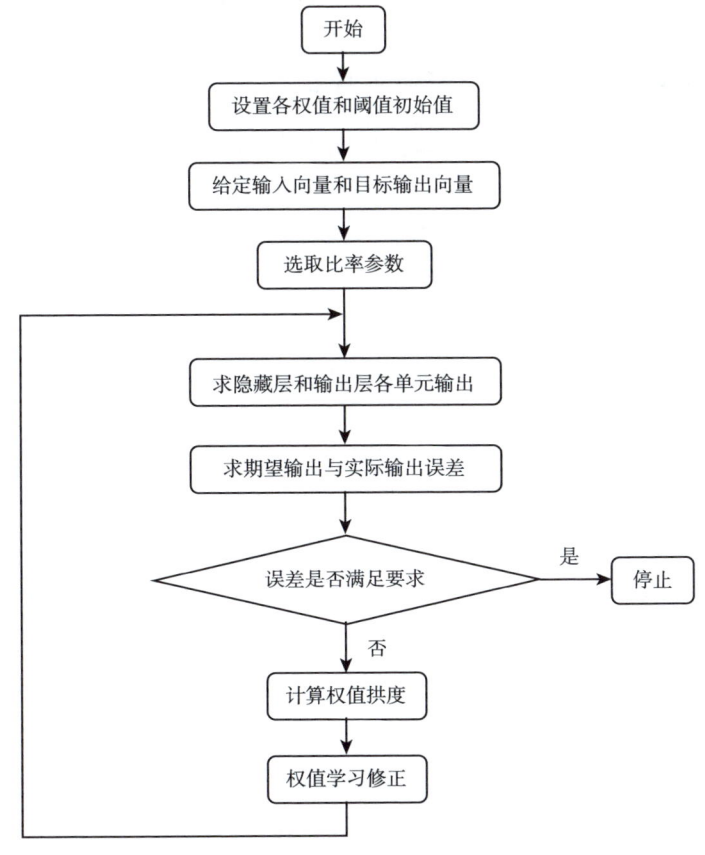

图 5-1-4 BP 神经网络反向传播算法计算过程

资料来源：公开资料，本课题小组整理

神经网络比传统的参数模型更先进的地方在于，这种方法采用了数据驱动自适应技术，没有限制条件和先验假设，适用范围更加广泛。另外，这种算法还能以任意精度逼近任何连续函数，通过学习样本输入的数据，发掘数据内部规律，再以此预测输出值，这样预测精度更高。

总的来说，神经网络可以在城投公司信用风险分级中有所作为。通俗来讲，可以将每个城投公司的信用风险看作一幅独特的图像，每一幅图像（城投公司的信用风险）都由大量的特征（各个影响城投公司信用风险的要素）组成。在输入大量的样本数据后，神经网络可以通过学习各个特征和图像之间的联系和规律，进而获得根据样本特征直接判断样本是什么图像的能力。

第四节　文献综述

一、城投债信用风险相关研究现状

近年来，针对城投债信用风险的影响因素，很多学者从不同角度对其进行了深入研究。

丁继平（2017）认为，针对城投公司的评价应综合企业自身偿债能力、当地政府的救助能力和意愿进行，具体而言可从企业自身、政府信用水平和政府支持的可能性三大方面出发；对地方政府偿债能力的评价可先选取定量指标，再增加相应的定性调节因素进行综合评判。

Zhang（2019）研究了城投债信用风险影响因素中政府隐性担保的作用。实证结果表明政府的隐性担保可以有效降低城投债的违约风险，同时隐性担保的有效性存在行政级别上的差异，低行政级别地区发行的城投债由于更易陷入财务困境，预期的政府担保往往存在更高的价值。当由中央政府主导的、旨在控制地方债务融资行为的政策发生变化时，城投债和民营企业债之间的利差将显著降低，即规范地方政府融资行为可降低政府隐性担保的有效性，从而加强城投债市场的市场导向性。

Zhang 和 Wang（2020）发现政府的隐性担保影响城投债的信用利差，并且城投公司对应政府行政级别越高，城投债的信用利差越窄；虽然地区经济实力、银行信贷规模等都会影响城投债的信用利差，但政府隐性担保对城投债信用利差的影响更大。

夏军（2011）在对现有的几个主流的信用风险计量模型（Credit Metrics 模

型、Credit risk+模型、Credit Portfolio View 模型和 KMV 模型）对比分析之后指出，KMV 模型在分析我国城投债信用风险中适用性最强。

易孟霏（2016）结合国内经济金融、产业特色、评级环境等，基于国际信评方法，设计了新的评估指标体系模型，对城投债信用风险进行评估。在模型的构建上，首先，从影响城投债信用风险的五大因素（包括宏观经济环境、地方经济水平及财政状况、地方政府支持有效性、行业分析、企业个体财务状况等）出发，确定放入模型的风险评价指标，再利用层次分析法（简称"AHP 法"）构建判断矩阵确定各指标的权重，最后选取一个城投公司进行了实证分析，检验了模型的评估效果和可操作性。

谢璐（2017）采用改进后的 KMV 模型，结合年度财政数据和城投债数据，测算了城投债的违约概率，分析了不同地区间的财政实力差异以及城投公司之间自身还款能力的区别，并探讨了以上因素对城投公司违约概率的影响。实证结果表明，省级行政区划的城投债隐性违约概率大部分超 50% 的警戒线，城投债信用风险与地区经济实力、城投公司盈利水平、偿债期限结构等有关。此外，实证分析表明担保增信、完善信用评级、提高信息披露质量等均对降低信用风险有很大帮助。

许文彬和张佳韬（2020）为了准确测算城投债信用风险，提出使用基于多因素 Logistic 回归的信用评分卡模型，以解决目前城投债评级辨识度低和评级调整少的问题。结果表明，当利用地方 GDP、地方固定资产投资完成额、发债主体现金主营业务收入比率、营业收入、流动负债增长率等指标构建模型时，能获得较高的区分度和预测准确度。

杜凌云（2019）结合城投债对地方政府依赖性强的特点，基于一般企业信用风险评价体系，从地方经济发展水平和财务状况、城投公司经营情况、发债主体财务情况、政府支持有效性四个方面入手，利用专家打分法建立城投债信用风险评估和量化打分系统，评估结果表明利用该系统进行信用评级可有效降低评级集中度。

梳理以往文献可以发现，在评估城投平台的信用风险时，学者们主要从城投平台自身情况、当地政府对其区域内城投平台的救助能力和救助意愿角度入手；在测算信用风险的具体方法上，国内外学者和评级机构使用了不同的模型，从根本上来说都是采用的定性与定量相结合的方法。现有研究的不足是大部分研究和评级方法对政府外部支持的分析不够深入，缺乏透明且成体系的评价标准。

二、神经网络等 AI 算法用于信用风险评估的相关研究现状

由于以神经网络为代表的 AI 算法可提高预测精度，近年越来越多的学者将其应用于信用风险评估领域，以提高信用风险评价的准确度。

李昕等（2020）选取 23 组化工行业数据作为样本，利用 BP 神经网络建模，并进行模型训练和检验，最终确定并构建了化工行业供应链金融的信用风险指标体系，从实际运算来看，模型评价结果准确度较高，风险评价能力较强。

孙剑斌等（2021）采用决策树与神经网络两种方法构建模型，选取 555 家上市公司并对其做企业信用评估，发现用这两种模型在对信用状况良好的企业评估时，模型预测的正确率差别不大。但是对信用状况较差的企业进行评估时，BP 神经网络预测的正确率明显高于决策树。故孙剑斌等认为在评估企业信用时，神经网络明显优于决策树。

陈学彬等（2021）基于 LSTM 深度学习模型训练并构建了中国信用债违约风险预测模型。该模型预测结果与国内发行人委托评级大体相当，预测准确率较高。与发行人委托评级相比，该模型预测出的评级水平略微偏低，且波动性较高，体现出我国信用债发行人委托评级偏高、跟踪评级未充分反映出信用债风险的变动情况。

罗玉等（2019）通过 BP 神经网络算法构建城投债风险评估模型，以城投公司财务和债券相关指标为输入特征，城投公司市场评级为输出特征，进行模型训练，经过训练的模型评估准确率为 66%。

Zhang 等（2015）研究了针对中小企业供应链金融信用风险的分级模型。构建模型时，其结合使用了支持向量机技术和 BP 神经网络技术。实证研究发现在高维小样本情况下，支持向量机模型具有更高的分类准确度、鲁棒性和学习泛化能力。

总的来说，学者们关于神经网络等 AI 算法在企业信用风险评估方面的研究目前已取得了一些进展，证明了其可行性。但是在研究预测城投债信用风险时，各位学者的研究还存在以下一些共通的问题：

（1）模型选取的输入特征不能全面反映影响城投公司信用状况的因素，其中部分指标合理性欠佳。

（2）部分研究模型训练的输出变量使用的是城投公司（债券）的发行人委托评级，在目前发行人委托评级可能存在区分度不足、评级虚高的情况下，

模型的预测能力就会受限，其对城投债信用风险的判断会产生偏差。

第五节 研究意义

为了应对不断上升的城投债违约风险，同时，考虑到国内城投债发行人委托评级级别虚高、区分度不够等现状，研究引入神经网络算法的城投债信用风险分级预警系统，有助于提高不同地域分布、不同业务领域的城投信用等级可比性，增加城投公司的信用区分度，并重新构建更为完善的城投债信用评级理论体系。

一方面，本文所研究的预警系统旨在提供更符合市场实际、更有区分度的城投债信用风险分级功能。对政府提供的外部支持和城投公司自身信用状况的相关指标进行深入研究，力求选出有代表性且逻辑自洽的指标，并将城投公司（债券）发行人委托评级替换成城投债二级市场信用利差作为城投债信用风险的映射，使用 BP 神经网络构建城投债信用风险分级预警系统，为保险资管机构的债券投资提供参考。

另一方面，本文为跟踪城投公司的信用风险来源提供了思路。当前以及未来的一段时期，随着城投相关政策变迁、城投公司转型，城投公司信用的根基也可能会由政府支持逐渐向城投公司本身过渡。在这一背景下，城投公司的信用风险来源会逐渐改变。本文将城投公司的信用风险影响因素分为三大类，并将其组合为多种场景进行模型测试，根据所得到的不同预测效果，可以追溯当前城投公司的信用风险来源，为今后的城投债信用风险驱动因素理论研究提供参考。

第二章
确定城投公司信用风险影响因素

根据以往的研究、市场的真实状况与现有的数据，本文认为，决定城投公司的信用状况的因素主要可分为三个方面，分别是地方政府对城投公司的支持能力、支持意愿以及城投公司个体信用状况。这三个维度相互支撑、相辅相成，能够较为全面地刻画城投公司的整体信用风险。

接下来本文将针对这三个维度逐一展开分析，目的是全面识别出能够影响城投公司整体信用风险的因素，形成城投公司信用风险分级预警系统备选指标池，为之后预警系统模型输入特征的选择奠定基础。

第一节 地方政府对城投公司的支持能力

地方政府作为依法行使国家权力、执行国家行政职能的地方行政机关，掌控税收、土地和其他国有资产等经济资源以及地方政策，行使政治、经济以及公共事务管理等多方面职能。城投公司的主营业务通常为城市基础设施建设等，其通常在地方经济发展和城镇化建设中扮演重要角色。近年来，在"疏堵结合"的地方政府债务管理政策指引下，城投公司的地方政府信用背书被不断削弱，但城投公司与地方政府之间存在的紧密联系仍然不能完全解除。

一方面，地方政府（以及其下属职能部门）是城投公司的控股股东或实际控制人，在公司运营中具有相当强的话语权。目前，我国的二元土地结构是城投公司得以长期存在的主要原因之一，城投公司正是地方政府进行农地征收、土地一级开发等活动的执行者。

另一方面，从公司的实际运营来说，城投公司的项目多是公益性项目，单纯依靠自身运营可能无法支撑公司生存，需要地方政府提供财力等方面的支持，而地方政府拥有财政收入、土地以及其他国有资产等经济资源，有能力支持和维持城投公司的日常运转。从实际运作来看，国内城投公司普遍获得了地方政府包括财政补贴、土地划拨等在内的支持。

反映地方政府对所属城投公司提供外部支持的能力的因素较多，可分别从定性、定量两个角度予以分析。

一、定性角度

（一）行政级别

我国城市行政级别大致可分为正省（部）级、副省（部）级、正厅级、副厅级、正处级。一般情况下，地方政府的行政级别越高，所能调用或可灵活支配的资源也就越多，对辖区内的城投公司提供外部支持的能力相对越强。

综合考虑分类严谨性和可操作性的情况下，本文将地区行政级别分为四类——正省级、副省级、地市级和区县级，来考察地区行政级别对城投公司支持能力的影响（见表5-2-1）。

表5-2-1　　　　　　　城投公司所处地区行政级别分类

行政级别	描述
正省级	各省、自治区以及直辖市（北京、上海、天津、重庆）
副省级	成都、长春、沈阳、哈尔滨、武汉、济南、杭州、南京、广州、西安（省会城市）和宁波、大连、深圳、青岛、厦门（计划单列市）
地市级	其余各地级市
区县级	各区及县级市

资料来源：本课题小组整理

（二）产业结构

产业结构是地区经济状况的重要影响因素，对地区经济发展、政府财政收入都具有相当大的影响。

一方面，不同产业对区域经济增长的带动效果均不相同，因此，地方经济增长的稳定性会受到产业结构的影响。具体比如，如果某地区过度依赖单一产业，该地区的经济增长可能会呈现更大的波动性，当该产业受到不利因素影响时，地区经济的增长也会出现较大幅度的下滑。反之，产业的多样化则有利于地区经济的稳定，即便其中一个产业出现问题，也还有其他产业带动和促进地区经济稳定发展。

另一方面，不同产业创造税收的能力也有所不同，由于我国实行农业税收优惠政策，第一产业占比高的经济地区，创造税收的能力较弱；第二、第三产业能够增加包括增值税、企业所得税、消费税等在内的税源，给地方政府带来更高的税务收入。因此，在第二、第三产业占比高的地区，地方政府更具税收优势。

另外，合理的产业结构，能为各产业部门创造良好的外部条件，形成协同效应，有利于提高各产业的经济效益，确保地区经济持续、稳定增长，确保地方财政收入、经济实力稳定，也对城投公司的发展形成持续、稳定的支撑。

因此，在地区产业结构方面，各产业占比和产业结构发展趋势值得重点关注。同时，地区支柱产业或大型企业的规模和数量、对财政收入贡献较大产业的未来发展前景等因素同样也很重要。

(三) 产业发展规划

地区产业发展战略及规划，是由城投公司所在区域地方政府（含政府部门）乃至上级政府（含政府部门）制定并发布的，是对当地产业未来发展的战略定位和规划安排。科学、合理制定并实施当地产业发展战略及规划，能为推进地区经济、社会可持续发展提供有利条件，对于当地未来产业、经济发展具有至关重要作用，可以为当地政府厚植财源、增长财政收入，从而为城投公司发展提供稳定支持。

针对当地产业发展战略及规划，应重点考察城投公司所在地区政府或上级政府制定和发布的产业发展战略的合理性和其历史规划的执行情况，并了解当地未来产业发展的战略定位、主要任务和保障措施，关注产业发展规划对于城投公司发展的作用和影响。

(四) 区域发展规划

区域发展规划主要包括相关经济区、开发区、自贸区规划，以及城市群、都市圈等规划。

1. 相关经济区、开发区、自贸区规划

相关经济区、开发区、自贸区规划，系由城投公司所在区域地方政府乃至上级政府制定并发布的规划。城投公司所在区域的相关经济区、开发区、自贸区的规划，为相关经济区、开发区、自贸区的发展指明了方向，明确了基础设施等项目建设重点，是地方政府针对相关经济区、开发区、自贸区基础设施等项目建设和建成后的运营提供政策和资源支持的重要依据。相关经济区、开发区、自贸区建设规划的重点，如果与城投公司业务存在交叉重叠，意味着城投公司的发展存在较大的获取政府支持的可能性，尤其园区类城投公司本身就是相关经济区、开发区建设运营的主体力量。此外，相关经济区、开发区、自贸区规划能展示相关区域发展的重要性程度和发展前景，重要性程度越强、发展潜力越大，越能表明该区域有更强的能力来吸纳地方政府乃至上级政府的资源支持，也表明地方政府有更强的能力为区域内城投公司提供支持。

在分析相关经济区、开发区、自贸区规划对城投公司的影响时，应首先确定城投公司对应区域是否被纳入经济区、开发区以及自贸区规划，并分析与城投公司密切相关的经济区、开发区、自贸区的发展规划文本，了解规划内容要点，包括了解经济区、开发区、自贸区发展目标或前景、主要任务（尤其涉及城市基础设施建设等任务），以及政策支持力度等方面。

此外，针对园区开发类城投公司，如果相关经济区、开发区、自贸区规划

对城投公司所开发建设或运营的园区发展构成直接影响，应侧重了解相关规划涉及城投公司所在园区发展的支持项目与政策，以便判断地方政府为城投公司提供外部支持的能力。

2. 城市群、都市圈等规划

城市群、都市圈等规划，系城投公司所在区域地方政府乃至上级政府制定并发布的城市群、都市圈等规划。它为相关城市群、都市圈发展指明了方向，明确了城市基础设施等项目建设重点，是地方政府对针对城市群、都市圈各城市基础设施等项目建设和建成后的运营提供政策和资源支持的重要依据。一般而言，如果城投公司所在区域的某些领域建设，在城市群、都市圈等规划中具有重要或独特地位（例如强调物流中心地位、交通枢纽地位、文化中心地位等），当地地方政府乃至上级政府给予该区域相应城市基础设施（例如物流基础设施、交通基础设施、文化基础设施）建设的支持能力和意愿更突出。

曹婧等（2019）利用回归分析分别对城市群和非城市群地级市进行了研究，发现如果地级市属于城市群，该地城投债发行规模显著受当地市委书记晋升压力和该地级市发展压力的正向影响；如果不属于城市群，则不存在此类显著影响。

针对城市群、都市圈等规划对城投公司的影响，首先要确定城投公司对应区域所处的城市群、都市圈规划，并考察城投公司所在城市（含县城）在城市群、都市圈发展规划中的定位重要程度和政策支持力度等。

（五）地方政府可调动当地一般国企资源和金融机构（银行为主）资源情况

地方政府可调动当地一般国企资源和金融机构（银行为主）资源的能力越强，越有利于夯实地方政府财力，这意味着地方政府调动其掌控资源支持城投公司发展的能力越强。

针对地方政府可调动当地一般国企资源和金融机构（银行为主）资源情况的分析，具体包括分析当地一般国企数量、结构以及国企营业规模、盈利能力等经营状况，当地金融机构数量、结构和经营状况，以及地方政府调动当地一般国企资源和金融机构资源的能力等内容。

（六）疫情影响

2020年以来，新冠肺炎疫情暴发并迅速在全球蔓延，目前虽然国内疫情整体防控得当，局部偶尔出现零星疫情，但海外疫情防控局势依然复杂。尽管各国疫苗接种对疫情防控具有积极作用，然而新变异株不断出现，局部地区疫情持续处于失控状态，全球疫情未来走势仍具有不确定性。

从短期来看，新冠肺炎疫情对于地方政府财力增长具有负面影响。由于疫情干扰了正常的生产经营秩序，放慢经济增长速度，削弱了地方财政收入增长后劲。为防控疫情、支持经济恢复，地方政府采取积极财政政策（如减税降费）以帮助企业复工复业，从而加大了财政收支平衡压力，可能会削弱地方政府为城投公司提供外部支持的意愿和能力。

结合海内外新冠肺炎疫情形势变化，在分析疫情对地方政府支持能力的影响时，应主要考察城投公司所在地区新冠肺炎疫情整体局势及其防控成效，以及疫情变化对区域经济以及地方政府财力造成的影响。具体可观察区域内年新增病例数量、年内出现疫情次数、单次疫情感染数量以及从发现首位病例到全面清零的时间等具体指标。

此外，对于城投公司所在区域经济外向度较高的，还需进一步考察、判断全球疫情发展、防控形势，或开展对外贸易的目的国家（地区）疫情发展及防控形势对当地经济和财政造成的影响。

二、定量角度

（一）地区人口增速

人口增速是决定地区经济状况和地方政府财政实力的底层因素之一。人口的稳定增长一定程度上带来地方财政收入的增长，进而提高了地方政府对城投公司的经济支持能力。人口增长带来了丰富的劳动力，能吸引大量企业入驻，地区经济发展后，又会吸引更多的劳动力，从而促进当地消费，再次带动地区经济发展，吸引企业入驻，形成良性循环。长此以往，人口增长会促进地方企业所得税、消费税等税收收入增长。同时，从房地产领域的角度来看，人口增长大大提高土地需求，从而提高土地价值，这也增加了当地政府的土地增值税和土地出让金收入。总的来说，人口增长是地方经济发展的基础，是地方政府财政实力的保障。

因此，本文在评价地方政府实力时，将区域人口增速纳入考察。

（二）地区经济状况

地区经济状况影响地区城镇化进程，进而影响城投公司的业务、运营和发展。从地方政府支持城投公司的角度，一般来说，经济规模（GDP）总量大、增速快的区域，相应地方政府税源丰厚、财力充沛，地方政府的信用品质也越好，地方政府在偿还地方债等自身债务之余，支持城投公司发展的能力也就越强。

在考察地方经济状况时，要考虑 GDP 及其增速。此外，还要综合考虑区域人均 GDP 及其增速。

（三）地方政府财政实力

城投公司主要从事城市基建相关业务，具体可包含承接土地开发、政府工程等。业务完成后，政府会支付工程款或返还土地出让款，政府能否及时全额付款会受到地方财政实力的影响。因此，地方政府的财政实力，尤其是地方政府本级财政实力在很大程度上影响城投公司的收入实现，进而影响城投公司的信用水平。

而从地方政府的角度来看，地方政府综合财力一般可由公共预算收入、政府性基金预算收入、国有资本经营预算收入等综合反映，各项收入规模及其增长态势，直接对地方政府综合财力造成直接影响，进而对地方政府为城投公司提供外部支持的能力构成直接影响。

（四）地方固定资产投资完成额

地方固定资产投资完成额是指地方固定资产投资的项目建设完成情况。其以货币形式表示，可反映固定资产投资规模，具体包括新建、改建、扩建固定资产投资完成额。地方固定资产投资反映地方城市经济发展能力，地方固定资产投资完成额越大，表明地方政府在城市建设投资方面实力越强，对参与城建项目建设运营的城投公司提供外部支持的能力也可能相对越强。

针对地方固定资产投资完成额，应考察固定资产完成额的实际规模及其变化，及其对地方政府为城投公司提供外部支持能力的影响。

第二节　地方政府对城投公司的支持意愿

除地方政府对城投公司的支持能力以外，地方政府对城投公司的支持意愿对城投公司信用风险的影响也非常重要，其决定了当城投公司发生债务危机时政府伸出援手的意愿程度。从本质上来说，城投公司在所属区域的重要程度决定了当地政府对其支持意愿，一般来说，两者呈正相关关系。

在这部分，考察将聚焦到城投公司个体层面。针对单一城投公司个体，多角度评估其在所在区域内的重要程度以及与地方政府的关系，进而刻画出地方政府对城投公司支持意愿的强烈程度。具体考察因素包括以下几个方面。

一、城投公司业务性质

城投公司所从事业务的公益性程度在很大程度上决定了其在所在地区的重要程度，进而构成地方政府对城投公司支持意愿的基础。

城投平台业务类型一般包括基础设施建设，土地开发整理，棚改、保障房建设，交通建设运营，公用事业运营等。几种业务公益性按上述罗列顺序逐级递减，可作为判断城投公司主营业务公益性程度的参考。

此外，也可以根据城投公司财务报表中的存货特征来判断城投公司的业务公益性程度。刘娅等（2017）研究了城投公司的财务核算，指出对主要从事基建、土地开发整理等公益性业务的城投公司来说，在建工程、拟开发土地使用权以及土地开发成本会在其存货中占较大比重；对主要从事交通建设运营、公用事业等运营类项目的城投公司而言，存货则主要由原材料、半成品等构成。因此，本文也可以同时参考城投公司的存货组成，来辅助判断其业务的公益性程度。

主营业务公益性越强的城投公司，业务回款越依赖于地方政府，地方政府对其的支持意愿越强。而主营业务为国有资本运营等公益性较弱的城投公司，地方政府对其的支持意愿较小。值得注意的是，拥有非公益类（收费运营类）业务且其在营收中占比较高的城投公司更有可能在受到外部冲击时得不到地方政府的援助。

二、城投公司的主体地位

城投公司的主体地位，或者说其主体重要性，也会很大程度上影响地方政府对城投公司的支持意愿。因为地方政府拥有有限的财力资源，如果一个地区有多家城投公司，那么政府资源的分散是不可避免的，城投公司受到的支持力度也会有所分化。如果某一行政级别在区域内只对应了一个城投公司，那么不管平台规模、大小等各种客观因素处于什么情况，其都必然是该区域内处于最高优先级的城投平台，也大概率会得到该区域地方政府的全力支持。而在城投公司众多的区域，如华东地区省份，会出现单一区域内城投公司数量众多情况。在这种情况下，不仅要关注目标城投公司在该区域内的总排位，同时也要结合其主营业务进行判断。关注城投公司主营业务对所在区域的重要程度，并考察其在该区域所有从事类似业务的城投公司中的排位。

在评判一家城投公司在该区域所处的地位时，首先要统计出其所在区域的平台数量，然后根据城投公司的一些财务指标，如总资产、净资产、营业收入规模、业务类型等，将平台进行地位排序，考察目标城投公司所在位置。一般来说，地方政府可能更倾向于支持排位靠前的城投公司。此外，还可以考察城投公司主营业务在其所在区域内是否具有唯一性。

三、城投公司与地方政府在资本方面的关系紧密程度

在当前的大环境下，城投公司信用与政府信用仍有不可割断的关系，政府信用给城投公司募集资金带来很大的帮助。一般来说，如果城投公司与地方政府关系较为紧密，其债务的安全性也有较大保障。本文将从两方面考察地方政府与城投公司在资本方面的关系紧密程度，分别是城投公司受地方政府的控制程度和资产支持来自政府的比例。

受地方政府的控制程度方面，可从地方政府持股比例等方面进行考察。城投公司由地方政府控股比例越高，通常意味着其与地方政府关系更紧密，在发生债务危机时更有可能得到来自地方政府的支持。

在资产支持方面，城投公司通常会得到来自地方政府的资产性支持（比如向城投公司注入货币资金、土地、厂房、地方国企股权等资产）。获得优质资产注入的城投公司，资本结构将会不断得到改善，再融资能力也会不断加强。

四、城投公司与地方政府在业务经营上的关系紧密程度

城投公司在业务方面通常也会与地方政府呈现较高关联性，其营业收入、各类应收款项等都可能来源于政府。

市场和政府均为城投公司的营业收入来源。通过观察城投公司营业收入中来自政府的比重，可以从一定程度上了解城投公司业务与当地政府关系的紧密程度，以及城投公司信用与政府信用的挂钩程度。此外，公用事业、基础设施建设等项目虽然会产生长期稳定的收入，但是由于其具有半公益性的特征，并且需要获得政府授权，其他企业无法进入，因此这些收入也可被认为是来源于政府。

应收款项方面，城投公司的主要资产中包括政府类项目欠款，这类资产在一定程度上就是政府信用的表征。与营业收入类似，应收类款项来自政府的比例越高，说明城投公司业务与政府关系越密切，政府对城投公司的支持意愿也就越强。所以研究城投公司业务与政府的关联性时，应重点关注政府欠款在城投公司各类应收账款项目中所占比例。

此外，由于大部分城投公司本身业务具有公益性或准公益性的特征，其自

身盈利能力通常较差，一般会获得一定程度的政府补助，并在利润表中的其他收益或营业外收入科目中体现。但是，在考察该项目时，应重点关注其稳定性而不是绝对值。政府补助稳定性越高，说明地方政府在过去的几年中对平台的支持越稳定，两者关系更为紧密。

第三节　城投公司个体信用状况

由于大部分城投公司的主营业务是诸如交通、污水处理等的城市基建项目，投资资金需求大，收益低，回收期较长，公司经营主要依靠地方政府的兜底扶持。随着地方政府隐性债务问题浮出水面，国家开始加强对城投公司债务的重视和监管，各地政府纷纷解除与城投公司的连带担保责任，使得许多城投公司出现经营困难、偿债压力上升的问题，信用风险大幅提升。因此，对城投公司信用风险进行分析时，除了要对地方政府提供支持的能力和意愿进行分析外，还应对城投公司的个体信用状况进行评估。具体来看，可分别从定性、定量两个角度予以分析。

一、定性角度

定性方面，要关注历史和近期城投公司发生的信用风险事件以及其融资渠道的畅通性。

（一）历史上和近期发生的信用风险事件

信用风险，指的是由于债务人发生违约导致贷款和债券等资产丧失偿付能力而引发的风险（梁世栋等，2002）。随着城投公司的发展与转变，其在不同的发展阶段表现出不同的行为特征，信用风险也会以不同形式体现。对公司个体信用进行评定时需要考虑到公司在历史时期所发生或可能发生的信用风险事件，根据公司面临的信用风险事件类型和严重程度可以对公司的个体信用状况做出合理判定与分析。

通过对历史城投信用风险事件的梳理和分析，本文认为截至目前城投公司涉及的信用风险事件主要是以下两大类：

第一类：贷款违约事件。2011年4月，云南路投因公司资金紧张，向债券银行发函，提出只付息不还本，引起债券市场轰动；6月，上海申虹公告同样因为资金问题，要求延期支付款项或转为固定贷款。受这些事件的影响，市场不再充分信任城投债，将其大量抛售，其信用利差升至历史最高水平，更是引起整个债券市场的流动性恐慌。

第二类：非标违约事件。随着国家对城投公司的监管严格化，城投公司融资压力持续趋紧、发展两极化，一些发展不良的城投公司债务问题突出。2018年1月，云南资本违约，接着邵阳城投、天津市政、西安灞桥、榆神能源等陆续发生违约，其中非标领域（如资管计划、信托贷款、延期兑付、融资租赁违约等）占比较大，且多集中于中西部市场预期充分、信用风险较高的地区。

信用风险事件的确认，主要依靠银行信用记录以及外部信息的披露。一般来说，当公司发生上述信用风险事件时，公司所发行债券的信用风险水平也会大幅提高，特别是当公司的非标融资工具发生违约时，发债主体短期有息债务占比提高，短期偿债压力显著上升，盈利对债务及利息的保障程度整体有所下降。但是当前尚没有稳定的信息来源能够及时有效地捕获城投公司发生的信用风险事件，因此目前想要把该项指标实际应用到预警系统中仍然存在一定的困难。

（二）融资渠道畅通性（银行贷款、债券、非标融资占有息债务比例）

融资即公司为了维持自身正常运转，通过各种方式在各类银行和金融机构所进行的筹措资金的行为（卜振兴，2020），是城投公司能够持续经营的必要条件。

本文对城投公司融资渠道的分析主要关注以下三个方面：

第一，银行贷款融资。在城投公司现有融资类型中，银行贷款融资所占比重最高。城投公司的银行贷款主要来源于传统的商业银行贷款和国家开发银行等政策性银行的大额贷款。其主要特点是融资期限短，规模和利率适中，资金可靠稳定且办理手续规范灵活等。

第二，债券融资。通过发行公司债券进行融资是一种相对更为理想的融资方式。城投公司根据宏观经济政策、当地经济发展战略等制定债券发行计划，提交获批后即可安排募资计划。债券融资的缺陷主要是审批时间较长，要求较高，但是一经获批便可灵活安排，通过发行债券进行融资更加灵活主动，而且融资成本低，规模大，不仅能够满足城投公司融资需求，也能缓解政府资金压力。

第三，非标融资。非标融资指的是除银行外的其他金融机构向城投公司提供的非标准化融资，主要融资方式有信托贷款、融资租赁和明股实债等。但是因为地方债务管控加严，再加上金融去杠杆，非标融资募集资金方式和资金去向受限，尽管非标融资拓宽募资形式，但也有可能给城投公司带来信用危机。

一般认为非标融资在城投公司有息债务中的占比越高,或说明其通过银行贷款或债券融资的渠道可能受限,其潜在的信用风险也越高。

二、定量角度

定量方面,对城投公司个体信用的分析可以从下述六个方面进行:盈利能力、杠杆水平、债务期限结构、利息水平、偿债能力和资产质量(见表 5-2-2)。

表 5-2-2　　　　　　城投公司个体信用状况分析要素

	指标名称	计算公式
盈利能力	毛利率	(营业收入-营业成本)/营业收入×100%
	营业利润率	营业利润/营业收入×100%
	总资产报酬率	EBITDA/[(期初总资产+期末总资产)/2]×100%
杠杆水平	资产负债率	负债总额/资产总额×100%
	总债务资本化比率	总债务/(长期债务+短期债务+所有者权益)×100%
	总债务/EBITDA	总债务/EBITDA
	非标融资占比	非标融资余额/总债务
	债券融资占比	债券余额/总债务
债务期限结构	短期债务占比	短期债务/总债务
利息水平	平均付息水平	(计入财务费用的利息支出+资本化的利息)/总债务
偿债能力	流动比率	流动资产/流动负债×100%
	速动比率	(流动资产-存货-预付账款-待摊费用)/流动负债×100%
	EBITDA 利息保障倍数	EBITDA/(列入财务费用的利息支出+资本化的利息)
资产质量	受限或担保资产占净资产比例	担保资产/净资产×100%

资料来源:公开资料,本课题小组整理

(一)盈利能力

盈利能力,是指公司在日常经营活动中获取现金和利润的能力,是公司按时还本付息和长期可持续发展的基础。城投公司的投资项目通常规模较大,除自身已有的资金以外,对外部资金的需求也很高。银行以及其他金融机构通常认为公司强大的盈利能力会对其偿债能力形成保障,因此也更愿意为盈利能力强的公司提供资金。

具体来讲，可以从毛利率、营业利润率和总资产报酬率三个指标对城投公司的盈利能力进行考察。

毛利率是公司的毛利（营业收入－营业成本）与营业收入之比。一般来说，高毛利率通常代表公司具有较强的盈利能力。但是，城投公司所从事的大多数是公益性较强的业务，通常毛利率不高。

营业利润率是指公司通过业务经营获取利润的能力，反映公司的经营效率，营业利润率越高说明公司的盈利水平越高。

总资产报酬率是从资产回报的角度来评判公司的盈利能力，其反映了公司利用其拥有的全部资产获取回报的效率。总资产报酬率越高，说明公司的资产使用效率和资金利用效果越好。

一般而言，公司的盈利能力会影响其信用风险。但罗荣华等（2016）发现这一点并不适用于城投公司，即市场认为城投公司的盈利能力可能无法完全反映城投债的风险状况。主要是因为城投公司主营业务大多具有公益属性，这导致这类性质的公司注定不会有太高的盈利能力。

（二）杠杆水平

城投公司的杠杆水平对公司的财务风险具有重大影响。通常来说，公司的杠杆水平越低，其所面临的财务风险越小，其信用质量也相应越高。在考虑城投公司的杠杆水平对个体信用的影响状况时，本文主要观察资产负债率和总债务资本化比率两个具体指标。

此外，总债务/EBITDA 也可以体现公司的杠杆水平。这一指标越小，说明公司每单位 EBITDA 所支撑的总债务越小，公司的潜在信用风险也就相应越低。

（三）债务期限结构

债务期限结构是指长、短期债务在公司的总债务中各自所占的比例。

在考虑债务期限结构对城投公司个体信用的影响时，可以关注短期债务占比（短期债务/总债务）。短期债务占比衡量公司的债务结构，长、短期债务比例不合理可能会带来财务风险。较之于短期债务，长期债务的高利息率带来高成本，而且缺乏弹性，但是短期债务所面临的短期内偿付压力更大；同时，公司在再融资的过程中也面临较大的利率不确定性。因此，合理的债务期限结构能降低城投公司的信用风险。

（四）利息水平

城投公司当前的利息水平也可以作为对城投公司个体信用状况评价的重要观察指标。通过计算"（计入财务费用的利息支出＋资本化的利息）/总债务"

可得出城投公司当前的平均付息水平。公司平均付息水平越高，说明公司为其每单位债务需要支付更高的利息，进一步说明其融资成本越高，可能表明该公司的信用质量较差。

（五）偿债能力

偿债能力相关指标直接反映了公司清偿其债务的能力，是对主体信用风险评定的关键。

公司短期偿债能力可以用流动比率和速动比率这两个指标来衡量。一般情况下这两个指标越大，说明公司流动资产占比越高，或说明其更能保证对短期债务的偿还。

公司长期偿债能力则可以用 EBITDA 利息保障倍数来衡量。

（六）资产质量

受限或担保资产占净资产比例侧重于反映城投公司的再融资能力对公司个体信用的影响。城投公司在运营的过程中，除了债务融资以外也会通过资产抵押或担保的方式获得融资资金。当公司面临流动性紧张，难以偿还债务本息时，已受限或担保资产无法用来抵债。因此，受限资产或者担保资产占净资产的比重越小，意味着公司的再融资空间越大，其信用水平也就相应越高。

第三章
基于神经网络的城投债信用风险分级预警系统的搭建和测试

第一节　城投债信用风险分级预警系统基本架构

结合以上因素分析，本文认为地方政府对城投公司的支持能力、支持意愿和城投公司个体信用状况三个方面基本囊括了绝大部分影响因素，可以通过这三个方面对城投公司的信用风险进行全面、深入刻画。当这三方面因素中的一项或多项发生改变时,理论上来说,城投公司所面临的信用风险也将发生相应的变化。因此,本文认为可以构建以上述三个方面因素为输入,以城投债信用风险等级为输出的信用风险分级预警系统。

整个预警系统在python语言环境下完成搭建,采用模块化设计,基本框架如图5-3-1所示。预警系统共由四个主要单元构成,分别是数据采集器、动态数据库、数据处理器和神经网络预测模型。工作原理大致描述如下:

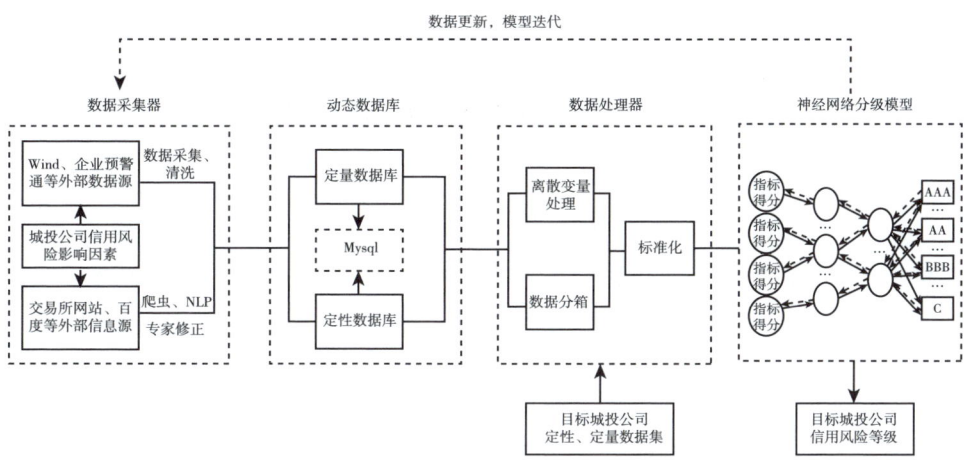

图 5-3-1 城投债信用风险分级预警系统架构

资料来源:本课题小组整理

1. 从以上三大因素中选定数据可得、可以量化的信用风险影响指标作为信用风险分级预警系统的输入特征。之后,选取能够尽可能充分、真实反映城投公司信用风险的指标,并将其作为神经网络模型的输出变量。

2. 以上输入特征和输出变量的获取路径将会被编写到数据采集器中。预警系统将通过数据采集器,从可以获得以上指标相关数据的指定信息源进行相关原始定量数据和定性数据的采集和清洗,并将其存入动态数据库。

3. 预警系统的数据处理器将对动态数据库中的样本数据进行进一步处理,得到标准化的、可用于神经网络分级模型训练的数据集。

4. 神经网络分级模型是预警系统的核心,从数据处理器流出的大量标准化的样本数据集将进入神经网络分级模型进行模型训练和测试。通俗来讲,就是让神经网络分级模型根据现有的数据去学习如何从输入特征推导出输出变量,在训练完成后,模型将会直接根据输入特征得出输出变量的值。

5. 将目标城投公司相关指标数据直接输入数据处理器,经过训练完成的神经网络分级模型进行分级,即可获得目标城投公司信用风险等级。

6. 在预警系统的后续工作中,随着时间推移,新的数据将会被数据采集器捕获,并加入动态数据库,用于神经网络分级模型的迭代优化,以增加预警系统对宏观环境变化的适应性和分级精度。如果未来出现新的城投公司信用风险影响因素,可以通过添加数据采集器的数据捕获算法和数据处理器的相应算法,并升级神经网络模型的结构,来实现整个信用风险分级预警系统的升级。

第二节 预警系统搭建、模型训练与测试

本文在python语言环境中完成了城投债信用风险分级预警系统的搭建。根据上文对城投债信用风险影响因素的分析,本文确定了信用风险预警系统的输入特征和输出变量。为了验证分级预警系统的基本功能和其对城投债信用风险的分级能力,本文选取部分城投公司作为测试样本,将其输入分级预警系统,进行数据采集和处理,然后进行神经网络模型训练。最终,测试信用风险分级预警系统的分级准确性,从而验证信用风险分级预警系统的分级能力以及所选输入特征对城投债信用风险的解释能力。

一、模型输入、输出指标的选取

(一)输入特征的选择

通过对城投公司信用质量可能造成影响的因素进行梳理,本着兼顾指标选择全面性、指标数据可获性、打分可操作性以及尽量减少主观判断等原则,本文从上文论述的影响城投公司信用风险的因素中找出可作为预警系统输入特征的定性和定量指标。选出的指标如表5-3-1所示。

表 5-3-1　　城投债信用风险分级预警系统输入特征

序号	特征名称	所属维度
1	行政级别	地方政府对城投公司的支持能力
2	所属城市群	
3	区域人口增速	
4	GDP	
5	GDP 年增速	
6	人均 GDP	
7	第二产业占比	
8	第三产业占比	
9	一般公共预算收入	
10	政府性基金收入	
11	国有资本经营收入	
12	政府债务余额	
13	地方政府负债率	
14	地方政府债务率	
15	城投公司主营业务类型	地方政府对城投公司的支持意愿
16	城投公司总资产区域排名	
17	城投公司净资产区域排名	
18	城投公司主营业务是否在区域内具有唯一性	
19	资产负债率	城投公司个体信用状况
20	总债务资本化比率	
21	短期债务/总债务	
22	EBITDA 利息保障倍数	
23	总债务/EBITDA	
24	总资产报酬率	
25	平均付息水平	
26	非标融资占比	
27	债券融资占比	

资料来源：本课题小组整理

（二）输出变量的选择

开发城投债信用风险预警系统的最终目的是揭示城投债发行主体当前的信用风险水平，预警系统的输出变量应当是对城投债信用风险的映射。本文计划使用城投债二级市场信用利差来映射城投债信用风险，信用利差越大意味着城投债所面临的信用风险越高。

在模型构建中，本文对全体城投债二级市场信用利差进行划档分级，将样本城投债的二级市场信用利差所处级别作为神经网络的输出变量。

二、确定训练样本

本文根据城投公司定义及特征梳理了全市场现存的城投公司，最终得到1 453家截至2021年5月15日仍有存量债的城投公司名单。根据分层抽样的原则（按地区）从中抽样选取近年来区域经济、公司财务相关指标均可获的210家城投公司所发行债券作为样本进行预警系统中神经网络模型的训练和测试（城投公司样本详见正文后附表）。由于2020年度部分区域经济数据和公司财务数据尚不可获，因此最终选择使用2019年度的样本数据进行预警系统的测试。

三、数据采集、清洗，建立动态数据库

本文基于上文提到的所选取的定量和定性输入特征，利用数据采集器从外部数据源获取以上210家城投公司及其相关债券相关数据后，将其清洗并存入动态数据库（Mysql）中，方便数据处理器后续直接调用。

对于定量指标，本文通过企业预警通、Wind等外部数据源，结合爬虫技术获得数据后直接存储于动态数据库中。

对于定性指标，要先将其定量化后再进行赋值。具体来讲，首先，本课题会将某一定性指标的评价划分为多个档位，每个档位都具有相应的特征描述，并分别映射为数值。之后，本文将利用NLP技术结合专家修正来得出定性指标的具体得分档位以及其对应的数值。

城投公司所在地区行政级别、所属城市群、主营业务类型以及主营业务是否在区域内具有唯一性等特征均按照以上原则进行分类和赋值，具体见表5-3-2至表5-3-5。其中，所属城市群（参考截至2020年末国务院正式批复的国家级城市群）和主营业务类型这两个指标为标签型变量，标签型变量仅有区分作用，没有数值或偏序含义。

表 5-3-2 城投公司行政级别特征及对应数值

行政级别	对应数值
正省级	1
副省级	2
地市级	3
区县级	4

资料来源：本课题小组整理

表 5-3-3 城投公司所属城市群特征分类及对应数值

城市群	包含城市	对应数值
长江中游城市群	武汉、鄂州、黄冈、黄石、孝感、长沙、咸宁、湘潭、仙桃、潜江、天门、襄阳、宜昌、荆州、荆门、株洲、岳阳、益阳、九江、常德、衡阳、萍乡、娄底、鹰潭、南昌、景德镇、新余、宜春、上饶及抚州、吉安部分地区	1
哈长城市群	哈尔滨、牡丹江、齐齐哈尔、大庆、辽源、长春、吉林、绥化、四平、松原、延边朝鲜族自治州	2
成渝城市群	成都、泸州、自贡、德阳、资阳及绵阳、重庆大部、遂宁、内江、达州、乐山、眉山、宜宾、南充、广安、雅安部分地区	3
长江三角洲城市群	上海市，南京、无锡、常州、苏州、南通、扬州、镇江、盐城、泰州、杭州、宁波、温州、湖州、嘉兴、绍兴、金华、舟山、台州、合肥、芜湖、马鞍山、铜陵、安庆、滁州、池州、宣城27个城市为中心区	4
中原城市群	郑州、洛阳、开封、南阳、安阳、商丘、新乡、平顶山、许昌、焦作、周口、信阳、驻马店、鹤壁、濮阳、漯河、三门峡、济源、长治、晋城、运城、邢台、邯郸、聊城、菏泽、宿州、淮北、蚌埠、阜阳、亳州	5
北部湾城市群	南宁、北海、钦州、防城港、玉林、崇左、湛江、茂名、阳江、海口、儋州、东方、澄迈、临高、昌江	6
关中平原城市群	西安、宝鸡、咸阳、铜川、渭南及商洛、运城、临汾、天水、平凉、庆阳部分地区	7
呼包鄂榆城市群	呼和浩特、包头、鄂尔多斯、榆林	8
兰西城市群	兰州、西宁、海东及白银、定西、临夏回族自治州、海北藏族自治州、海南藏族自治州、黄南藏族自治州部分地区	9
粤港澳大湾区	香港、澳门、广州、深圳、佛山、东莞、中山、珠海、江门、肇庆、惠州	10
	不属于以上	11

资料来源：中国政府网，本课题小组整理

表5-3-4　城投公司主营业务类型及对应数值

主营业务类型	对应数值
基础设施建设	1
土地开发整理	2
棚改、保障房建设	3
交通建设运营	4
公用事业	5
文化旅游	6
国有资本运营	7
其他	8

资料来源：本课题小组整理

表5-3-5　城投公司主营业务是否在区域内具有唯一性及其对应数值

主营业务是否在区域内具有唯一性	对应数值
是	1
否	0

资料来源：本课题小组整理

四、样本数据清洗及预处理

在进行神经网络模型训练前，需要对输入特征及输出变量的相关数据进行预处理。

（一）输入特征

对于输入特征来说，由于部分连续型变量包含了大量的噪声数据，结果就是会极大地影响模型的鲁棒性（Robustness）。因此，本文会将其分箱来提高输入模型中的数据质量。对于标签类型的离散型变量而言（包括公司所处都市圈、主营业务种类等），本文通过状态寄存器将其转换为独热编码（One-Hot编码），独立每个状态，这样任意时候，其中只有一位有效。

（二）输出变量

对于输出变量而言，由于本文选择了信用利差作为城投公司信用风险的映射，其作为连续型变量也面临噪声数据较多的问题，因此也要对其进行划档分级。档位的多少决定了模型的分级能力，档位数量越多，模型对城投公司的分级能力也就越强，但同时也会对模型的分级准确度形成挑战。本文将采集在

2020年5—6月所有存续城投债的平均信用利差，初步确定将其分为6级，将所选210个样本在同一时期的平均信用利差映射为其所在的级别，该级别即为用于预测模型训练和测试的输出变量。

具体操作步骤如下：

1. 首先，本文获取了全市场所有在2020年5月1日至6月30日存续，且到期日晚于2021年1月1日的城投债，分别计算每只存续城投债在2020年5月1日—6月30日的平均信用利差。

针对含有特殊条款导致期限为N+N的债券样本，本文按照以下原则进行处理：对于未到行权日期的债券样本，本文以其行权日作为其到期日计算其剩余期限；对于已经过了行权日的债券样本，本文根据其实际到期日计算其剩余期限。

2. 本文将全体存续城投债的信用利差进行排序，并将其等频均分为6个级别区间（见表5-3-6），分别对应为A（低风险）、B（中低风险）、C（中风险）、D（中高风险）、E（高风险）和F（极高风险）共计6个等级。同时，6个档位会被映射为连续的数字（从0到5），以方便将其用作神经网络模型的输出变量。

表5-3-6　城投债信用风险等级对应数值及利差区间

	对应数值	对应信用利差区间（bp）
A（低风险）	0	169.24以下
B（中低风险）	1	[169.24，319.30）
C（中风险）	2	[319.30，469.36）
D（中高风险）	3	[469.36，619.42）
E（高风险）	4	[619.42，769.48）
F（极高风险）	5	769.48及以上

资料来源：本课题小组整理

3. 将之前所选择的210家城投债样本的信用利差映射为其所对应的信用风险等级，即得到了模型训练和测试所需要的输出变量（见图5-3-2）。

（三）标准化

在完成以上基本的数据预处理之后，本文已经得到较为规整的样本数据集。但此时由于各指标的数据量纲仍可能存在不统一，因此需要将所有数据进行标准化处理。

由于部分输入特征存在未知最值或无效值，因此，采用z-score标准化方

```
Out[19]:
              spreads   rate
index
101900731.IB  85.218229   1
101900539.IB  145.359254  1
101901049.IB  120.265707  1
1280405.IB    128.193139  1
136872.SH     66.258715   1
...           ...        ...
101901720.IB  130.735667  1
1980164.IB    359.143472  3
1780216.IB    138.807081  1
101900242.IB  178.976475  2
1480604.IB    119.999952  1
```

图 5-3-2 样本城投债信用利差和信用风险级别映射结果

资料来源：本课题小组整理

法对各输入特征和输出特征进行标准化处理，公式：$y_i = \dfrac{x_i - \bar{x}}{s}$，其中 $\bar{x} = \dfrac{1}{n}\sum_{i=1}^{n}x_i$，$s = \sqrt{\dfrac{1}{n-1}\sum_{i=1}^{n}(x_i - \bar{x})^2}$。

（四）拆分数据集

全部数据都完成标准化后，利用随机拆分函数把样本拆分为 75% 的训练集和 25% 的测试集。其目的是：首先，神经网络模型将会用训练集样本的输入特征和输出变量进行模型训练。之后，用测试集样本的输入特征进行输出变量的预测，并得到输出指标的预测值。最后，将测试集样本输出变量的预测值与其真实值进行比较，即可得出模型的分级准确率。

五、神经网络模型训练和测试

在 python 语言环境中使用 Tensorflow 框架，依据分类器原理搭建了神经网络，初步选择搭建三层神经网络结构（即输入层—隐藏层—输出层结构）；优化器选择 adam 优化器；隐藏层激活函数选择 relu；隐藏层节点数初始设置为 35；选择交叉熵损失函数作为损失函数；迭代训练次数设定为 100。

分以下六种场景进行输入层变量的设置，分别进行训练和参数调整并得到可以获得的最佳模型学习结果。

场景一：仅使用地方政府对城投公司的支持能力相关指标作为输入特征；

场景二：仅使用地方政府对城投公司的支持意愿相关指标作为输入特征；

场景三：同时使用地方政府对城投公司的支持能力和支持意愿相关指标作

为输入特征；

场景四：仅使用城投公司的个体信用状况相关指标作为输入特征；

场景五：同时使用地方政府对城投公司的支持能力和城投公司个体信用状况相关指标作为输入特征；

场景六：将地方政府对城投公司的支持能力、支持意愿和城投公司个体信用状况相关指标全部纳入输入特征。

分别在以上六种场景下用样本训练集进行模型训练并得到了模型训练结果。

第四章
信用风险分级预警系统测试结果评价

第一节　六种场景下的模型训练结果横向比较

本文分别在六种场景下进行模型训练。在尝试了大量的节点数和激活函数等参数的设置后，获得了训练好的神经网络模型。本文利用测试集样本对六种场景下训练得到的神经网络模型分别进行分级测试，横向比较其分级准确度（见图5-4-1）。

场景一：在仅以地方政府对城投公司的支持能力作为输入特征的情况下，通过凑试法，重复调试模型训练参数，可以得到的最高分级准确度为48.07%。

场景二：在仅以地方政府对城投公司的支持意愿作为输入特征的情况下，经过反复调试模型训练参数，可以得到的最高分级准确度仅为36.53%，预测效果较差，其原因可能在于本文在地方政府对城投公司的支持意愿部分仅提供了4个输入特征，输入特征过少导致分类效果较差。但是，可以看到，在该场景下训练得到的模型仍然能够提供一定的分级能力。

场景三：在同时将地方政府对城投公司的支持能力和支持意愿纳入输入特征的情况下，经过反复调试模型训练参数，可以得到的最高分级准确度为

55.77%，预测效果较前两种场景有所提升。

场景四：在仅将城投公司的个体信用状况作为输入特征的情况下，可以得到的最高分级准确度仅为32.69%，明显弱于之前尝试的3种场景。实际上这一结果也符合本文的理论预期。当前，城投公司的信用仍主要由地方政府来进行背书，因此理论上来讲，城投公司的个体信用状况不会显著影响其信用风险。

场景五：在同时将地方政府对城投公司的支持能力和城投公司个体信用状况作为输入特征的情况下，经过反复调试模型训练参数，可以得到的最高分级准确度为53.84%。

场景六：同时将地方政府对城投公司的支持能力和支持意愿以及城投公司的个体信用状况均纳入输入特征，经过反复调试模型训练参数，最佳隐藏层节点数为45，最佳激活函数为relu，可以得到的最高分级准确度为65.38%，分级准确率为六种场景中最高。

综合来看，场景六（纳入所有输入特征）下获得的模型分级准确率最高（见图5-4-1）。此外，本课题对其他以上场景进行横向对比后还可以对当前城投公司的信用来源有所理解。

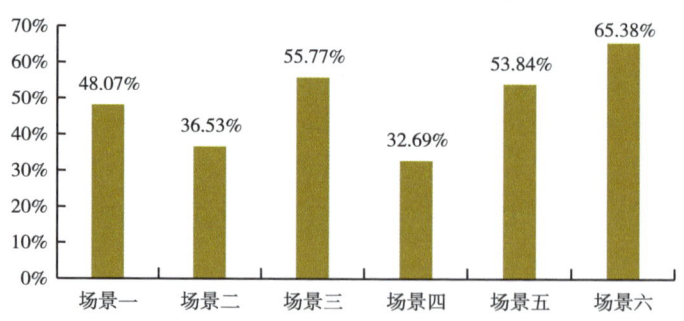

图5-4-1　六种场景下训练得到的模型分级准确度

资料来源：本课题小组整理

从前五种场景的尝试中可以看到，模型分级准确率最低的是场景四（只考虑城投公司个体信用状况），而场景三（同时考虑城投公司支持能力和支持意愿）下模型分级准确率显著高于场景四，或说明当前城投公司的信用的根基仍主要是源于政府支持。

随着未来城投"破刚兑"预期的持续升温，在预测城投公司信用风险时，城投公司的个体信用状况或许将变得越发重要。随着时间推移，本文将会继续利用该预警系统定期追踪六个场景的模型分级效果,并以此来观察城投公司信用风险来源的变化。

第二节 采用不同分级模式的输出变量所得到的模型训练结果比较

一、不同模型分级档位情况下的模型训练结果

经过进一步调试发现,在降低分级档位数量的情况下,模型可以得到更高的分级准确度。

对模型输出变量(即代表城投企业信用风险的信用利差所处档位)进行了调整,由之前的 A(低风险)、B(中低风险)、C(中风险)、D(中高风险)、E(高风险)和 F(极高风险)共计 6 个等级分别减少至 5 个等级和 4 个等级(见表 5-4-1),并再次在场景六下进行了模型训练。所得模型分级准确度如图 5-4-2 所示,在模型设置为 5 档分级的情况下,预测准确度提升至 69.20%;在模型设置为 4 档分级的情况下,预测准确度可突破 70%,达到 73.08%。

表 5-4-1　城投债信用风险等级对应数值及利差区间

5 档分级		
	对应数值	对应信用利差区间(bp)
A(低风险)	0	199.25 以下
B(中低风险)	1	[199.25,379.32)
C(中风险)	2	[379.32,559.39)
D(中高风险)	3	[559.39,739.46)
E(高风险)	4	739.46 及以上
4 档分级		
	对应数值	对应信用利差区间(bp)
A(低风险)	0	244.27 以下
B(中风险)	1	[244.27,469.36)
C(中高风险)	2	[469.36,694.45)
D(高风险)	3	694.45 及以上

资料来源:本课题小组整理

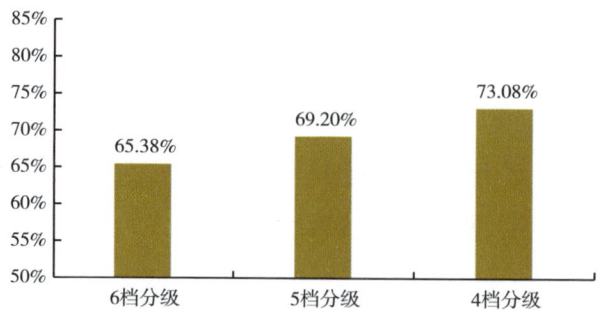

图 5-4-2 场景六下设置不同分级数量分级档位训练得到模型的分级准确度对比

资料来源：本课题小组整理

二、不等频分级情况下模型训练结果对比

为考验模型分级的稳定性，尝试了对输出变量进行不等频划档分级（即每个等级区间的宽度是不同的），并且分别进行模型训练，考察模型的适应能力及稳定性。在 6 档分级、5 档分级和 4 档分级的情况下分别进行了不等频分级输出变量的模型训练测试。不等频分级的频宽（w）计算由通过下公式得到：

$$w = b \times k^{n-1}$$

其中，b 为基数；k 为频宽放大倍数；n 为对应级别档位。

通过指定不同 b 和 k 的数值组合，可以得到不同放大倍数的不等频分级输出变量，具体不同分级情况下的模型分级准确率如图 5-4-3、图 5-4-4 和图 5-4-5 所示。

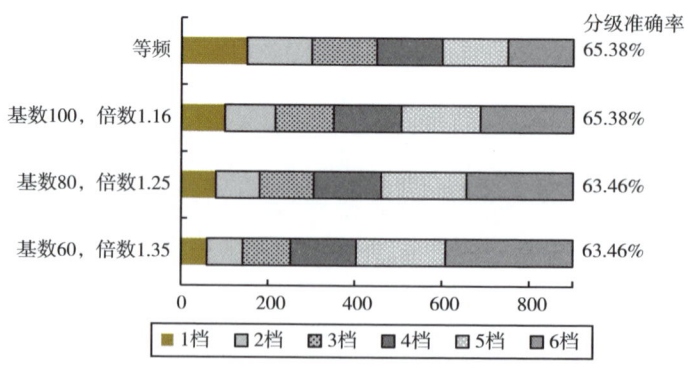

图 5-4-3 6 档分级情况下的等频分级输出变量和不等频分级输出变量的最佳模型分级准确率

资料来源：本课题小组整理

专题五 基于神经网络的城投债信用风险分级预警系统的研究与应用

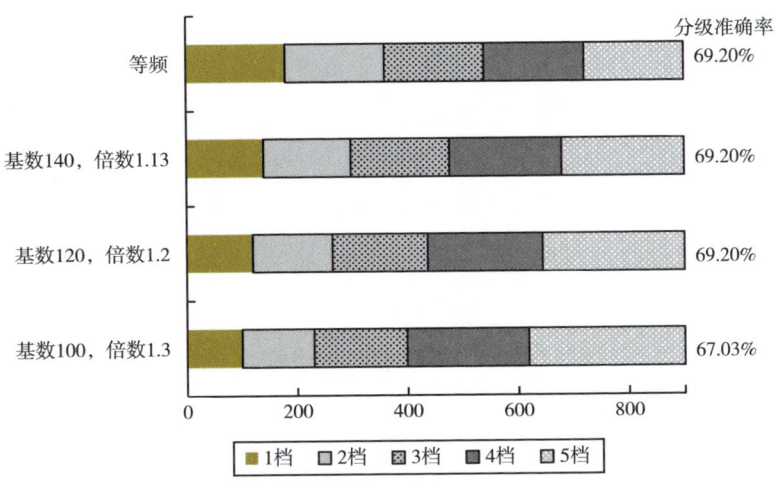

图5-4-4 5档分级情况下的等频分级输出变量和不等频分级
输出变量的最佳模型分级准确率

资料来源：本课题小组整理

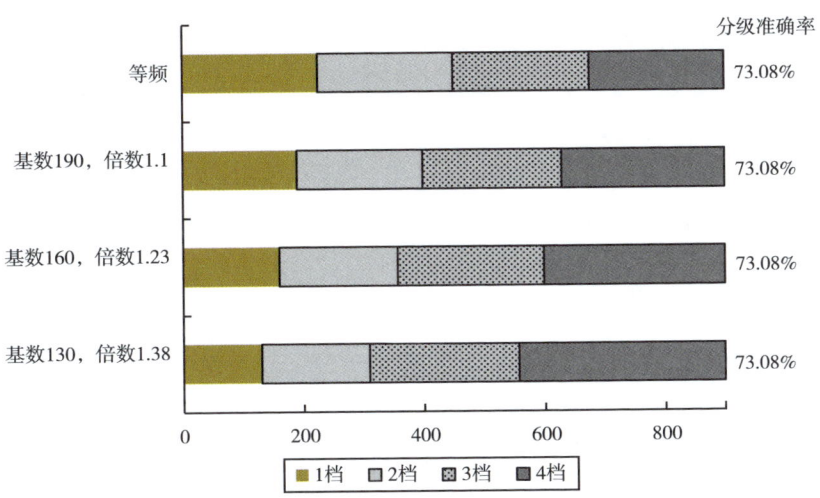

图5-4-5 4档分级情况下的等频分级输出变量和不等频分级
输出变量的最佳模型分级准确率

资料来源：本课题小组整理

可以看到，不等频分级和等频分级的输出变量在模型分级准确率上总体未表现出明显差距。6档分级的情况下，放大倍数为1.16时，模型可得到与等频分级时相同的分级准确率；当放大倍数为1.25和1.35时，模型分级准确率较等频分级小幅下降至63.46%。5档分级的情况下，放大倍数为1.13和1.20

237

时，模型可得到与等频分级时相同的分级准确率；当放大倍数升至 1.30 时，模型分级准确率较等频分级小幅下降至 67.03%。4 档分级的情况下，放大倍数为 1.10、1.23 和 1.38 时，模型可得到与等频分级时相同的分级准确率。

总的来说，用多种不等频分级的方式获得的输出变量进行模型训练，所得到的模型分级准确率与等频分级时所获得模型分级准确率基本相同，但在不等频放大倍数较大的情况下会出现分级准确率的轻微下降。

第三节　模型测试结果小结

如前文所述，应用 BP 神经网络算法评估企业信用风险的案例已有不少，但目前使用 BP 神经网络算法针对城投债信用风险研究的相关成果较少。

从输入特征的选取来看，前人研究成果使用的输入特征多为城投公司个体相关指标。本文中，模型输入特征全面涵盖了地方政府对城投公司的支持能力、支持意愿以及城投公司的个体信用状况，城投公司作为一种特殊的工商企业主体，政府对其信用风险的影响极为重要。

从输出变量的选取来看，前人研究成果中输出变量多使用评级机构给出的城投债发行人委托评级。本文使用城投债二级市场信用利差作为城投债信用风险的映射，进而将其作为输出指标，规避了当前城投债发行人委托评级虚高的问题，能够更客观地反映城投债信用风险。

在模型分级准确度方面，前人通过 BP 神经网络算法构建城投债风险评估模型，经过训练的模型分级准确率为 60%—70%。本预警系统在设置最强的分级能力（6 档分级）的模式下，可以达到 65.38% 的分级准确率；在降低分级档位数量的情况下，4 档分级时模型分级准确率可以达到 73.08%。

通过观察不同输入特征下模型分级准确度的差异，发现在仅考虑政府支持（含支持能力和支持意愿）的场景中的模型分级准确率明显强于在仅考虑城投公司个体信用状况的场景中的模型分级准确率，或说明目前政府支持相关特征对城投公司信用风险的解释能力显著高于城投公司个体信用状况对其信用风险的解释能力。因此，可以客观地推断出，当前城投公司信用的根基依然主要源自政府。如果未来城投公司信用逻辑发生变迁，比如变迁至"主要依托于城投公司自身个体信用"，该分级模型同样能及时有效做出客观判断。

此外，本文采用多种不等频分级的方式获得的输出变量进行模型训练，所得到的模型分级准确率与等频分级时所获得模型分级准确率基本相同，但在不等频放大倍数较大的情况下会出现分级准确率的轻微下降。这在一定程度上说明，本预警系统在输出变量的分级方式设置上具有较强的鲁棒性，在未来的应用中可以适应一定程度的场景变化。

第五章 总 结

第一节 主要工作和创新点

本文结合国务院发文和市场的主流看法对城投公司进行了界定，并从地方政府对城投公司的支持能力、支持意愿和城投公司个体信用状况三个角度出发，全面梳理城投债信用风险的影响因素，形成城投公司信用风险评价备选指标池。

在 python 语言环境中搭建了由数据采集器、动态数据库、数据处理器和 BP 神经网络分类预测模型四大模块组成的城投债信用风险分级预警系统。

梳理了全市场仍有存续债券的城投公司名单，并从中抽样选取 210 家企业作为样本进行神经网络模型的训练和测试。从备选指标特征池中选取了 27 个可作为神经网络输入特征的定性和定量指标，以城投债二级市场信用利差所处等级作为输出变量，利用 Tensorflow 框架实现 BP 神经网络的搭建。分六种场景进行输入特征的设置，分别进行模型训练，经过反复参数调试，得到最优模型训练结果。

最终，在全面纳入地方政府对城投公司的支持能力、支持意愿以及城投公司个体信用状况三个维度输入特征的场景下，神经网络模型的训练结果最优，6 档分级模型可实现 65.38% 的分级准确率。在降低分级档位数量的情况下，5 档分级模型分级准确率可达 69.20%，4 档分级模型分级准确率可突破 70%，达到 73.08%。在对输出变量进行不等频分级的情况下，模型的分级准确率基本保持稳定。也就是说，模型使用者可以根据其实际需求，对作为输出变量的城投债信用利差进行分级（不一定非要是等频分级），并仍可以得到较为稳定的模型分级效果。

与其他研究者的成果相比，本预警系统最终实现的分级准确率更为优异，输入特征的选取更为全面地覆盖了能够影响城投公司信用风险的影响因素，输出变量的选取规避了当前城投债发行人委托评级虚高的问题，能够更加客观地、更有区分度地反映城投公司信用风险。

综合来看，本课题的创新点主要体现在以下三个方面：

一、对政府提供给城投公司的外部支持的评价更具现实性

现有文献通常是将城投公司基本面和政府外部支持两部分结合起来进行研究，但政府外部支持部分缺乏透明、成体系的评价标准；穆迪认为政府支持是城投公司信用的主导性影响因素。

本文在此基础上将城投公司获得的政府支持拆分为支持能力和支持意愿两个维度，分别进行评价，并设立六种场景，将政府支持能力和支持意愿与城投公司的个体信用状况以不同的方式进行组合后，分别进行模型训练，并考察模型分级效果，进而对城投公司当前的信用来源进行探究，这是在前人的研究中没有出现过的。

二、输出指标的选择更贴近债券市场实际

本文的创新点之一是使用城投债二级市场信用利差而不是城投企业的发行人委托评级作为模型的输出指标。二级市场信用利差是投资者"用脚投票"得出的，在当前的城投债存在一定外部评级虚高、区分度不足问题的背景下，信用利差在一定程度上比城投公司市场评级更为真实地反映了城投债的信用风险。

三、引入神经网络分析工具

本文开创性地用神经网络算法构建城投债信用风险分级预警系统。神经网络与传统的参数模型最大的不同在于它是数据驱动自适应技术，不需要对模型做任何先验假设，模型适用范围更加广泛；神经网络能以任意精度逼近任何连续函数，通过对输入层样本数据进行学习训练，获得隐藏在数据内部的规律，并利用学习到的规律来预测输出值，预测精度更高。基于神经网络的分级预警系统能准确揭示城投债信用风险，解决城投债外部评级虚高、区分度不足等问题。

同时，本预警系统的输入特征可以随着时间动态更新，并能随时引入新的输入特征，神经网络模型通过不断学习、迭代，强化自身的分级能力。

第二节 风险预警系统在保险资管机构的应用

本文构建的风险预警系统可以在保险资管机构的各类工作场景中广泛应用。

首先，本信用风险分级预警系统的数据采集器模块会对所有输入特征数据进行自动定期采集，并更新动态数据库。神经网络模型及时进行迭代学习，保证其输出结果能反映城投债的最新信用风险水平。保险资管机构可以利用预警系统提供的城投债信用风险等级，为其配置不同信用风险水平的城投债提供参考。同时，当有个别投资标的信用风险骤然上升时，其由信用风险分级预警系统给出的分级结果会发生相应变化，保险资管机构可以据此做出及时调整和应对。

其次，为保险资管机构理解城投公司的信用风险来源提供了工具。当前以及未来的一段时期，随着城投相关政策变迁、城投公司转型，城投公司信用的根基也可能会由政府支持逐渐向城投公司自身过渡。在这一背景下，城投公司的不同信用风险影响因素所占的权重可能会逐渐改变。保险资管机构可以根据预警系统中不同场景下的模型分级准确率，了解当前城投公司信用风险来源的变化趋势。

最后，虽然该预警系统目前仅针对城投债，但是其理念和基本架构理论上可以延伸至一般企业债券领域。通过在数据采集器模块中添加新的输入特征捕获算法、建立新的动态数据库并构建、训练新的神经网络模型，同样可以将该预警系统用于各行业一般企业债券的信用风险分级预警，为保险资管机构进行资产配置提供更为全面的参考。

第三节 课题的局限性和未来可进行的研究

目前，本城投债信用风险预警系统模型的分级能力及其准确度已经初步得到验证，但是本文所呈现的仅为该预警系统的初步架构和可行性论证，本城投债信用风险分级预警系统仍在继续建设和完善中，目前的模型预测准确率仍有很大的提升空间。

第一，前文论述的部分定性城投债信用风险影响因素，如区域产业发展规划、负面舆情信息等，需要配合爬虫以及NLP等技术来进行评价。这部分功能在数据采集器模块中已经初具雏形，但是由于时间限制，目前仍未完成开发。因此，本文所进行的模型测试并未将这些输入特征纳入实验。未来，本课题小组会继续进行针对数据采集器模块的开发工作，完善针对以上提及定性因素的爬虫和NLP功能，扩大预警系统的输入特征数量，进一步提升预警系统的分级能力和分级准确率。

第二，在采集部分定量指标时，如地方固定资产投资完成额和城投公司接受的政府补贴等指标，发现目前主流数据供应商对这些指标的数据采集不够完整。如果进行人工采集，需要找到相关材料手动获取数据，工作量极大，会大幅降低未来预警系统的实用性。针对这一问题，在数据采集器模块中也设计了相应的爬虫（包括解析网页以及图像文件）进行数据采集，但是目前开发仍在进行中。未来，在补充了以上定量输入特征后，预警系统的分级能力或会得到进一步加强。

第三，由于受到时间和数据可得性的限制，本文在进行模型训练时选取的样本数量不够大。小样本数量可能会限制神经网络挖掘到的数据内在规律，因此，这也可能是导致本预警系统的分级准确率不能进一步提升的原因之一。未来，随着前文提到的后续开发工作不断推进，本预警系统将增加模型训练样本数量，获得更好的模型训练结果。

总的来说，目前本文搭建的城投债信用风险分级预警系统还有相当大的发展空间，相关开发工作仍在持续进行中，相信未来该预警系统将会获得更为稳定、优异的信用风险分级预警效果，为保险资管机构投资城投债提供参考。

附表　用于模型测试的210家城投公司样本

城投公司全称	该发行人旗下代表性债券的代码
河南省交通运输发展集团有限公司	101900731. IB
洛阳城乡建设投资集团有限公司	101900539. IB
河南水利投资集团有限公司	101901049. IB

续表 1

城投公司全称	该发行人旗下代表性债券的代码
河南省铁路建设投资集团有限公司	1280405. IB
河南投资集团有限公司	136872. SH
中原豫资投资控股集团有限公司	031664072. IB
河南交通投资集团有限公司	101800854. IB
湖南省高速公路集团有限公司	101901350. IB
湘乡市经济开发区建设投资开发有限公司	139214. SH
湖南森特实业投资有限公司	1780364. IB
湖北三峡旅游集团股份有限公司	112977. SZ
河南省济源市建设投资有限公司	118847. SZ
衡阳市滨江新区投资有限公司	1780178. IB
衡阳市湘江水利投资开发有限公司	101661033. IB
怀化经济开发区开发建设投资有限公司	1780206. IB
湖南金阳新城建设发展集团有限公司	1580234. IB
吉首华泰国有资产投资管理有限责任公司	1580038. IB
武穴市城市建设投资开发有限公司	1980117. IB
洛阳城市发展投资集团有限公司	1580262. 1B
湖北省交通投资集团有限公司	101901684. IB
赤壁市蓝天城市建设投资开发有限责任公司	1680321. IB
宜昌城市建设投资控股集团有限公司	101900521. IB
资兴市成诚投资有限公司	1780116. IB
凤凰铭城建设投资有限公司	1780024. IB
湖北省联合发展投资集团有限公司	101801404. IB
南阳高新发展投资集团有限公司	1680232. IB
湘乡市城市建设投资开发有限公司	1680243. IB
嘉兴经济技术开发区投资发展集团有限责任公司	101663011. IB
湖州市城市投资发展集团有限公司	101800385. IB
湖州市交通投资集团有限公司	101900396. IB
浙江湖州环太湖集团有限公司	101675006. IB
衢州市国有资本运营有限公司	101900544. SH
诸暨市国有资产经营有限公司	101800247. IB
浙江瓯海城市建设投资集团有限公司	1580119. IB
安吉县产业投资发展集团有限公司	1880241. IB

续表 2

城投公司全称	该发行人旗下代表性债券的代码
绍兴市镜湖开发集团有限公司	1580144.IB
绍兴市交通投资集团有限公司	101900514.IB
浙江嘉兴国有资本投资运营有限公司	101901677.IB
宁海宁东新城开发投资有限公司	1980377.IB
杭州市城市建设投资集团有限公司	155701.SH
绍兴市城市建设投资集团有限公司	143426.SH
嘉兴市秀湖发展投资集团有限公司	1880067.IB
三门县国有资产投资控股有限公司	1580062.IB
嘉兴市现代服务业发展投资集团有限公司	101901018.IB
宁波开发投资集团有限公司	101801423.IB
杭州市地铁集团有限责任公司	101660045.IB
宁波市雪窦开发投资集团有限公司	114633.SZ
平阳县国资发展有限公司	1680006.IB
上海城投（集团）有限公司	1480474.IB
上海大宁资产经营（集团）有限公司	101901631.IB
上海地产（集团）有限公司	031800029.IB
上海市北高新（集团）有限公司	031900818.IB
滨州市中海创业投资集团有限公司	1580106.IB
交运集团有限公司	101900845.IB
青州市城市建设投资开发有限公司	1780258.IB
泰安市泰山投资有限公司	101900873.IB
潍坊滨城投资开发有限公司	1980378.IB
山东高速集团有限公司	101901662.IB
济南城市建设集团有限公司	162393.SH
乳山市城市国有资产经营有限公司	1880123.IB
高密市城市建设投资集团有限公司	1780291.IB
寿光市惠农新农村建设投资开发有限公司	114625.SZ
日照市城市建设投资集团有限公司	1580289.IB
济南轨道交通集团有限公司	101801169.IB
潍坊市城市建设发展投资集团有限公司	150814.SH
邹城市城资控股集团有限公司	162083.SH
江西省水利投资集团有限公司	101800275.IB

续表3

城投公司全称	该发行人旗下代表性债券的代码
新干县城乡建设投资开发有限责任公司	1680313.IB
乐平市国有资产经营管理集团有限公司	1680415.IB
新余市城市建设投资开发有限公司	101901261.IB
南昌水利投资发展有限公司	101900248.IB
江西省港航建设投资集团有限公司	012001310.IB
江西省水利投资集团有限公司	101800275.IB
吉安市井冈山开发区金庐陵经济发展有限公司	1680049.IB
江苏交通控股有限公司	101900693.IB
丹阳投资集团有限公司	101759012.IB
江苏洋口港建设发展集团有限公司	1580105.IB
无锡市建设发展投资有限公司	101800958.IB
如东县新天地投资发展有限公司	1980369.IB
泰州市城市建设投资集团有限公司	101800757.IB
泰州市交通产业集团有限公司	031900394.IB
扬州瘦西湖旅游发展集团有限公司	101900465.IB
扬州绿色产业投资发展控股（集团）有限责任公司	031761017.IB
苏州市三角咀生态园开发有限公司	162644.SH
无锡山水产业投资发展有限公司	031771030.IB
南京东南国资投资集团有限责任公司	151974.SH
南京扬子国资投资集团有限责任公司	101801508.IB
南通城市建设集团有限公司	101759056.IB
扬中市城市建设投资发展集团有限公司	127686.SH
阜宁县城市发展投资集团有限公司	1780015.IB
无锡食品科技园发展有限公司	1780220.IB
新沂经济开发区建设发展有限公司	1780318.IB
南通市北高新技术开发集团有限公司	135885.SH
淮安市交通控股集团有限公司	101900170.IB
无锡市新发集团有限公司	101571012.IB
南通产业控股集团有限公司	101900130.IB
江苏开源投资集团有限公司	1780200.IB
连云港恒驰实业有限公司	1780341.IB
淮安市国有联合投资发展集团有限公司	101900233.IB

续表 4

城投公司全称	该发行人旗下代表性债券的代码
徐州市贾汪城市建设投资有限公司	1680126. IB
海安城市动迁改造有限公司	1580274. IB
宿迁市城市建设投资（集团）有限公司	101801311. IB
江苏大行临港产业投资有限公司	1680379. IB
扬州市城建国有资产控股（集团）有限责任公司	101900430. IB
淮安红日交通投资发展有限公司	1680200. IB
无锡市惠山国有投资控股集团有限公司	101900028. IB
苏州风景园林投资发展集团有限公司	101900793. IB
宿迁高新开发投资有限公司	1880206. IB
徐州市交通控股集团有限公司	101900801. IB
伟驰控股集团有限公司	150040. SH
扬州龙川控股集团有限责任公司	162653. SH
泉州市国有资产投资经营有限责任公司	101900736. IB
石狮市城市建设有限公司	1580101. IB
永安市国有资产投资经营有限责任公司	1880255. IB
宁德市交通投资集团有限公司	1680475. IB
莆田市高新技术产业园开发有限公司	1680215. IB
福建省连江县国有资产投资运营有限公司	1580140. IB
龙岩投资发展集团有限公司	101900373. IB
宿州市新区建设投资集团有限公司	1780165. IB
淮南市产业发展（集团）有限公司	101801329. IB
宿州市城市建设投资集团（控股）有限公司	101800718. IB
淮南市山南开发建设有限责任公司	1780256. IB
南陵县建设投资有限责任公司	1780276. IB
合肥工投工业科技发展有限公司	143357. SH
合肥市建设投资控股（集团）有限公司	101801075. IB
安徽省投资集团控股有限公司	1980388. IB
阜阳投资发展集团有限公司	101900124. IB
牡丹江新区城市投资有限公司	1580180. IB
双鸭山市大地城市建设开发投资有限公司	1980255. IB
安徽省交通控股集团有限公司	101900474. IB
吉林省高速公路集团有限公司	101801549. IB

续表 5

城投公司全称	该发行人旗下代表性债券的代码
营口市老边区城市建设投资发展有限公司	127403.SH
大连旅泰投资有限公司	1980238.IB
营口经济技术开发区城市开发建设投资有限公司	1780040.IB
盘锦水务集团有限公司	1680429.IB
沈阳地铁集团有限公司	101800661.IB
广西交通投资集团有限公司	101900614.IB
钦州市滨海新城投资集团有限公司	1980239.IB
广西崇左市城市建设投资发展集团有限公司	1880191.IB
梧州市城市建设投资开发有限公司	1980076.IB
广州市水务投资集团有限公司	1980016.IB
广州市城市建设投资集团有限公司	1680298.JB
深圳市特区建设发展集团有限公司	101900133.IB
珠海水务环境控股集团有限公司	101801081.IB
中山公用事业集团股份有限公司	112861.SZ
佛山市禅城区城市设施开发建设有限公司	1980356.IB
深圳市地铁集团有限公司	1480027.IB
成都市郫都区国有资产投资经营公司	101900145.IB
遂宁发展投资集团有限公司	102001421.IB
成都轨道交通集团有限公司	131900005.IB
四川发展（控股）有限责任公司	101900901.IB
资中县兴资投资开发集团有限责任公司	2080259.IB
眉山发展控股集团有限公司	101800303.IB
巴中市国有资本运营集团有限公司	031900495.IB
四川天盈实业有限责任公司	031772003.IB
泸州产业发展投资集团有限公司	162325.SH
都江堰兴堰投资有限公司	1980330.IB
宜宾市翠屏区国有资产经营管理有限责任公司	162141.SH
雅安发展投资有限责任公司	167188.SH
达州市投资有限公司	031900444.IB
绵阳安州投资控股集团有限公司	1980343.IB
遵义交旅投资（集团）有限公司	1780311.IB
安顺市西秀区城镇投资发展有限公司	145266.SH

续表6

城投公司全称	该发行人旗下代表性债券的代码
黔西南州兴安开发投资股份有限公司	167712.SH
贵阳经济技术开发区贵合投资发展有限公司	1980145.IB
贵州贵龙实业（集团）有限公司	1724006.IB
毕节市信泰投资有限公司	1780349.IB
六盘水市开发投资有限公司	102000930.IB
贵阳白云工业发展投资有限公司	1980058.IB
昆明滇池投资有限责任公司	101901444.IB
丽江市古城区天和城市经营投资开发有限公司	2080038.IB
昆明空港投资开发集团有限公司	032000770.IB
云南省康旅控股集团有限公司	012003797.IB
石柱土家族自治县鸿盛经济发展有限公司	1780363.IB
重庆市通瑞农业发展有限公司	2080370.IB
重庆市綦江区城市建设投资有限公司	101900859.IB
重庆市地产集团有限公司	1680108.IB
重庆迈瑞城市建设投资有限责任公司	031772037.IB
重庆盈地实业（集团）有限公司	167077.SH
重庆缙云资产经营（集团）有限公司	167684.SH
重庆市江北嘴中央商务区投资集团有限公司	101900508.IB
重庆市长寿生态旅业开发集团有限公司	167533.SH
吐鲁番地区国有资产投资经营有限责任公司	1580063.IB
乌鲁木齐城市建设投资（集团）有限公司	101900498.IB
博尔塔拉蒙古自治州国有资产投资经营有限责任公司	1580209.IB
伊犁哈萨克自治州财通国有资产经营有限责任公司	031763026.IB
银川通联资本投资运营有限公司	101800576.IB
兰州建设投资（控股）集团有限公司	031900722.IB
张掖市城市投资发展（集团）有限公司	101764014.IB
西安城市基础设施建设投资集团有限公司	101901311.IB
陕西燃气集团有限公司	136765.SH
陕西安康高新产业发展投资（集团）有限公司	1980098.IB
西安水务（集团）有限责任公司	102000257.IB
神木市国有资本投资运营集团有限公司	101900249.IB
北京城市排水集团有限责任公司	101769023.IB

续表7

城投公司全称	该发行人旗下代表性债券的代码
北京市顺义区国有资本经营管理有限公司	101900669.IB
北京市热力集团有限责任公司	101801444.IB
北京市首都公路发展集团有限公司	031900830.IB
天津城市基础设施建设投资集团有限公司	101901577.IB
天津渤海国有资产经营管理有限公司	101800449.IB
天津保税区投资控股集团有限公司	155620.SH
天津海泰控股集团有限公司	101901365.IB
张家口通泰控股集团有限公司	101680006.IB
河北中岳城市发展集团有限公司	1624036.IB
秦皇岛开发区国有资产经营有限公司	1680333.IB
山西省交通开发投资集团有限公司	101901720.IB
山西晋中国有资产经营有限公司	1980164.IB
包头市保障性住房发展建设投资有限公司	1780216.IB
内蒙古高等级公路建设开发有限责任公司	101900242.IB
内蒙古准格尔国有资本投资控股集团有限公司	1480604.IB

资料来源：本课题小组整理

本专题参考文献

［1］曹婧，毛捷，薛熠．城投债为何持续增长：基于新口径的实证分析［J］．财贸经济，2019（05）．

［2］陈学彬，武靖，徐明东．我国信用债个体违约风险测度与防范——基于LSTM深度学习模型［J］．复旦学报（社会科学版），2021（03）．

［3］丁继平．城投债风险度量及优质平台遴选分析［J］．债券，2017（01）．

［4］杜凌云．我国城投债信用风险评估［D］．广州：华南理工大学，2013．

［5］Guo，L．，E.Liu，Y.Dai．Structural Design and Performance Analysis of China's Local Government Financing Vehicles［J］．Economic and Political Studies，2020（8）．

［6］梁荣栋，陈浩勇．城投债信用状况及外部支持环境分析［J］．债券，2021（05）．

［7］李昕，汤健．基于BP神经网络的化工行业供应链金融信用风险评价［J］．物流

科技，2020（11）．

[8] 刘东民．中国城投债：特征、风险与监管［J］．国际经济评论，2013（03）．

[9] 刘娅，岳秀敏，赵淑鹏．浅析新《预算法》下城投公司的财务核算——以杭州城建集团为例［J］．财会月刊，2017（25）．

[10] Luo, C..The Transition of Local Government Financing Platforms in China：Risks, Incentives, and Regulations［J］．Annals of Economics and Finance，2019（20）．

[11] 罗荣华，刘劲劲．地方政府的隐性担保真的有效吗？——基于城投债发行定价的检验［J］．金融研究，2016（04）．

[12] 罗玉，肖丽雯，杨泽鹏．基于机器学习方法的城投债偿债风险评估［J］．对外经贸，2019（10）．

[13] 孙剑斌，魏敏．基于决策树与神经网络的上市公司信用风险评估模型比较研究［J］．中国管理信息化，2021（01）．

[14] 夏军．我国城投债信用风险分析［D］．上海：上海社会科学院，2011．

[15] 谢璐．城投债的信用风险识别与市场化治理的有效性研究［D］．成都：西南财经大学，2017．

[16] 许文彬，张佳韬．我国城投债信用风险测算——基于Logistic回归的评分卡模型［J］．数理统计与管理，2020（15）．

[17] 许雪芳．城投债增长的区域差异性研究［J］．大众投资指南，2020（4）．

[18] 易孟霏．城投债信用风险评估体系的方案设计［D］．长沙：湖南大学，2016．

[19] Zhang, A..Three Essays on the Role of Political Connections in Corporate Finance［D］．Montreal：Concordia University，2019．

[20] 张广婷，金晨，沈红波．地方政府隐性债务风险与信用评级的有效性［J］．中央财经大学学报，2021（04）．

[21] Zhang L, Hu H, Zhang D. A Credit Risk Assessment Model Based on SVM for Small and Medium Enterprises in Supply Chain Finance［J］．Financial Innovation，2015（1）．

[22] Zhang, X., Z. Wang. Marketization vs. Market Chase：Insights from Implicit Government Guarantees［J］．International Review of Economics and Finance，2020（69）．

[23] 周志华．机器学习［M］．北京：清华大学出版社，2016．

专题六

我国信用风险评价体系构建与产业债信用风险分级预警系统研究

课 题 单 位：平安资产管理有限责任公司
课题负责人：刘　剑
课题组成员：李贤杰　　罗力力　　李果夫　　李燕婷
　　　　　　高寒冰　　李毅琳　　王　超　　张　骅
　　　　　　戴嘉冀　　李映萱　　蒋　迪　　张又允

　　面对国内信用债市场快速发展及违约风险可能性持续上升，本文运用金融科技发展的最新成果，特别是大数据、人工智能、机器学习等技术研究构建出智能信用风险评价体系与产业债信用风险分级预警系统；同时，结合信用评级研究成果，形成覆盖投前准入、投后自动跟踪的复合信用管理跟踪体系，服务于信用债违约预警与防范。

　　针对大数据、人工智能、机器学习等金融科技技术在信用债风险预警应用领域研究面临的主要问题，包括信用风险数据获取难度大、数据稀疏、风险严重程度分布有偏且肥尾以及模型可解释性问题等，本文将人工智能（AI）与专家智能（HI）进行有机结合，为用户提供高效、及时、有前瞻性的高风险债券（主体）预警信息，并做到预警可追溯原因，趋势可查询历史；在舆情方面，捅破传统市场上仅仅是计算一个正负面情感分的初级应用，设计出全新违约预警系统，创新性引入一个"事件序列"语义层，综合考虑发债主体在过去12个月内所有发生事件形成的模式来综合判断主体的违约风险，极大地降低了用户的舆情分析成本，提升分析效率。

　　除了原理、算法应用、模型研究之外，本文进一步提炼出一套高效、及时、有前瞻性的产业债信用风险预警系统设计成果，可做到预警可追溯原因，趋势可查询历史。整个预警系统的设计包含为一个集成模块和多个子模块。集成模块从预警企业的内部风险和外部风险两个角度考量，针对基本面、市场面、舆情面、财务粉饰、关联风险传导这五个方面分别设立对应的辅助目标来监控预警企业全方位的信用风险表现，并根据对当前产业信用债与金融科技发展趋势研究，进一步推导出大数据及人工智能在信用债违约预警领域的发展方向。

第一章
国内外研究现状述评及研究意义

第一节 研究背景及意义

自 2005 年短期融资债券开始发行以来，债券市场在中国获得快速发展。目前中国已是全球第二大债券市场。然而随着 2014 年"超日债"违约事件发生，中国信用债市场逐渐打破刚兑"信仰"，近几年违约主体逐年递增且有井喷趋势。高等级信用债的违约事件也不再是偶发事件，如债券等级为 AAA 的华晨汽车 10 亿元债券违约事件。作为保险机构债券投资，是被动地等待企业下一期财报的发布，然后和所有竞争者在同一起跑线上，使用同一套财务分析方法进行分析，还是主动出击，去寻找更多的有效信息，构建自己的信息壁垒和竞争优势，这是构建我国信用风险评价体系与产业债信用风险分级预警系统所不得不考虑的问题。

近年来保险机构债券投资涉及大额违约事件并不罕见。在收益率不断下行的背景下，更新频率低、缺乏自动化监控机制、单纯依赖专家人力的信用评级及打分卡的信用研究方式越来越难以满足对信用资质下沉的需求。及时的市场动态、舆情和关联风险信息，以及全面客观的财务粉饰甄别有助于提早捕捉到违约风险的信号。

近年来大数据和人工智能技术的发展和成熟，为构建自动化的信用风险防范体系奠定了技术基础。在实际应用中，一个及时、前瞻且准确的产业债信用风险分级预警系统还可以同信用评级相结合，进一步形成一个覆盖投前准入、投后自动跟踪的复合信用管理体系。这对于保险机构提升信用风险研究和管理能力有重要的意义。

第二节 国内外相关研究

违约事件是否发生也受众多因素的影响，为了构建信用风险评价体系和设计产业债信用风险分级预警系统，需要涉及债券评级和定价、违约量化模型、财务粉饰、舆情及关联风险等多种领域知识。

一、国外相关研究

国际债券市场发展较为成熟，开展债券违约研究时间较长，在债券违约评级及定价、违约量化模型、财务粉饰、舆情及关联风险等均具有相应的研究。市场上提供的债券评级可以分为关注发债企业的基本面情况的传统信用评级和主要依赖市场价格信息的隐含市场评级。债券评级及定价的相关评级机构主要包括标准普尔和穆迪等。

违约量化模型广泛采用了从传统的基于期权定价理论、泊松分布理论、关键财务指标等方法，到新兴的信用风险度量方法包括 JP 摩根的 CreditMetrics 方法、KMV 方法、CreditRisk+方法以及近些年来较为火热的机器学习和深度学习方法进行研究。如，1993 年 KMV 模型被应用于违约概率建模研究；CSFB 公司开发使用泊松分布理论测算违约概率；Li 和 Chen（2019）以 1992 年至 2013 年美国历史违约数据为样本，使用标准二项方法度量违约相关性；Golbayani 等探索了采用神经网络、SVM 及决策树等模型在信用评级预测方面的对比研究等。针对财务粉饰对违约概率模型的干扰作用，早在 1995 年，Persons 等就提出利用财务报表中提供的数据对财务造假进行识别。该文章使用了 1970—1990 年美国市场被处罚的财务造假样本，并结合正常公司样本，使用逐步逻辑回归模型进行建模。之后，相继有大量的研究人员对财务粉饰辨别方法进行了深入研究。同时，舆情及关联方风险也被尝试应用于提高违约概率模型的研究。从形式上，国外主要采用产学研的研究模式。

二、国内相关研究

国内研究起步相对较晚，且多以学习国外经验为主。以中债为例，隐含信用评级是根据交易数据、各等级债券的收益率上下限，并且剔除流动性因素后得到的。在学术研究上，柳莹对我国产业债市场信用状况的分析表明隐含评级可以为有效筛选违约主体和预警债券市场风险提供参考。在构建量化违约模型方面，卢伟（2017）选取了 2014—2016 年 10 月中国债券市场，通过设定指标构建偿债能力加权平均综合指数，建立定量分析框架；潘泽清（2018）选取了 2016—2017 年发生债务违约的 19 家发债主体，样本来自 15 个行业，使用 Logistic 回归模型进行违约概率研究。其他国内相关学者和机构针对债券违约的原因也进行了相关探讨研究。财报粉饰方面，国内虽起步较晚，但近些年也针对国内市场提出了多种解决识别的方法。同时，舆情的正负面信息也被作为重要特征因子之一，关联风险的影响也被进行了相关的探索研究。

从现有研究文献来看，尚未有一个完整的我国信用风险评价体系，也没有通用性较强的能够同时涵盖所有产业债的信用风险分级预警系统，较难满足保险投资管理机构的现实投资需求。

第三节　信用风险评价体系在投融资中的角色与作用

信用风险评价体系在投融资实务中有广泛的应用，并且贯穿投融资过程始终。

一、信用风险评价体系在投资过程中的角色与作用

在进行与信用风险相关投资决策前，有必要先对债务人或交易对手所处的市场环境、经营和财务状况、偿付能力和投资对象的偿付来源进行充分了解，并进行内部信用评估。当投资对象、产品或交易对手符合一定的信用条件或者得到适当的审批时，才能进行投资或交易。

在投资或交易存续期内，必须定期或按需对债务人、投资对象和交易对手进行持续的信用跟踪检视，确保债务人、投资对象和交易对手的信用资质仍然符合投资指引给出的条件。

从信用风险规避角度出发，2014年以来，债券市场违约案例逐年增加，违约已经逐渐从民营企业扩大到国有企业，刚性兑付被打破。同时，违约债券的处置则烦琐而迟缓，远远跟不上形势和业界的实际需要。在这个基础上，完善的信用风险评价体系对于指导投资规避实质风险有重要意义。目前对于风险的规避还是以早发现、早决策、早处置为最有效的原则。

从投资风险管理的业务角度出发，信用风险评价是计量信用风险预算，计算信用风险准备金计提的基础之一。同时，信用风险评价体系也是对公司和分账户的整体风险暴露计算和动态跟踪管理的基准，用于管理和控制账户风险暴露情况、风险集中度等风控参数。

从投资策略角度考虑，不同券种、行业的信用风险分析结果构成了对个券定价、构建投资策略的基础。尤其是建立在精准风险评估基础上的定价和策略分析有助于投资经理和研究员，在债券市场发现错误定价的个券或者整体市场的价值洼地，对于提升投资业绩表现有明显帮助。

二、信用风险评价体系在融资过程中的角色与作用

一个运行良好的信用风险评价体系在融资过程中，作用主要体现在发现优质融资标的，帮助有针对性地进行产品结构设计，发现和管控产品续存期风险，并对投资者提供优质投资服务。

从发现优质融资标的的角度来说，通过信用风险评估，有效挖掘资质良好的融资方，并且规避存在瑕疵的或者故意使用误导性信息的融资者，是进行融资服务的第一关。尤其是要克服业务人员追求业绩的冲动，确保本身和投资者的利益不受到侵蚀，信用风险评价体系要做到早期投入，全程参与。另一方面，信用风险评价体系也可以为业务人员提供方向性指引，尤其是通过对市场风险的分析和统计判断，对于风险过高或者预期会明显上升的行业或企业，予以规避或要求更多的保障条款，并精准挖掘风险改善型的业务机会。

从产品设计的角度考虑，在信用风险评价结果的基础上，根据市场的需求和融资方风险的精细分析，可以有针对性地进行产品设计，利用产品特征、结构和条款，对风险暴露进行保护，达到风险缓释或转移的目的，增加了投资者的选择，也解决了融资方的迫切需求。

从提升投资服务质量的角度考虑，投资者对于信息披露的内容和质量要求不断提高，同时市场也教育融资方逐渐重视信息披露正规化和投资者关系管理。因此，良好的信用风险评价体系有助于满足投融双方对于提升服务质量的需求，减少信息不对称，增强投融双方的信任和信心，最终营造良好的市场投融资氛围，促进债券市场的活跃和成熟。

第二章
信用风险评价体系的现状分析

第一节　我国外部信用评级服务现状

信用评级是债券市场的重要基础性制度安排，长期以来，我国投资者和监管部门对外部评级较为依赖，外部评级通常被作为债券发行、投资和质押的

"准入门槛",包括:

(1) 上海证券交易所和深圳证券交易所均要求竞价交易的公司债券上市时要满足 AA 级及以上评级条件,否则只能采取报价、询价和协议交易方式,且交易期内发生评级下调到不足 AA 级的不再能够通过竞价方式交易。

(2) 在质押方面,上海清算所信用债券的回购入库标准要求债项和主体评级均达到 AA 级(含)以上;中国证券登记结算有限公司信用债券的回购入库标准要求主体评级达到 AA 级(含)及以上,债项评级达到 AAA 级。

外部评级虚高、评级区分度不足等问题,严重制约了我国债券市场的高质量发展。截至 2021 年 9 月 14 日,资本市场上外部评级覆盖的信用债约 20 621 只,信用债主体共 4 758 家,主体评级分布如图 6-2-1 所示。2021 年 93.76% 的发债主体评级位于 AA-及以上,其中 AAA 占比约 21.84%,AA+占比约 24.82%,AA 占比约 39.64%,AA-占比约 7.46%。评级加速通胀现象明显,AAA 级评级占比从 2014 年的 10.29% 提升至 2021 年的 21.84%。

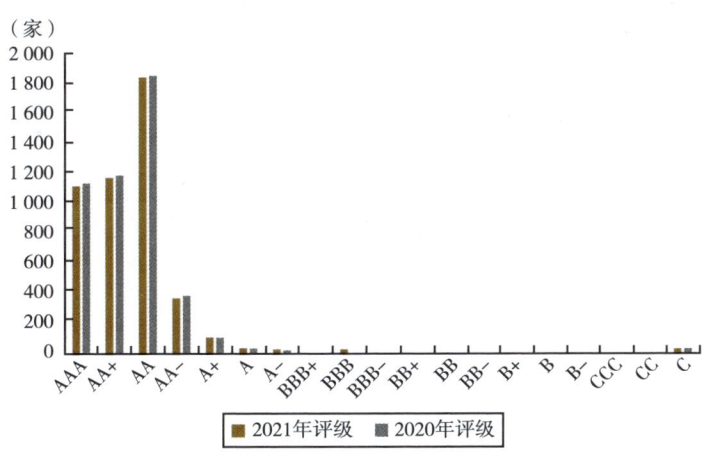

图 6-2-1　国内债券外部评级分布情况

资料来源:平安资产 KYZ

第二节　我国外部信用评级的局限性和改革进展

截至 2021 年 9 月 14 日,国内债券市场共 993 只债券发生了实质违约,其中 684 只债券违约前一年是有评级覆盖的,违约前一年评级分布如图 6-2-2

所示。违约前一年债券主体评级主要集中在 AA - 及以上的等级,合计约占违约债券的 74.9%,其中 AAA 级债券占比达到 15.6%。相比之下,在正常市场情况下,被穆迪评为投资级的主体,基本没有发生过违约。只有在爆发全球性经济或金融危机时,投资级主体才会发生违约,如 2002 年前后的美国高科技泡沫破灭和 2008 年发生的次贷危机均造成了投资级主体发生违约的情况。穆迪的评级结果跟反映信用风险定价的票面利率直接强相关,即被穆迪评为高信用等级(如投资级)的主体发行债券的票面利率比较低,而被穆迪评为低信用等级(如投机级)的主体发行债券的票面利率相对投资级来说比较高。表现出明显的分层特性,这也说明穆迪的评级结果可用于信用风险定价。

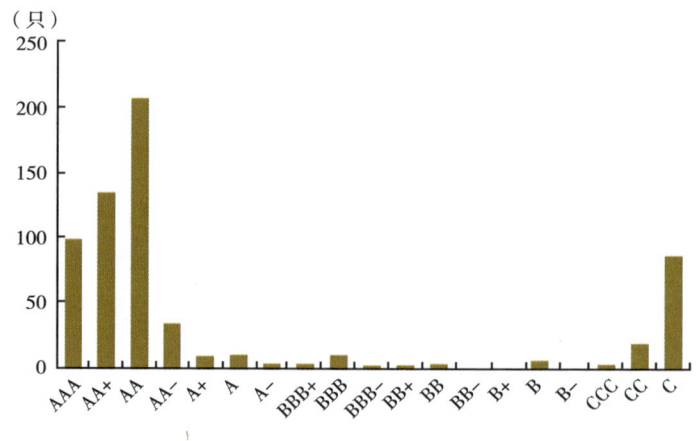

图 6-2-2　债券违约日前一年债项评级分布

资料来源:平安资产 KYZ

近年来债券违约频发,违约主体也由民营企业逐渐覆盖到国有企业,违约规模持续扩大引发市场对系统性风险的担忧,防范和化解债务风险成为债券市场的重中之重。而我国外部评级的滞后性和峭壁效应导致投资者无法根据评级做出有效投资行为,因此监管针对外部评级提出诸多改革建议。如 2021 年 2 月,中国证监会发布《公司债券发行与交易管理办法》,取消公开发行公司债券信用评级的强制性规定;3 月 26 日,交易商协会发布《关于实施债务融资工具取消强制评级有关安排的通知》,取消发行环节债项评级强制披露,仅保留企业主体评级披露要求;8 月 6 日,中国人民银行会同国家发展改革委、财政部、银保监会、证监会联合发布了《关于促进债券市场信用评级行业健康发展的通知》,明确提出未来将降低监管对外部评级的依赖,将评级需求的主导权交还市场。

第三节　传统信用风险建模方法及其局限

一、传统信用风险模型一般建模方法

信用风险是企业无法如期偿还债务所造成的风险，早期信用风险度量方法以定性为主，如专家模型、评级模型。随经济活动复杂度增加，定量风险计量模型使用越来越广泛，信用风险计量中陆续出现统计模型、结构模型、简约模型等。

专家模型是以专家经验和判断为信用分析和决策的主要基础，通过分析评价各类关键要素，并依据主观判断来综合评定信用风险的分析系统。在企业信用分析领域应用最为广泛的专家系统为5C模型，将债务人的信用风险映射到债务人的信誉、还款能力、资本实力、抵押资产、经营环境五个层面。专家法可解释性较强，但同时存在较高的主观性导致信用风险评估缺乏一致性。

自20世纪60年代开始，信用风险的定量评估模型成为研究重点，最早的定量模型为Z评分模型。该模型是Altman（1968）率先提出，应用多元判别分析方法对美国企业信用风险及资信情况进行量化评估。Z评分模型主要采用财务数据估测违约概率，可以表示为 $Z = 1.2X1 + 1.4X2 + 3.3X3 + 0.6X4 + 0.999X5$。其中，X系列参数分别为流动资本/总资产、留存收益/总资产、息税前收益/总资产、股权市值/总负债以及销售收入/总资产。多元判别分析法要求预测变量服从多元正态分布且协方差矩阵相等，但实证研究表明市场样本并不满足模型假设条件。后期Ohlson（1980）首次基于Logit模型构建企业财务困境预测模型，相对多元判别分析法，逻辑回归模型有效规避了样本必须满足正态分布假设的局限性，同时大量实证研究表明逻辑回归模型具有更好的违约预测效果。逻辑回归模型的局限性在于在一定条件下参数的最大似然估计可能不存在，且模型结果稳定性不高。

在20世纪90年代后期，现代信用风险量化研究进一步发展，结构化违约预测模型和简约化违约预测模型成为金融机构应用的主流模型。结构模型假设企业违约发生于资产价值下降到无法偿还债务时，Merton（1974）基于Black – Scholes期权定价理论首次构建违约预测结构模型。Moody的KMV模型是基于结构模型衍生而来，在信用风险管理领域得到广泛应用。与结构模型中违约依赖于企业资产价值不同，简约模型假定违约是随机发生的，通过设定违约密度计算信用风险。J. P. 摩根1997年推出的信用计量模型（Credit Metrics），瑞士

银行基于财产保险精算方法提出的 Credit Risk + 模型中应用了简约模型。简约模型中违约由外生随机过程决定，可以使用泊松分布计算违约率，应用形式更为灵活，但该模型对违约发生没有提供经济学解释，且假设与现实并不完全相符导致模型参数估计存在不稳健性。

二、传统信用风险模型的主要局限性

传统信用债违约模型为信用风险提供了计量手段，但在实际应用中仍然存在诸多局限性。首先，对统计模型而言，中国债券市场因发展年限较短，违约样本稀疏是限制模型效果的主要原因。其次，结构模型和简约模型的测算依赖于市场价格数据，而国内债券市场存在交易不够活跃、流动性不足、定价效率不高的问题，市场信息无法充分有效反映债市供求变化，可能导致模型存在误判风险。此外，现有违约模型研究通常以财务数据准确性为前提，而近年来随着财务造假的加剧，财务指标难以客观反映企业真实信用资质，从而影响模型对企业真实信用风险的识别。最后，大量企业信用风险是源自关联企业，仅以单家企业为标的的现有风险模型难以提前识别关联风险的变化，导致信用风险呈现突发性和蔓延性。

第四节 国外信用债违约预警建模经验

一、结构化和简约化违约预测模型

在结构化模型中，一家企业发生违约事件是因为其资产已经难以覆盖债务。虽然这类模型对企业资产、债务和资本结构有着较强的假设，但仍然为违约预测的建模提供了一个直观的解释。其中较有代表性的是由经济学家 Robert C. Merton 于 1974 年提出的 Merton 模型。

Merton 模型假设债务是由单一的，票面价值为 K，到期时间为 T 的债券所构成。到期时，若资产价值高于债务，则债务可被完全偿还，而剩余资产则可被分配给股东分红。在这种假设条件下，若 $A_t < T$，则企业就会发生违约：债券只有者可执行债务契约来将公司资产变现，以实现其债权，而股东则一无所有。因此对于权益持有者，其在 T 时刻所获的现金流可以被认为是该企业资产的一种看涨期权 $(A_T - K)^+$，而债券持有人获得的现金流为 $\min(A_T, K)$，在 t 时刻去测量 T 时刻会发生违约事件的概率可以被写为：

$$P_t[\tau = T] = P_t[A_T \leqslant K] = N[-d_2^P]$$

其中，$d_2^P = (\sigma\sqrt{T-t})^{-1}(\log(A_t/K) + (\mu - \sigma^2/2)(T-t))$；$\mu$ 是资产的平均回报率；σ 是资产的波动率。

Merton 模型的假设条件过于严苛，因此 Black 和 Cox（1976）在这一模型的基础上进行了完善，放松了违约阈值的基本条件。模型假设存在一个时间依赖变量 K(t)，企业违约行为通常发生在企业资产价值低于该违约阈值时。这类似于债券持有人行使"安全契约"权，即当公司价值低于违约阈值时债权人有权进行破产清算。

Moody 的 KMV 模型在商业应用上更为广泛，其主要贡献在于通过市场估值，而非直接从资产负债表出发来推断企业的价值 A_t，解决了长久以来困扰结构化模型的一个重要难关。由于公司在 t 时刻的权益 E 可以通过市场估值来观察，因此就可以使用 Black - Scholes 的看涨期权方程来推断公司 t 时刻的价值 A_t：

$$E_t = BSCall(A_t, T-t, r, \sigma, K)$$

其中，到期日 T 可以使用债务的久期（duration）来替代。于是，KMV 就可以计算一家公司在 t 时刻时违约距离：

$$DD_t = \frac{\log(A_t/K)}{\sigma}$$

简约模型是于 20 世纪 90 年代中期出现的，简化了违约事件的经济学含义，两个最著名的简约模型是 Jarrow - Turnbull 模型和 Duffie - Singleton 模型。简约模型中违约不再依赖于企业资产的价值，违约事件被规定为外生变量，主要利用违约强度推导出违约概率，并直接运用无套利的鞅定价方法进行定价。

Jarrow 和 Turnbull（1995）假定违约事件彼此独立，通过设定特征参数刻画违约发生的可能性大小，模型中违约事件服从泊松过程，违约概率则可以表示为：

$$F(T) = P(\tau \leqslant T) = 1 - P(\tau > T) = 1 - e^{-\lambda T}$$

其中，λ 为违约强度。根据违约概率可以推导出债券风险定价水平。该模型中违约强度设定为常数，但事实上违约强度是随时间不断变化的。因此，Lando（1998）将违约密度设定为随机变化，运用双随机泊松过程在短期利率动态模型基础上对信用风险进行定价。简约模型中违约一般服从泊松分布，而随信用评级方法引入简约模型，违约过程也被看成服从马尔可夫过程。Jarrow 等（1997）将违约强度视为连续变量，通过引入信用等级变化构建了服从马尔可夫过程的简化模型，违约则被视为评级状态转移过程中马尔可夫链第一次达到违约时的状态。Duffie 和 Singleton（1999）通过在无风险利率上附加信用利差构建期限结构模型,将风险分解为违约率和偿还率,通过信用利差来假定偿还率。

二、基于机器学习的违约预警模型

随着海量数据处理和分析技术的应用,信用风险度量方法得到进一步扩充,基于机器学习的风险评价模型得到广泛研究。机器学习模型可以利用非传统数据源,同时有效利用多维数据来改善信用风险评估质量,相对传统模型具有多方优势。

在风险预警研究中应用较广的机器学习模型包括决策树模型、支持向量机、神经网络模型、XGBoost 模型等,在信用风险研究领域主要应用于个人信用评分。

决策树方法是一种推理分类算法,通过对数据进行递归划分和拟合学习,生成决策树模型。McKee 和 Greenstein(2000)利用决策树方法预测公司破产表现,实证研究发现决策树方法相对多元判别分析法具有更高的准确性。支持向量机是一种广义线性分类器,Baesens 和 Gestel(2003)首次研究了支持向量机和最小二乘支持向量机在信用评分领域的应用,同时与逻辑回归、判别分析、决策树等分类算法进行对比研究,LS – SVM 和神经网络分类算法的预测效果较好。Golbayani,Florescu 和 Chatterjee(2020)对比研究了神经网络、支持向量机、决策树模型在信用风险度量中的应用。

神经网络模型是信用风险评估领域应用较为广泛的一类机器学习模型,模型无严格的假设限制,并且具备并行分布计算能力、高度鲁棒性以及较强非线性处理能力。Altman 等(1994)运用神经网络模型预测个人信用风险水平,研究表明神经网络模型相较传统统计模型预测效果准确度更高。BP 神经网络是一类典型的神经网络模型,按照误差逆向传播算法训练模型。传统神经网络一般都是单隐层,随层数增加容易陷入局部最优解,且无法解决小样本问题。Luo 等(2017)运用深度信念网络(Deep Belief Network,DBN)采用逐层训练研究公司信用风险水平,研究发现深度信念网络相比传统模型准确性更高。Yu 等(2018)针对信用评分数据,使用神经网络集成模型改善信用评分数据的平衡性。此外,也有部分研究基于 XGBoost 模型进行风险分类预测。Chang 等(2018)利用 XG-Boost 分类器,构建了金融机构信用风险评估模型,研究发现以 AUC 为评价指标,XGBoost 分类器比逻辑回归、支持向量机等分类器效果更好。Climent 等(2019)构建了 XGBoost 模型筛选核心监测变量,并用以预测银行财务困境。

近些年也有研究针对国内外市场财报粉饰提出了多种识别的方法。Craja

等（2020）使用深度学习方法研究检测公司的财务报表欺诈风险。同时，舆情的正负面信息也被作为重要特征因子之一，关联风险的影响也被进行了相关的探索研究。Chatzis 等（2018）研究了资本市场间关联风险影响效应，并提出深度神经网络模型能够大幅提高信用风险识别准确度。

Starmine 的 SmartRatios 是 Starmine Credit 风险模型组件中的一员，是机器学习违约预警模型的商业应用之一。每天对全球 35 000 家覆盖额企业发布其估计的违约或破产的概率，这一违约概率则会被进一步映射到传统评级符合和百分制的分值。Smartratios 模型融合了五个主要模块：盈利能力、流动性、杠杆率、覆盖率和成长性。基于 logistic 回归的框架。较之较传统的基于会计理论的信用模型，其最大的优势包括：

（1）容纳了当前实际值和基于 Starmine 的 Smartestimate 实现的前瞻性分析的估计值；

（2）通过权重系统确保每一个敞口的重要财务指标都会有较高的权重；

（3）能够智能处理离群值和缺失值。

经回测发现，Smartratios 模型与传统基于会计方法的信用模型相比，在违约事件的预测上有着显著优势，同时还能在权益投资领域提供额外的价值，用以提前预估外部评级机构的下调行为。

第三章
大数据与人工智能在信用风险预警中的价值和优势

第一节 大数据技术的发展历史和现状

一、大数据技术的诞生与发展

大数据技术的诞生最早可追溯到 20 世纪 70 年代，专注于数据存储和分析的所谓数据库服务器（Database Machine）的概念逐渐形成。到了20世纪80年代，人们又针对不断增长的数据量，提出了基于"Share – nothing"理念的并行数据库（Parallel Database）系统。这类数据库架构依托于计算机集群，每台主机拥有各自独立的处理器、存储空间和磁盘，Teradata是其中较为成功的商业化系统之一。

到了20世纪90年代，并行数据虽然已经得到了广泛认可，但档期面临来自海量互联网服务的诸多的挑战开始逐渐力不从心。此时，搜索引擎公司开始需要面对处理海量数据的挑战，谷歌的GFS和MapReduce的变成模式应运而生。此外，由用户、传感器和其他海量数据源产生的数据内容也造就了源源不断的数据流。

2007年1月，数据库软件的先驱Jim Gray将这种转变称之为"第四范式"。他同时指出这种新的范式需要一种全新的计算工具，来管理、分析并可视化海量的数据。直至2011年6月，EMC/IDC所发布的一篇研究报告《Extracting Values from Chaos》第一次将"大数据"这个概念引入了进来，奠定了这一领域的基石。

除了数据在体量上的特点外，Laney进一步使用3V的概念来描述大数据的特点，包括体量（Volume）、速率（Velocity）和多样性（Variety）。这也意味着大数据除了要面临海量数据之外，还要能够快速创建、处理和存储各种类型、来自不同来源的数据。

时至今日，大数据技术已经衍生出多样化的发展方向，包括数据采集与传输、数据存储与管理、计算处理、查询与分析、可视化展现。计算处理引擎方面，常见的大数据平台统一的计算平台有Spark和MapReduce等，而在实时计算领域则发展出了Flink和Spark Streaming等技术分支。为了更好地支持数据查询和分析领域，又在Hadoop存储引擎基础上衍生出了大量的SQL on Hadoop解决方，如Hive、Impala、Presto、Spark SQL等；而在数据可视化领域，也出现了如Tableau为代表的，可以通过简单的拖拉拽来实现数据复杂展示的商业智能（Business Intelligence，BI）分析工具。

二、大数据技术政策层面的支持与推动

我国从政策层面开始关注大数据的发展和应用可以追溯到2014年。当年，大数据被首次纳入政府工作报告之中，中国信息通信研究院也在同年发布了首部《大数据白皮书》。此后"大数据"逐渐成为各级政府关注的热点，政府数

据开放共享、数据流通与交易、利用大数据保障和改善民生等概念逐渐深入人心。

2015年8月31日，国务院正式印发了《促进大数据发展的行动纲要》，成为我国发展大数据产业的战略性指导文件。2016年，《中华人民共和国国民经济和社会发展第十三个五年规划纲要》也将"实施国家大数据战略"列为其第二十七章的题目，其中有对"国家大数据战略"的阐释。至2016年底，工业和信息化部正式发布《大数据产业发展规划（2016—2020年）》，进一步明确了"十三五"时期大数据产业发展的指导思想、发展目标、重点任务、重点工程及保障措施等内容。之后国务院各部门纷纷出台了各自行业的大数据相关发展规划，大数据的政策布局逐渐得以完善。

2020年4月9日，中共中央、国务院发布了《关于构建更加完善的要素市场化配置体制机制的意见》，第一次将数据与传统的土地、劳动力、资本、技术等要素并列，作为一种新型生产要素，以便能充分发挥数据要素对其他要素效率的倍增作用，使大数据成为推动经济高质量发展的新动能。该意见指出，数据的积累是第三次工业革命的成果，是未来时代的"新矿产"。

目前，国家对大数据的重视已经上升到了更高的战略维度。在推动社会经济发展方面，2021年5月24日，由国家发展改革委、中央网信办、工业和信息化部、国家能源局等多部门共同发布的《全国一体化大数据中心协同创新体系算力枢纽实施方案》，明确提出布局全国算力网络国家枢纽节点，启动实施"东数西算"工程，突出四个方面的重点，包括：引导有序布局、促进绿色能源、推进迭代创新、实现安全高效。而在国家安全层面，近期更是提出了此后不久，我国更是提出了"坚持党管数据，保障数据安全"的战略工作任务，将其和"枪杆子""笔杆子"并列作为同等重要的执政资源，出台了《中华人民共和国数据安全法》，从多个方面对数据的保护与利用进行了宏观层面的总体布局和战略规划。

三、大数据技术在我国金融领域上的应用

在我国金融领域中，最早开始重视大数据平台建设的主要是银行，特别是国有大型银行。由于这类银行往往会有上百套业务系统，数据标准化、数据建模、数据治理的复杂度高，实践的难度最大。此后随着互联网的高速发展，秉

承着天然的技术优势,互联网金融企业公司在大数据平台技术上的贡献也取得了较为显著的先发优势。现如今,几乎所有金融企业都已经将基于大数据技术的数字化转型作为其自身生存和发展的重要战略举措。

大数据应用水平正在成为金融企业竞争力的核心要素。金融机构有三种数据获取的方式:从第三方数据供应商购买(如财汇、万得、聚源等),通过爬虫技术爬去公开数据,以及在自有系统中沉淀。金融的核心就是风险防范,直接影响企业的坏账率、营收和利润,而风险防范的核心又是数据。与此同时,金融行业在确保数据安全和隐私前提下的数据整合、共享和开放也成为一种新的趋势。由于金融是国民经济的血液,所以金融行业不可避免会与几乎所有其他行业或领域发生关联,这也使得金融行业在跨领域数据的融合不断强化。同时,得益于现代人工智能技术对非结构化数据处理分析能力的提升,大量非传统的另类数据,如图像、语音、文本等数据也正在成为必备要素。不难发现,大数据技术与人工智能技术在金融领域正在形成一种更为紧密的深度融合,其对大数据的采集、存储、处理和展现等阶段上的助力作用,大大拓展了金融大数据的应用价值和应用场景新兴技术高速发展。

四、大数据技术应用中所面临的难点和挑战

尽管我国大数据的发展得到了政府的关注和政策的扶持,但我国要实现从"数据大国"向"数据强国"转变,还面临诸多挑战,包括:技术创新与支撑能力依然不够、信息安全和数据管理体系仍未建立(如数据所有权、隐私权等相关法律法规),以及人才队伍建设亟须加强,特别是既熟悉行业业务需求,又掌握大数据技术与管理的综合型人才。

在金融领域,经过长期的数字化改造,但也依然存在着不少亟须解决的困难和挑战。其中最为显著的就是信息孤岛(Information Silo)问题:金融机构积累了大量的信息系统,并借此积累了海量的数据,但是这些数据是分散在各个系统中,不能实现集中分析,这就需要投入大量的人力物力进行数据资产的治理,引入"大数据湖"的概念,实现数据的"穿透式"管理。另一项在金融领域特有的挑战,就是数据安全问题。一方面,金融行业是一个强监管体系,系统内留存着大量敏感数据、隐私数据、交易数据等;另一方面,数据的价值又往往需要通过共享、交换、链接才能实现最大化,这就对技术体系、业务流程,乃至监管法规和行业标准提出了更高的要求。

第二节 人工智能技术的发展历程

一、人工智能技术的诞生与发展

人工智能领域与大数据有着紧密的关联，一个常见的比喻是：数据就是现代信息技术的石油，而人工智能技术就是对石油进行提炼的加工厂（见图6-3-1）。机器学习作为当前人工智能领域中最为重要的分值，继承并融合了大量先驱工作，他们为不同的发明、算法或框架做出了贡献。

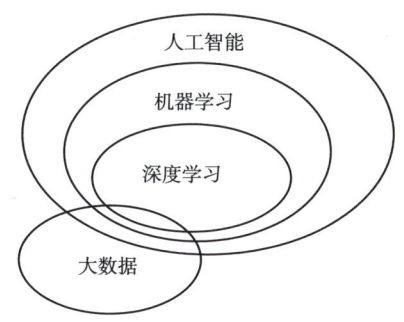

图6-3-1 大数据与人工智能研究范围

资料来源：平安资产KYZ

20世纪50年代是现代人工智能的启蒙年代，机器学习的先驱亚瑟·塞缪尔（Arthur Samuel）创建了一个用于玩跳棋的程序，使用了一种极小极大算法（Mini-Max）来寻找最佳走法。假设对手也在以最佳方式下棋，并引入了alpha-beta修剪算法来衡量获胜的机会，这在人工智能自动规划的分支领域有着奠基性的意义。Samuel也是第一个提出并普及"机器学习"一词的人。他指所谓机器学习，就是"使计算机能够在没有明确编程的情况下学习的研究领域"。这一时代的巅峰事件是在1956年的达特茅斯会议，常被称为"人工智能的发源地"。在两个月的时间里，一群数学、工程、计算机和认知科学领域的杰出科学家齐聚一堂，建立并集思广益人工智能和机器学习研究领域。

第二次人工智能发展的高潮可以追溯到20世纪80年代。1979年，日本计算机科学家Kunihiko Fukushima发表了他关于Neocoginitron的工作，这是一种分层的多层网络，用于检测模式并启发卷积神经网络——当今用于分析图像的系统。1986年，认知科学家Paul Smolensky提出了一种受限玻尔兹曼机

（RBM），它可以分析一组输入并从中学习概率分布。如今，该算法在主题建模（例如，基于文章中最流行的词，AI 确定其可能的主题）或 AI 支持的推荐（基于之前的购买，您接下来可能会购买什么）方面很受欢迎。而在同年，Hinton 提出了误差反向传播机制（Back Propagation），有效帮助具有海量参数的神经网络进行自动的链接权重优化。与此同时，神经网络之外的大量其他学习算法也涌现而出。1990 年，Robert Schapire 和 Yoav Freund 的论文"弱学习的力量"介绍了机器学习的提升。Boosting 是一种旨在增强 AI 模型预测能力的算法，它使用许多弱模型，并通过组合它们的预测（通常使用平均值或投票）将它们转换为强模型。1995 年，Vapnik 领导的 AT&T Bell 实验室对支持向量机（SVM）做了进一步优化，使得这一学习算法在相当长的一段时间内成为机器学习领域的翘楚。

2000 年之后的很长一段时间内，人工智能领域陷入了发展的停滞，同时也是为下一阶段的突破在做积累。自 2009 年 Fei－Fei Li 发布了 ImageNet 之后，我们经历了一次人工智能领域的暴发性发展，其发展的基础就是深度学习。这一方面得益于硬件计算能力的提升，另一方面则是海量数据的供给。2010 年，Alex Krizhevsky 所提出的基于卷积神经网络的 AlexNet，在 ImageNet LSVRC－2010 大赛上，通过现在被称为"深度学习"的方法，大幅击败了基于传统学习方法的竞争对手，使得人类首次能在计算机视觉领域看到可以构建比肩人类认知能力的方法。2014 年，Goodfellow 等提出的生成对抗网络，让深度学习的领域重新关注到了生成模型（Generative Model）。到了 2015 年，LeCun、Bengio 和 Hinton 在 Nature 杂志上发表了一篇综述性的论文《Deep Learning》，对深度学习这一方法论进行了高度的总结和提炼。同年，DeepMinde 所发布的 AlphaGo 程序是第一个打败职业围棋选手的人工智能。围棋是最古老、最难的抽象策略游戏之一，以前被认为是教计算机几乎不可能的游戏。这不仅标志着深度学习和强化学习融合之后能发挥出的强大能力，也标志着这一次人工智能发展的巅峰。

二、人工智能技术在政策层面的发展历史和现状

中国官方开始关注人工智能对国民经济发展的重大影响可以追溯到 2014 年，由工业和信息化部牵头，组织 50 多名中国工程院院士、100 多位专家起草了《中国制造 2025》，并最终在于 2015 年 5 月 8 日由国务院公布。同年 7 月 1 日，国务院进一步发布了《互联网＋行动指导意见》，明确提出了"互联网＋"协

同制造，需要大力发展智能制造。2016年5月23日发改委、科技部、工信部和网信办共同发布了《互联网+人工智能三年计划实施方案》，指出"要打造人工智能基础资源与创新平台，人工智能产业体系、创新服务体系、标准化体系基本建立，基础核心技术有所突破，总体技术和产业发展与国际同步，应用及系统级技术局部领先"。

2017年7月8日，国务院印发了《新一代人工智能发展规划》，明确了我国发展人工智能的战略目标，重点任务，并进行总体部署。该发展规划指出：人工智能的迅速发展将深刻改变人类社会生活、改变世界。为抢抓人工智能发展的重大战略机遇，构筑我国人工智能发展的先发优势，加快建设创新型国家和世界科技强国，按照党中央、国务院部署要求，制定本规划。同年12月13日，为贯彻落实《中国制造2025》和《新一代人工智能发展规划》，工业和信息化部印发了《促进新一代人工智能产业发展三年行动计划（2018—2020年）》，提出了面向2030年我国新一代人工智能发展的指导思想、战略目标、重点任务和保障措施，部署构筑我国人工智能发展的先发优势，加快建设创新型国家和世界科技强国。

2019年3月19日，习近平总书记主持召开了中央全面深化改革委员会第七次会议《关于促进人工智能和实体经济深度融合的指导意见》。针对促进人工智能和实体经济深度融合。会议指出，促进人工智能和实体经济深度融合，要把握新一代人工智能发展的特点，坚持以市场需求为导向，以产业应用为目标，深化改革创新，优化制度环境，激发企业创新活力和内生动力，结合不同行业、不同区域特点，探索创新成果应用转化的路径和方法，构建数据驱动、人机协同、跨界融合、共创分享的智能经济形态。

三、人工智能技术应用中所面临的难点和挑战

尽管我国人工智能技术的发展得到了政府的关注和政策的扶持，但我国要实现从"AI大国"向"AI强国"转变，还面临诸多挑战，包括：技术创新与支撑能力依然不够，人工智能的标准和管理体系仍未建立（如评价标准、应用标准等），以及人才队伍建设亟须加强，特别是既熟悉行业业务需求，又掌握人工智能技术与管理，且具备高度落地能力的综合型人才。

在金融领域，经过长期的智能化化改造，但也依然存在着不少亟须解决的困难和挑战。第一，最为显著的就是各领域发展不平衡问题。在包括人工智能在内的新兴技术应用的程度上，二级市场要远远高于一级市场。当前的一级市

场，包括债券发行、股票 IPO 等场景中，对信息的加工处理还大量存在手工作坊的方式，因此信息化程度、智能化程度都亟待提高。第二，监管机制存在一定滞后性无法与人工智能技术匹配，影响技术在金融领域的直接应用。第三，人工智能技术的"黑箱"特征限制了技术在金融领域的应用范围。在证券投资领域，能够带来直接收益的自动化交易对人工智能的接受速度较快，而收益相对较为间接却需要大量资源投入的风险控制环节则对人工智能技术的应用落地较为缓慢，削弱了技术在金融领域的核心竞争力。

第三节　大数据与人工智能在信用风险分级预警中的价值和优势

一、基于大数据与人工智能在构建违约预警的必要性和可行性

中国金融市场正面临着对外开放，与国际接轨的重要转型时代，中国的整个金融投资领域和相关企业都面临着巨大的竞争压力。传统的依靠大量人力，通过人工数据搜集、人工研究分析、人工决策判断的形式已经很难与国际一流的，以大数据、金融模型和 AI 模型为主导的金融生态运营模式进行竞争。

以大数据中台和 AI 模型算法为其研发技术核心，摒弃了数据源分散，数据获取难，且分析判断高度依赖于人工经验、效率低、覆盖面小等缺陷的传统模式。在过去的较长一段时间内，传统的量化信用分析领域的发展已经基本稳定。由于其主要依赖基于财务报表的各类财务指标分析，并使用线分模型进行加总，使得这类模型往往析企业的信用风险容易遇到信息瓶颈和方法论的上限。

随着近年来大数据和人工智能技术的发展和成熟，为构建新一代的违约风险防范体系创造了新的可能，也奠定了技术基础。一方面，现代的大数据技术，可以为我们提供对海量数据的采集、存储、整理、归纳、汇报等商业智能服务；另一方面，基于先进的人工智能和机器学习模型算法，可以帮助我们从海量数据中进一步提炼价值线索，做到更早、更准、更全面地发现企业的债务信用风险。

二、基于大数据与人工智能技术构建违约预警的挑战性

目前中国的债券市场还处于发展的初期，因此对构建量化智能模型来判断违约风险提出了巨大的挑战。中国债券违约的规模性发生也仅从 2016 年开始，

截至目前所积累的违约案例非常稀少,仅为 100 多例,而现代人工智能能够有效识别模式的前提就是有着充分的训练样本。其次,相较于上市公司,发债企业在信息披露上有着天生的不足,财报披露时效性低,甚至常常延期发布,其他相关信息披露也非常有限,使得公开渠道中能捕捉到的反映企业实际经营状况的信息非常有限。最后,尽管很多发债企业信用资质已经接近破产,但债券的最终违约与否却往往还取决于诸多政策性的因素,这些非市场化因素使得信用风险和违约概率的预估难度陡然提升。

以上种种问题都对基于大数据和人工智能技术构建违约预警的目标提出了巨大的挑战。为了回答这些问题,需要考虑:

(1)违约风险预警模型依赖哪些指标,企业的指标数值如何?
(2)市场价格、估值和舆情信息传递了哪些有用的预警信号?
(3)有没有和企业相关的负面舆情信息?
(4)企业的财务报告是否值得信赖?
(5)企业的隐秘关联方情况、表外负债、股东和高管自身的风险是怎样的?

为了更好地回答上述的问题,就需要认真做好实际需求和业务经验的挖掘和分析,了解现有的专家经验,再通过长期的观察和研究以得到大量高价值的结论,帮助 AI 学习模型从浩瀚无垠的原始数据和凤毛麟角的少数个案中解脱出来。

第四章
基于大数据与人工智能的分级预警系统的架构设计

第一节 分级预警系统的五维标签体系的构建

针对分级预警系统,业务人员按照自身需要对模型进行深度分析,形成行业标签体系,包含宏观形势、政策环境、行业基本面、发行人资质、外部增信、市场动态、个券基本面、重大事件等。

通过对这些建模数据本身特点的深入分析，我们总结归纳出了这些数据各自的特点，如图6-4-1所示。一方面可以保证我们实现了上文中所提到的四个方向，另一方面可以根据特征各自不同的特点进行定制化模型的设计和开发。

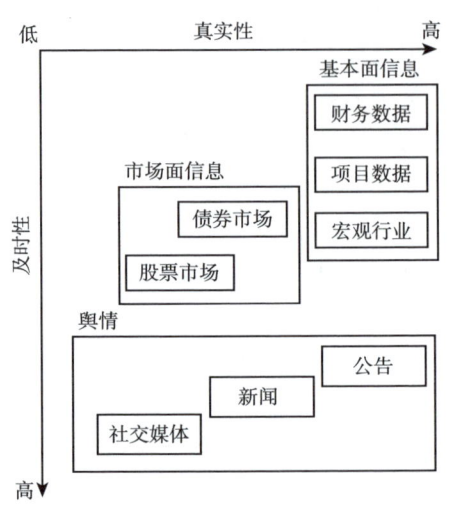

图6-4-1 不同的数据源在及时性和真实性上所具有的不同特点

资料来源：平安资产KYZ

基于上述结论，进一步将建模的种种要素进行分解和分析，认为应当从以下四个方面来决定建模方向：

（1）特征类型需要满足数据的可得性、可用性和可靠性；

（2）特征类型需要结构化数据和非结构化数据相结合；

（3）特征类型需要同时覆盖长周期稳定指标和短频率甚至实时数据；

（4）特征类型尽可能使得客观和主观数据相辅相成。

基于以上还原投资经理的日常研究和信息提取的考量，预警系统的设计架构包括了查看企业长期趋势的企业基本面情况（财务及基本信息）、及时反映企业短期被冲击的市场面（股市、债市）和舆情情况（涵盖所有新闻、公告等信息）、财务粉饰情况（关注企业基本面可信度）、风险传导情况（相关企业及个人对主体的影响）五方面的因素，确保风险来源多角度、全方位覆盖并在一套系统中监控输出，如图6-4-2所示。

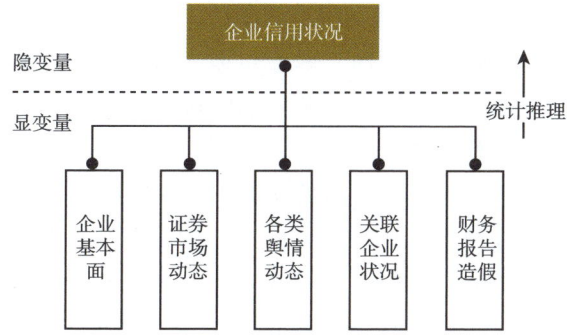

图6-4-2 预警系统假设企业的信用状况是一个难以直接观察的隐变量,该隐变量会受到一些可以被观察的外部变量状态影响,同时也会影响外部可观察的变量状态

资料来源:平安资产KYZ

第二节 分级预警系统的主模型与子模块架构

整个预警系统的设计可分为一个集成模块和多个子模块,整体的主、子模块逻辑结构示意如图6-4-3所示。

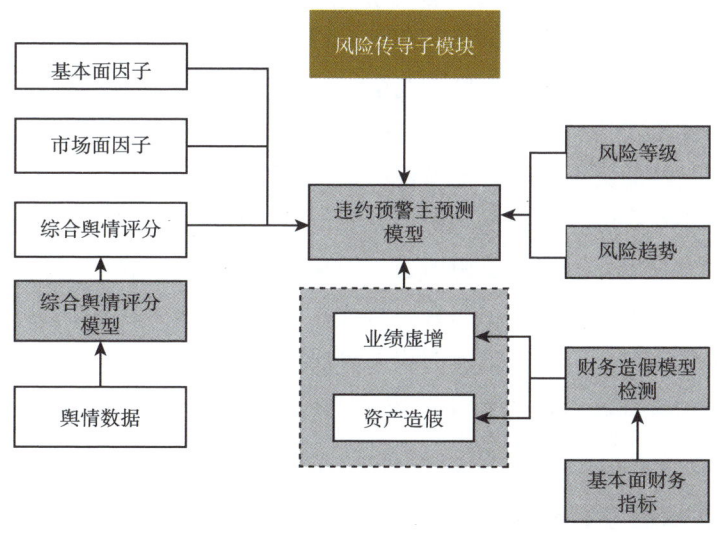

图6-4-3 综合预警评分的模型构建

资料来源:平安资产KYZ

在设计过程中，集成模块从预警企业的内部风险和外部风险两个角度考量，针对基本面、市场面、舆情面、财务粉饰、关联风险传导这五个方面分别设立对应的辅助目标来监控预警企业全方位的信用风险表现。五大子模块是相互独立而又相互补充的有机体。

在舆情方面，为了准确地从海量的文本信息中有效抽取重要相关事件，需要设计针对信用防范的特定舆情标签体系，从而提高舆情事件自动化抽取的效果，具有更好的轻重缓急区分度。

通过对整个信用风险评价体系的梳理，设计从基本面、市场面、舆情面、财务粉饰程度以及关联风险信息对发债主体信用状况评价的全新信用评价体系。整个信用风险评价体系的设计可分为一个集成模块和多个子模块。集成模块输出的结果为企业未来一段时间的信用风险等级和信用风险趋势，代表了企业整体的信用风险表现。其中，企业的信用风险等级，是基于企业当前信用资质以及近期各类信用事件冲击，对该企业未来3—9个月内信用风险变化的预期。信用风险演化趋势，则是通过对相关高频数据的分析，对企业未来的信用风险是否会恶化做出判断，代表其相对风险。从上述两个维度衡量企业的信用风险可更加有效、准确地甄别高风险企业，并提前做出预警，避免踩雷，也可为不同风险偏好的投资者制定投资和交易决策提供参考。

在设计过程中，集成模块从预警企业的内部风险和外部风险两个角度考量，针对基本面、市场面、舆情面、财务粉饰、关联风险传导这五个方面分别设立对应的辅助目标来监控预警企业全方位的信用风险表现。而五大子模块是相互独立而又相互补充的有机体。在研发中，有些子模块的学习目标与主模型的学习目标是辅助关系，有些子模块的学习目标与主模型的学习目标是同一目标，视子模块本身的性质而定。例如，舆情面的数据量大且数据结构与主模块较为不一致，我们并不直接使用因子，而是会先根据历史的舆情信息用模型给出一个综合舆情评分，再使用综合舆情评分作为输入放入主模块进行预测。而市场面衡量企业在股市和债市上的相关表现，会直接通过因子描述的方式，展现在产品上，并直接入模。整体的主、子模块逻辑结构示意图如图6-4-4所示。

一、基本面子模块

信用风险评价体系的基本面子模块关注企业的外部融资环境和企业长期经营状况及发展趋势。通过对该企业所在行业、所在地区的分析，以及该企业目

专题六　我国信用风险评价体系构建与产业债信用风险分级预警系统研究

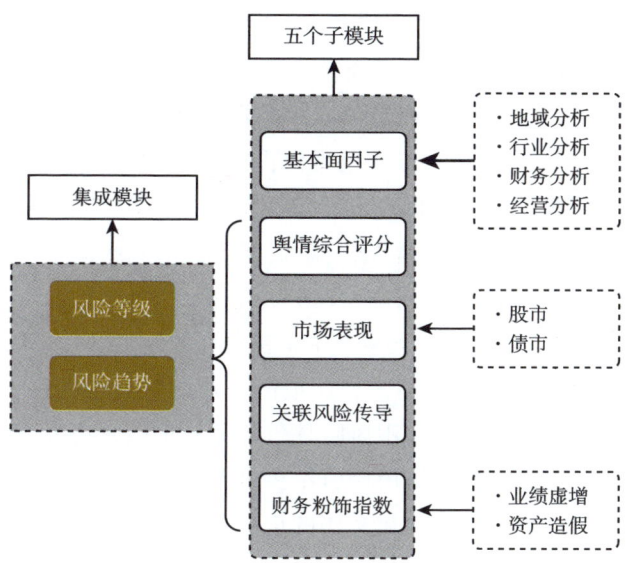

图6-4-4　主、子模块逻辑结构示意图

资料来源：平安资产KYZ

前的经营及财务状况的分析，从而获得该发债主体整体的基本面健康程度。信用风险评价体系的基本面因子是一组结构化的，用以刻画企业基本面情况的、相对较为低频的数据（见图6-4-5）。

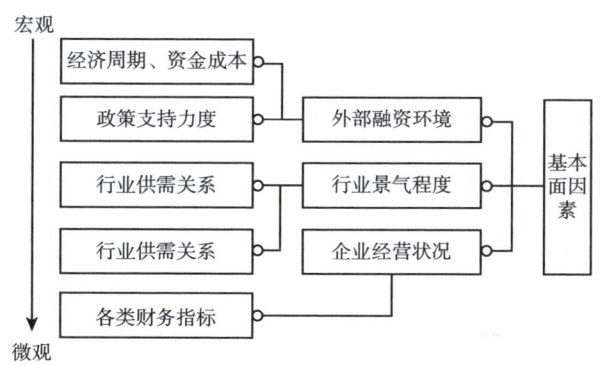

图6-4-5　信用风险评价体系中所使用的基本面因子分类结构

资料来源：平安资产KYZ

这一系列因子大致可以被归结为以下三个方面：

（1）外部融资环境：主要从宏观角度评估当前所处的经济周期、企业融资成本以及货币政策对不同融资方式的支持力度（模型正在研发中）。

（2）行业指标，包括行业类型、行业景气度等。
（3）公司财务指标。由于数量众多，又可以进一步分为以下几个类型：
   （a）债务负担，如资产负债率、短期负债占比等；
   （b）再融资能力，如未使用授信占比等；
   （c）偿债能力，如 EBIT/利息费用等；
   （d）经营能力，如营运资金/总资产等；
   （e）盈利能力，如毛利率、EBITA 等；
   （f）资产质量，衡量公司资产中是否含有水分，如商誉占总资产比例等；
   （g）其他行业特殊指标，如房地产企业的项目指标等。

除了这些结构化数据外，信用风险评价体系同时会参考由信用研究员根据对企业现场调研情况所撰写的信用调研纪要这类非结构化数据。由于对这类数据的加工处理高度依赖于非结构化文档的信息提取和自然语言处理技术，因此被归结到了舆情的模块。

二、市场面子模块

信用风险评价体系的市场面子模块关注发债主体在股市和债市上的交易及波动情况。从发债主体债券或者股票的可流通性、长期波动趋势、短期异常情况、债和股的估值情况来全面考量发债主体的市场风险。

信用风险评价体系中所考虑的市场面因子也是一组结构化数据。主要来源于发债主体所发债券的报价数据、交易数据。如果该发债主体同时也是上市公司的话，会同时考虑该企业在股票市场的行情数据。我们所定义的市场面因子包括：债券市场因子，如债券价值偏离等；股票市场因子（仅对上市企业有效），如股票的 5 日涨跌幅等。相比较于上述基本面因子，市场面的因子主要有两大特点：

第一，更新频率高。基本面因子大部分都是源于公司的财务报表，因此最高的更新频度是季频，而少量因子则最多可以做到月频，相比之下市场因子一般都是日频，有些甚至可以对实时报价情况进行检测预警。

第二，受到市场干扰大。由于中国的股票市场行情往往会偏离理性，因此股票市场的波动往往不能直接反映公司的实际信用状况，这也是造成海外常用的如等 KMV 模型无法直接套用在国内市场的原因之一，而债券市场虽然相对较为理性，但是其报价和交易的稀疏性也会导致其信号噪声较大。

为了减轻市场面因子受市场干扰大的问题，我们将 KMV 模型所得到的企业违约距离也一并纳入信用风险评价体系的输入因子中。尽管 KMV 所得到的违约距离值变化主要源于市场面中的股市波动，但由于 KMV 模型的所得结果同时还高度依赖企业基本面因素（如总资产、净资产、总负债等），因此并不完全属于市场面因子。

相比较于单纯使用股票价格在市场中的涨跌幅情况而言，KMV 模型所给出的违约距离由于考虑到了企业的整体资产和负债情况，因此能极大提升股票价格波动的参考意义，并有效缓解股票市场的非理性价格波动。

结合上文所述，信用风险评价体系中所考虑的市场面因子数据包可以被概括为图 6-4-6 所示。

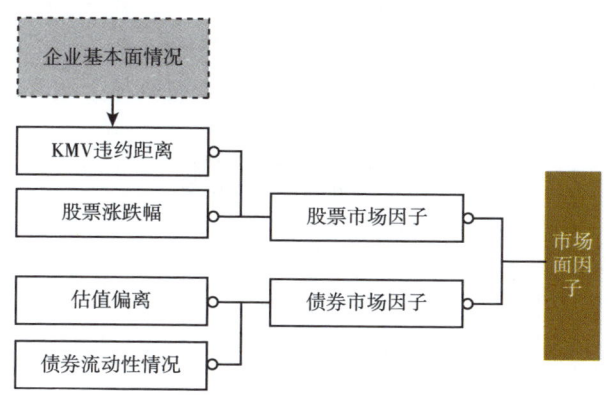

图 6-4-6　市场面因子包含了股票市场和债券市场两大市场信息来源，其中 KMV 模型所给出的违约距离作为一个较为特殊的股票市场因子，同时也考虑到了部分企业基本面情况

资料来源：平安资产 KYZ

三、舆情子模块

信用风险评价体系的舆情子模块收集了来自 1 万多个新闻、公告、社群的信息源。根据债券市场特性，设计了 293 多个舆情标签，通过回顾过去 365 天的舆情信息，建立每个企业的历史故事序列，形成一条故事线，并根据舆情事件对企业信用风险影响的程度，在故事线上标注出影响最大的 10 天及其舆情事件。通过舆情子模块的输入，补充和加强关于发债主体的信息充分性。这些数据通过一个专门定制开发的舆情打分模型，得到一个综合舆情评分，然后加入整体的信用风险评价体系之中。

信用风险评价体系中所考虑的舆情数据是一种来源广泛的、以自然语言为载体的，同时包含了基本面、市场面，以及大量难以被简单归类的非结构化信息。尽管被统称为舆情，但实际上这类数据的来源大致可以被分为以下四类（见图6-4-7）。

（1）新闻舆情，即传统意义上由新闻工作者所编辑的、常常会包含某些情感色彩的新闻数据，可进一步分解为传统的官方媒体新闻和其他主流网络媒体所发布的新闻。

（2）各类公告，发债主体自身、控股公司，交易所等监管机构、外部评级机构，或相关行政法律等管理单位所发布的各类客观信息披露。

（3）内部报告，由内部信用分析师根据调研情况所撰写的调研报告或者信评报告，其中包含大量非公开的数据。尽管这些数据会部分被系统所采纳，但由于其敏感性，仅公开用这些数据所得到的判断结果。

（4）社交媒体，包含微博、微信公众号等社交媒体上公开发表的信息。

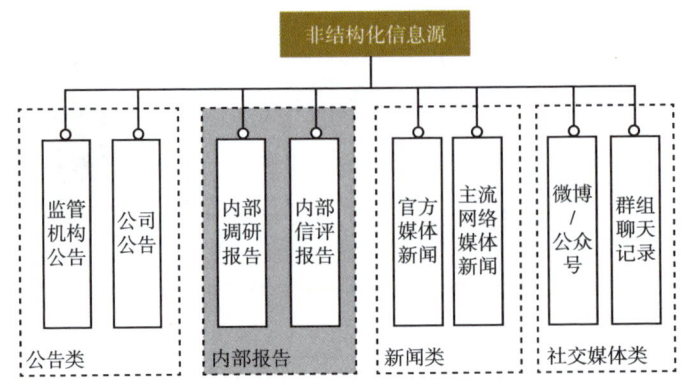

图6-4-7 舆情子模块中所考虑的数据源包括四个主要来源

注：阴影部分所示的内部报告仅由主体提供

资料来源：平安资产KYZ

四、财务粉饰检测子模块

信用风险评价体系的财务粉饰子模块主要有两个用途：提示用户发债主体的财报是否真实有效及矫正作假企业的基本面影响。目前主流的信用评级报告都会首先假设被评级企业所发布的财务报告本身真实有效，但实施情况却不尽如人意。大量企业往往因为某些原因，导致其对财务报告或多或少会有一些操控。这种操控行为可以被视为是一种对风险评估过程的恶意攻击，即意图通过篡改原始数据使得原有的信用风险被显著低估。我们在信用风险评价体系中引入财务粉饰检测子模块的目的主要有两个：（1）作为一个直接的企业诚信参考指标向用户输出；（2）将财务造假检测模型的结果作为信用风险评价体系的输入组成部分，参与到整体综合预警评分的计算。

根据经典的财务造假理论，企业依靠权责发生制在收入确认、费用分配等方面引入了部分主观判定因素，留下了操纵空间，而这种可操纵的空间及相应的操纵行为是持续性行为。如图6-4-8所示，整个财务粉饰模型从舞弊三要素理论出发：舞弊动机、舞弊机会，以及舞弊借口。我们认为，一种典型的造假行为模式是由舞弊机会给企业带来在财报中虚增业绩的可能性，而后再通过舞弊借口使得前期被虚增的业绩成为伪造出来的虚假资产。

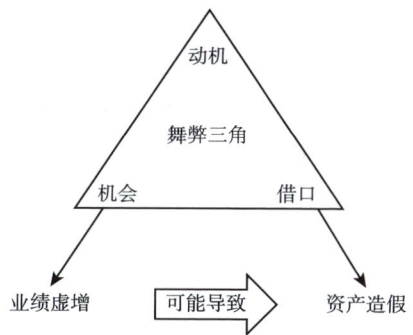

图6-4-8 经典财务造假理论的造假三角：舞弊动机、舞弊机会和舞弊借口
资料来源：平安资产KYZ

基于上述财务造假理论，一个企业财务造假的典型链条可以被分解为：首先伪造或调节收入，从报表上体现出应收账款激增；接着，伪造关联方收入或投资收益等；然后企业确认虚假应收款从而伪造利润和收入；有些企业可能出于短期目标，仅止于收入调节，在后一年财报将利润和收入再排除。更严重的造假企业则会继续往下，通过存货或现金吃进虚假收入，混淆折旧年限，持有虚假资产直到显示资产意外减值或者造成损失。

五、风险传导子模块

除了上述的风险正向传播的情况外，信用风险评价体系还同时需要考虑风险的反向发现，即通过被传导企业的风险暴露，来反推那些目前风险已相当严重，但在其他数据途径中尚未被暴露的企业。

信用风险评价体系的风险传导模型基于一个较为成熟的企业知识图谱来构建。该图谱同时考虑了发债企业和相关企业，以及公司实体和人员实体。与财务造假模型的构建类似，风险传导模型的构建重点在于对专家经验的沉淀，并通过一定的机器学习模型对这些经过沉淀的专家经验进行泛化。

公司主体的信用风险可能源自自身以外的其他主体，通过某一种传导路径传导给主体公司。这种传导路径有着丰富多样的可能性，可能是控股母公司传导给子公司，可能是上游企业传导给下游企业，也有可能是同一法人的不同公司之间的传导。典型案例包括子母公司之间的风险传导、担保链之间的风险传导等多种途径。

为了刻画这种风险的传导性，我们首先在知识图谱中将包括公司和人员的重要实体抽象成图中的点，将公司与公司之间、公司与人员之间的各类关系（如控股、抵押、担保等）抽象为不同类型的、连接点与点之间的边。为了完整刻画风险在不同实体之间的传导链路，这一图谱需要同时包含我们所关注的发债企业以及所有关联企业。目前市场上有多家数据供应商提供了此类数据，经过多方面的排摸比较，我们所采用的是由财汇提供的企业特色数据库，其中所包含的关联关系包括：公司股东关系、公司高管关系、公司实际控制人关系（包括实际控制人链路）、公司供应商与客户关系、公司对外担保关系（包括对外担保明细）、公司家谱图（热点谱系链路）、公司对外投资关系、公司股权出质关系，以及公司之间大额资金往来关系。

看一个发债主体是否有风险，除了其主体自身的风险，也要考虑到与之相关的实体或者个人是否会将风险传导到发债主体。风险传导子模块会使用我们正在自建的企业知识图谱中风险传导规则，这些规则的提炼结合了专家经验总结及历史数据挖掘，目前包括：持股传导、对外投资传导、对外担保传导、同一实控人传导、大额资金往来传导。

第三节 分级预警系统的实证分析

分级预警模型风险等级呈现类正态分布，如图6-4-9所示。截至2020年12月31日，对有存续债主体的预警结果进行统计，信用资质较差的主体，即中高风险以上的非管控企业合计占比达到13.68%。信用资质较好的主体，即中低风险及以下的企业合计占比21.96%。分细项来看，已管控企业占比2.89%，非管控的高风险企业占比3.88%，中高风险企业占比9.78%。在确保能有效预警风险企业的基础上，预警模型给出风险提示的企业占比较小，大幅提升了当前信用债投资对资质下沉的投资需求。

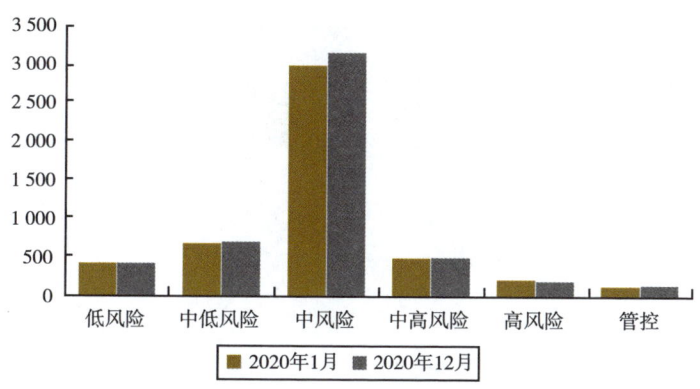

图 6-4-9　信用债主体风险预警等级分布

资料来源：平安资产 KYZ

分级预警模型相对外部评级机构对信用风险区分度更高。截至 2020 年 12 月 31 日，统计预警等级和外部评级的分布，可得到对应关系表。从城投预警模型来看，预警模型相比外部评级分布更为平滑，外部评级更多集中在高等级区域，对主体信用的区分度不高。从产业债模型来看，外部评级更多集中在 AA 以上，预警模型对外部评级 AA 以上的企业具备更好的区分度，能够更有效识别风险主体。

分级预警系统对 2018 年 1 月至 2020 年 7 月初的数据回测结果显示，2020 年初风险预警中高及以上的主体，在一年内陆续暴雷或者发生各类信用风险事件。具体来看，预警模型 2020 年 1 月 1 日高风险预警名单中的 192 家企业，其中 152 家都在一年内发生各类信用风险事件（包括违约、外评 AA-及以下、外评下调、债券收益率过高等），占比达到 79.2%，其中 2020 年内发生违约事件的主体数为 31 家。2020 年 1 月 1 日，中高风险预警名单共 437 家，其中发生各类信用风险事件的企业共 314 家，占比达到 71.85%。

2020 年预警模型覆盖的新增违约主体为 45 家，预警模型提前量最多达到 810 天，平均提前量为 478 天。2019 年新增违约主体 46 家，提前量最多为 687 天，平均提前量为 463 天。2020 年相较 2019 年预警提前天数略有增长，这主要是因为 2020 年违约主体大多为自身资质较差但市场对该类主体外部支持存在较高预期的企业。而产业债预警模型相对弱化企业的外部隐性支持，更重视公司基本面的变化，对基本面较差的主体敏感性更高，当这类主体发生负面舆情、价格异动的冲击时，更容易被模型捕捉到。

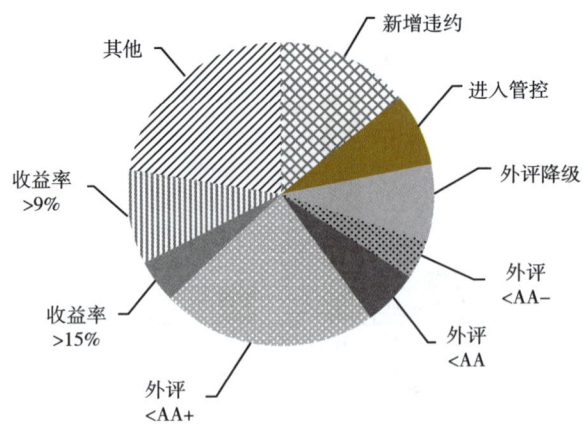

图 6-4-10　高风险预警主体信用事件

资料来源：平安资产 KYZ

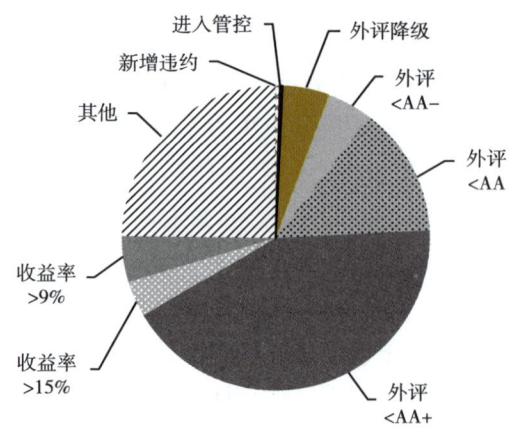

图 6-4-11　中高风险预警主体信用事件

资料来源：平安资产 KYZ

从排雷有效性角度来看，违约企业预警模型已全部提前预警。我们按照 2020 年年内主体是否发生风险事件进行检验，按预警等级是否在中高风险将发债主体划分为预警主体和非预警主体，对发生风险事件的主体未预警则定义为漏警，得到一个衡量 2020 年预警效果的矩阵。如果以预警提前量不足 3 个月为基准，2019 年和 2020 年整体漏警率为 4.39%，其中 2020 年全年漏警率仅为 2.2%；如果以预警提前量不足 6 个月为基准，2019 年和 2020 年整体漏警率为 12.05%。2020 年全年预警模型提前 180 天未预测到的企业有 6 家，占新增违约主体的 13.3%，其中华晨汽车提前天数 160 天，成龙建设提前天数

172 天。2019 年预警模型提前 180 天未预测到的企业有 5 家，占 2019 年新增违约主体的比例为 10.8%。

表 6 – 4 – 1　　　　　　　　2020 年分级预警模型准确率

预警模型、风险类型	发生风险事件的主体	
	提前 1 天	提前 3 个月
非预警（风险等级中高以下）	0	2.2%
预警（风险等级中高及以上）	100%	97.8%

资料来源：平安资产 KYZ

第五章
预警模型主要模块具体建模方法

第一节　多模块融合构建预警系统

整个预警系统的设计可分为一个主模型和多个子模型。在第四章中，五大模块是相互独立而又相互补充的有机体。基本面、市场面、舆情面、财务粉饰这四大模块主要以因子的形式输入预警主预测模型。研发中的风险传导模型将在主预测模型的输出结果上做风险叠加。舆情面和财务粉饰并不直接使用因子，由于这两块数据的特殊性，舆情综合得分是由综合舆情评分模型给出，而财务造假相关因子将通过财务造假检测模型的两大产出业绩虚增和资产造假构建。如图 6 – 5 – 1 所示，五大模块集成到一个模型之中，输出结果为企业的风险等级和风险趋势。其中，灰色部分的主模型及各子模型将在本章后面各小节详细介绍。

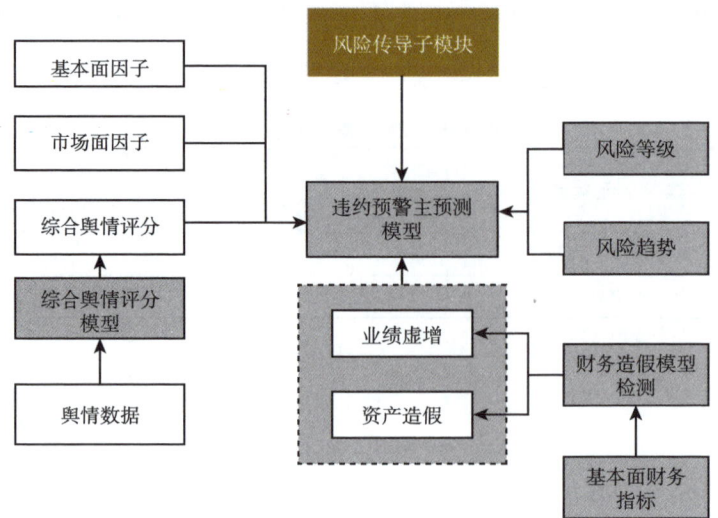

图 6-5-1 综合预警评分的模型构建

资料来源：平安资产 KYZ

第二节 预警系统的主预测模型

一、样本稀疏与迁移学习

目前针对中国债券市场的违约预警模型的研发往往都受限于违约样本的稀疏性。由于复杂的机器学习模型往往涉及成千上万的可调参数，因此对这些参数的优化往往需要数量巨大的学习样本来支持，才能得到相对较为理想可靠的模型参数。与之相反的是，目前中国债券市场自违约案例爆发以来，累计只有约 300 个违约案例，导致我们的负面学习样本严重不足，样本极不平衡。在传统的机器学习方法中，为了解决负面样本量匮乏、样本分布不平衡的这一难题，一般采取的方法是使用样本的重采样（re-sampling），正负样本根据需要重新分布，包括对大量正面样本的次采样（sub-sampling）和对少量负面样本的过采样（re-sampling）。

然而仅仅依托这种重采样方法来解决样本稀疏或者不平衡问题，会导致两大重要缺陷：

一是重采样过程仅能提高负面样本在整体样本中的权重或者比例，并不能真正增加有效的负面案例和模型可以使用的学习信息。

二是过高的过采样比例或者过低的次采样比例会严重扭曲数据集的天然分布，使得所学习的模型（特别是复杂深度模型）在真正上线环境中表现极不稳定。

随着表示学习（Representation Learning）的思想在深度学习领域中的广泛应用，越来越多的深度学习模型开始重视对无标签数据的应用，并逐渐催生出了一个新的领域——迁移学习（Transfer Learning）。在迁移学习中，如图6-5-2，学习目标的定义不再仅限于原有的学习任务，还包括去寻找那些与所学任务有着一定相关性，同时具有重组数据的领域，通过对这些领域数据的学习，让模型可以充分得到对原始输入数据表示形态的学习，进而可以在原任务仅有少量学习样本的情况下依然表现出较好的预测效果。这种迁移学习的极端案例就是所谓的单例学习（One-shot Learning）或零例学习（Zero-shot Learning）。

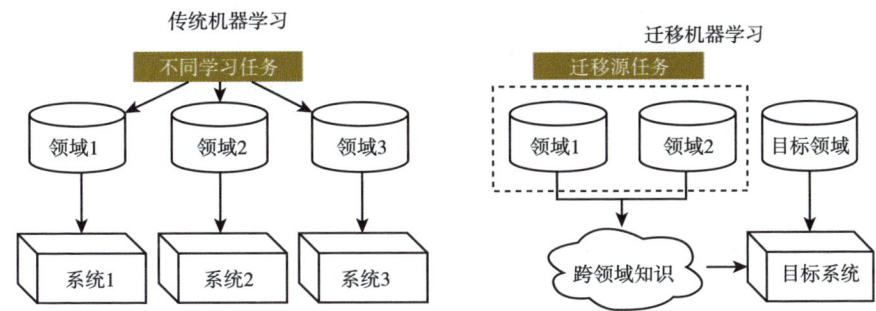

图6-5-2　传统机器学习和迁移机器学习的架构

注：迁移机器学习与传统的机器学习的区别在于传统的机器学习企图每个任务都从头开始学习，而迁移机器学习可以将之前习得的知识用在目标任务上，尤其在高质量样本稀疏的场景下更有效。

图片来源：A Survey on Transfer Learning

在预警系统的模型构建中，我们同样采用了迁移学习的重要思想，模型的学习目标不再仅仅满足于一般意义上的实质违约案例，而是把眼光拓展到了与实质违约有着强烈关联的其他信用事件上。这些用作辅助学习目标的事件来源包括：外部评级下调事件、中债隐含评级下调事件，以及债券收益率大幅上涨事件。与原目标实质违约相比，这些事件的数据有着以下一些优良的特性：

（a）同样能够反映企业的信用风险，并且如果考虑实质违约是否发生往往会取决于不受控制的人为意志，这些事件往往在反映企业信用风险上更为客观；

（b）相对于实质违约，这些事件对企业信用风险的变化更为敏感，更具有提前量；

(c) 数据样本量相对较为充足，适合训练较为复杂的机器学习预测模型。

在实践过程中，我们发现这些辅助学习目标能够有效帮助模型提高学习效率，帮助模型更好地对输入数据进行表示学习，并能大幅度提高模型的预测能力和在样本外案例中的预测准确性。

二、基于决策树的深度模型

与传统线性模型相比，深度模型由于引入了对输入数据多层次、非线性的变化，可以有效捕捉数据中的复杂关联，得到比简单线性模型更为优秀的数据拟合效果。目前，这类深度模型分为两大类型：

（a）基于网络结构的深度网络模型（Deep Networks），也就是我们常说的深度神经网络；

（b）基于树结构的森林模型（Forest），如随机森林（Random Forest）和梯度提升机（Gradient Boosting Machine）等。

两者相比较而言各有优缺点，尽管一般狭义的深度学习模型往往仅包含前者，但在众多对并不具有空间局部关联性的表格型数据而言，基于树结构的森林模型可以获得更好的样本内拟合效果和样本外预测效果。

三、基于梯度提升机的 XGBoost 模型

预警系统所选用的一个主要模型就是基于树结构的 XGBoost 模型（极度梯度提升），这一模型是一种针对传统基于树结构的梯度提升机的改良。所谓的梯度提升机（Gradient Boosting Machine），就是在构建森林时逐步增加新的决策树，且每一个新增的决策树所要学习的目标是对现有模型预测结果残差的补足，其思想与深度网络模型中的残差网络（Residual Networks）如出一辙。这一过程可以用如下计算式表示：

$$L^{(t)} = \sum_{i=1}^{n} l(y_i, \hat{y}_i^{(t-1)} + f_t(x_i)) + \Omega(f_t)$$

其中，$L^{(t)}$ 表示在生成 t 棵树时的目标函数；$l(y_i, \hat{y}_i^{(t-1)} + f_t(x_i))$ 表示在当第 i 个学习案例的目标输出时 y_i，第 $t-1$ 棵树的输出是 $\hat{y}_i^{(t-1)}$，且当前第 t 棵树的输出是 $f_t(x_i)$ 时，第 i 个学习案例所带来的损失；最后一项 $\Omega(f_t)$ 则是一个正则化项，表示由于当前第 t 棵树带来的额外模型复杂度而应当受到的惩罚。在此基础上，XGBoost 进行了进一步提升，主要表现为两个方面：

（1）XGBoost 在生成每一棵树时，会同时考虑现有模型的一阶残差项和二阶残差项，让模型可以更快更准确地收敛。这一点可以通过其在目标函数中额

外引入了二次残差来实现。具体可以表示为：

$$L^{(t)} \simeq \sum_{i=1}^{n} \left[l(y_i, \hat{y}^{(t-1)}) + g_i f_t(x_i) + \frac{1}{2} h_i f_t^2(x_i) \right] + \Omega(f_t)$$

其中，$g_i f_t(x_i)$ 和 $\frac{1}{2} h_i f_t^2(x_i)$ 分别是原 $l(y_i, \hat{y}_i^{(t-1)} + f_t(x_i))$ 在 $l(y_i, \hat{y}_i^{(t-1)})$ 进行泰勒展开后的一次项和二次项。

（2）XGBoost 在生成每一棵树时，会对结构进行高强度的正则化约束，用以克服梯度提升机常见的过拟合问题，具体可表示为：

$$L(\phi) = \sum_i l(\hat{y}_i, y_i) + \sum_k \Omega(f_K)$$

$$\Omega(f) = \gamma T + \frac{1}{2} \lambda \|w\|^2$$

其中，T 为结构复杂度，w 为叶节点权重向量。

第三节　综合舆情评分模型

一、非结构化数据处理流水线

预警系统中的舆情模型需要处理大量非结构化的数据，这些数据往往以 HTML 网页形式、WORD 或 PDF 的电子文档形式，或者电子邮件形式存在，因此往往需要进行一步前置的文档解析和文本提取的操作；另一方面，从文档格式中所提取的原始文本含大量的语义信息，例如：这篇新闻或公告是与哪些主题相关的，讲述了一个什么样的事件等。为了解决上述问题，我们将处理这类数据的模型规划为若干个主要层次，如图 6-5-3 所示。

这一流程可以被归结为以下几个步骤：

（1）文档解析和文本提取：旨在将各类来源不同、形式不同的文档转化为适合后续 NLP 技术处理的文本。

（2）实体识别和实体链接：旨在对非结构化文本进行一次浅层的语义标注，标注的对象是文本中所提及的各类实体（Named Entity Recognition），包括公司主体和关键人物，然后根据上下文信息对这些标记出来的实体链接到知识库中有着唯一标识的实体对象上（Entity Linking）。

（3）事件标签抽取：旨在对非结构化文本进行进一步的语义分析，将文本中所提及的事件归类到一个预先定义的事件集中，例如"高管变动"或"盈利下滑"等，并将这些事件与文中所提及的实体进行关联。

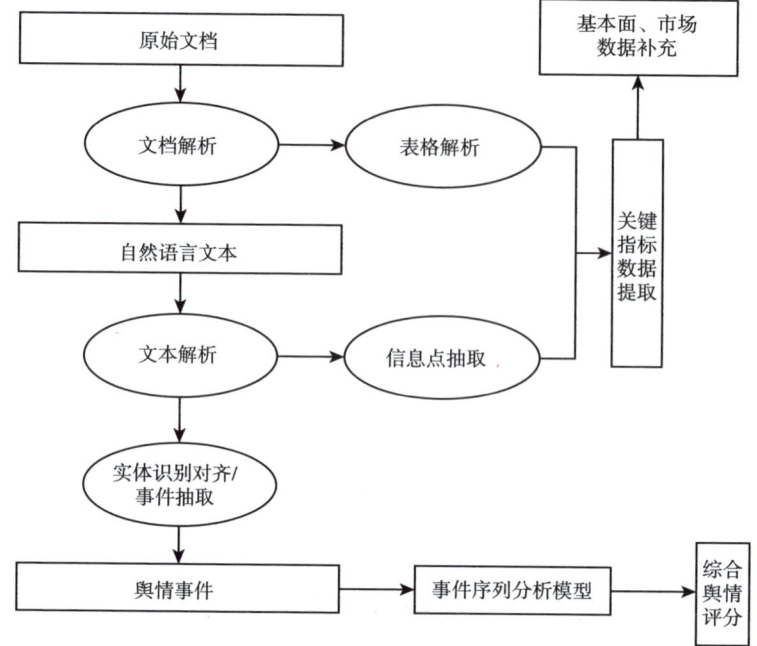

图 6-5-3 预警系统中所设计的非结构化信息处理流水线

注：其中主要包含了文档解析、文本解析和事件序列分析三个步骤。

资料来源：平安资产 KYZ

（4）事件序列分析和预测：旨在将上面两步所提取的数据根据公司主体进行分组，并在时间轴上对齐为一个时间序列，然后使用序列分析的方法根据给定公司主体的在过去较长时间段内（通常为一年）所发生的事件序列给出对它的信用风险预测评分。

二、基于 Transformer 的序列模型

上述这些工作中的最后一步是整个舆情模型中最为核心的步骤。不同于市场上大部分所谓"舆情分析"，仅仅是计算一个正负面的情感分，预警系统通过引入一个"事件序列"的语义层，综合考虑发债主体在过去 12 个月内所有发生事件形成的模式，来综合判断主体的违约风险。这一模式一方面可以屏蔽大量无关事件中所夹杂的情感给模型对企业债务违约风险判断所带来的干扰；另一方面，还可以通过归因算法，定位到一个具有较为明确含义的事件组合作为归因。我们所采用的事件标签集合包含了两层共 293 个事件标签，具体组织分类如图 6-5-4 所示。

专题六　我国信用风险评价体系构建与产业债信用风险分级预警系统研究

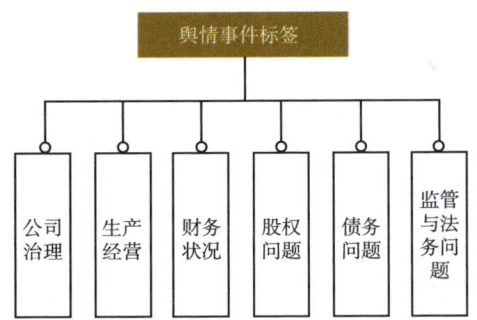

图 6-5-4　预警系统中舆情模块中所考虑的事件标签分类

注：该分类体系中包含了两个层级，图中所展示的是第一层共六大类分类关系图，而在第一层向下还包含有第二层底标签，是非结构化数据处理流水线中所提取的主要目标。

资料来源：平安资产 KYZ

我们认为，人类在回忆过去时，会将前后有影响的事件联系起来整体考虑，并自动淡化无关内容，强化重要事件。因此，在获得事件标签之后，预警系统会建立企业的历史事件序列，来分析舆情变化趋势以及事件前后的关联关系，形成每个企业独有的故事线。除此之外，不同规模的公司，对事件冲击的承受能力也是不同的。一些重大事件，如高管被调查等，对央企和大国企并不会造成显著影响，但若发生在规模较小或者民营企业中，就可能就造成灾难性的结果。所以我们的序列模型，也综合考虑了公司体量对事件的承受力。

为了捕捉这样的关联与企业对冲击事件的承受能力，我们使用了完全基于自注意力机制的 Transformer 架构，通过 Attention 权重矩阵，评估历史事件相关性，定位关键事件。Transformer 解决了 sequence to sequence 中信息流动瓶颈的问题，通过大量使用 attention 的结构代替了 LSTM。与之前传统的 Encoder-decoder 模型须结合 CNN 或者 RNN 的旧有模式相比，Transformer 模型的主要优点在于：

（a）由于大幅使用了 attention 注意力机制，可以避免在处理长序列时信息丢失的问题；

（b）由于使用了 self-attention 自注意力机制，可以让模型发现输入序列中不同时间点之间关联性；

（c）由于避免使用在计算过程中有着强烈依赖关系的循环网络结构，使得模型可以高度并行化训练。

一个 Transformer 模型往往包含多层的 Transformer 单元，其中每一层单元，输入嵌入向量将首先作用于一个多头注意力单元，之后多头注意力单元所给出的结果则会输入一个前馈网络单元，得到最后的输出结果，而这两个单元都会伴随着一个残差网络结构和层标准化处理的结构，如图 6-5-5 所示。

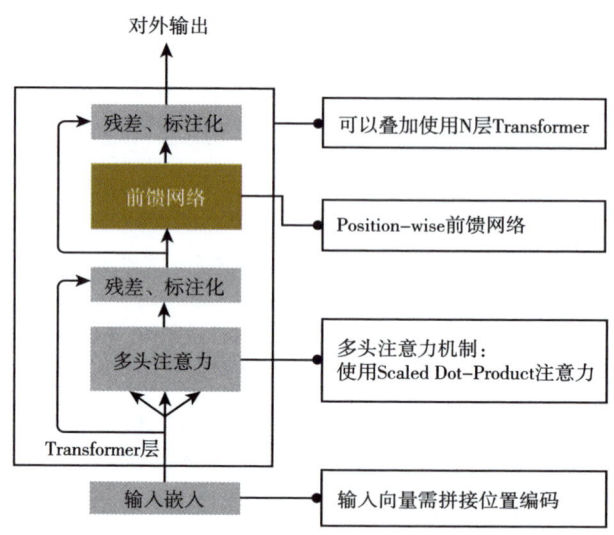

图 6-5-5　Transformer 层具体模型结构

注：其中多头注意力机制使用 Scaled Dot-Product 注意力。

资料来源：Attention is all you need，Google

Transformer 模型的核心在于多头注意力（Multi-head Attention）机制，其核心在于模型把每一个时间片上的输入特征编码为一个存储向量 V，并生成一个存储索引向量 K，以便在接收到查询向量 Q 时返回适当的向量值，如图 6-5-6 所示。

我们可以将一个多头注意力单元的计算过程写成如下形式：

$$\text{MultiHead}(Q,K,V) = \text{Concat}(\text{head}_1,\cdots,\text{head}_h)W^O$$

$$\text{where head}_i = \text{Attention}(QW_i^Q, KW_i^K, VW_i^V)$$

其中，V、K、Q 为三个向量，分别表示存储值向量、存储索引键向量和查询键向量，h 为注意力头的数量，而每一头使用 Scaled Dot-Product Attention。这里，Scaled Dot-Product Attention 可以进一步被细化为如下计算过程：

$$\text{Attention}(Q,K,V) = \text{softmax}\left(\frac{QK^T}{\sqrt{d_k}}\right)V$$

其中，d_k 表示向量长度。

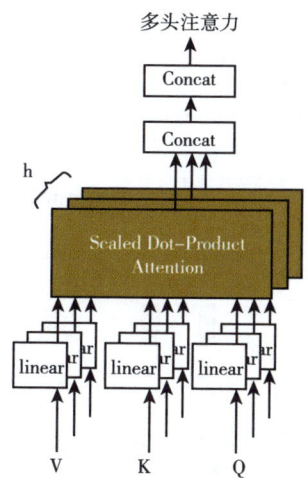

图 6-5-6　在 Transformer 模型中所使用的多头注意力机制

资料来源：平安资产 KYZ

由于 Transformer 模型最初是针对机器翻译这样的序列到序列生成的任务所提出的，因此一个完整的 Transformer 模型包含了一个编码器（encoder）部分和一个解码器（decoder）部分，而多头注意力则会应用于包括 encoder - decoder、encoder self - attention 和 decoder self - attention 三处。但不同于原始的机器翻译应用场景，预警系统并不需要考虑序列形式的输出，因此在具体使用时，仅采纳了 Transformer 模型中的编码器（encoder）部分，将序列数据编码成一个固定长度的语义向量，然后通过一个密集连接层（dense layer）预测某一类的信用风险事件发生概率。

在采用了 Transformer 模型的编码器部分之后，整个舆情综合模型的输入数据分为三个部分：

（a）一个 k 维的事件的发生频度编码向量，用以表示该案例中，第 t 天时，第 i（$1 \leq i \leq k$）类事件被观察报道的次数。

（b）一个 v 维的位置嵌入编码（position embedding），用来给 Transformer 模型弥补时间片 t 的信息。

（c）一个 u 维的基本面因子，如公司规模、公司性质等。我们认为，这些属性会严重干扰同一个事件对不同企业产生的信用影响。

在上述三类特征中，不难发现前两类数据都是与时间序列相关的高频数据，而第三类数据则在较长的一段时间内是一个基本稳定的常量。因此，将时间片（time - step）的精度定义为日频，对每一个学习样本选取了时间跨度长达一年的（365 天）的事件时间序列作为输入，在经过 embedding 层形成事件特征的 event embedding 和时间特征的 position embedding；而公司的基本信息在 embedding 层之后与事件和时间 embedding 拼接在一起，输入 Transformer 层，如图 6-5-7 所示。

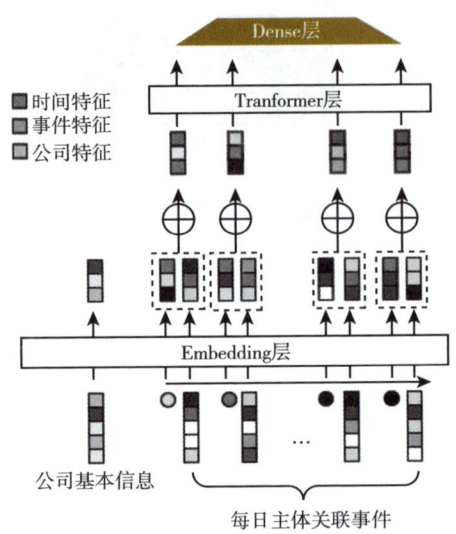

图 6-5-7　预警系统中，基于 Transformer 编码器部分的综合预警评分子模型整体架构

资料来源：平安资产 KYZ。

通过对历史数据的探索研究我们发现，一个在舆情维度暴露风险的主体，往往单日内就有超过 20 条舆情信息，而在过去一年的历史中则可能有数千条舆情，因此为了有效帮助用户寻找和定位舆情中的核心风险要点，通过对 Transformer 模型中的自注意力（self-attention）矩阵的分析，将模型的预测结果归因到某一些模型认为较为重要的事件之上，帮助用户理解模型的行为，排查企业的信用风险。也正是在这里所使用的 Transformer 模型可以模仿人类，近似实现回忆、推理、关联和归纳的行为，因此可以将时间序列和最终舆情评分拆分，定位归因到舆情故事线上对企业信用风险影响最大的 10 个舆情事件。

第四节　财务造假检测模型的构建

财务粉饰模型是专家经验沉淀并通过知识蒸馏的方式让机器来学习。与上

专题六 我国信用风险评价体系构建与产业债信用风险分级预警系统研究

文所提的实质违约样本相比，财务造假检测学习样本更为稀疏，目前大部分对这一方面的研究都是根据证监会或者交易所给出的 200 个左右的财务造假触发名单，但实际这份名单不仅覆盖度较低，而且极为滞后，大量实际财务粉饰或者操控行为已经非常严重的企业因为种种原因并未被证监会或交易所处罚，因此并不适合直接套用一个机器学习模型对这些样本进行分类学习。

为了解决这一问题，我们提出了一套融合了专家经验和机器学习模型的方法。具体地，财务造假检测模型可以分成两个步骤：

步骤一：专家规则沉淀。主要基于专家经验和规则判断，定量地对海量财务报表样本进行筛查过滤，得到精度较高但覆盖率较低的可以造假样本。

步骤二：机器学习泛化。通过机器学习模型对步骤一所得到的信度较高的财务造假可疑样本进行泛化学习，找到与之类似但无法通过简单专家规则直接抓出的疑似造假样本。

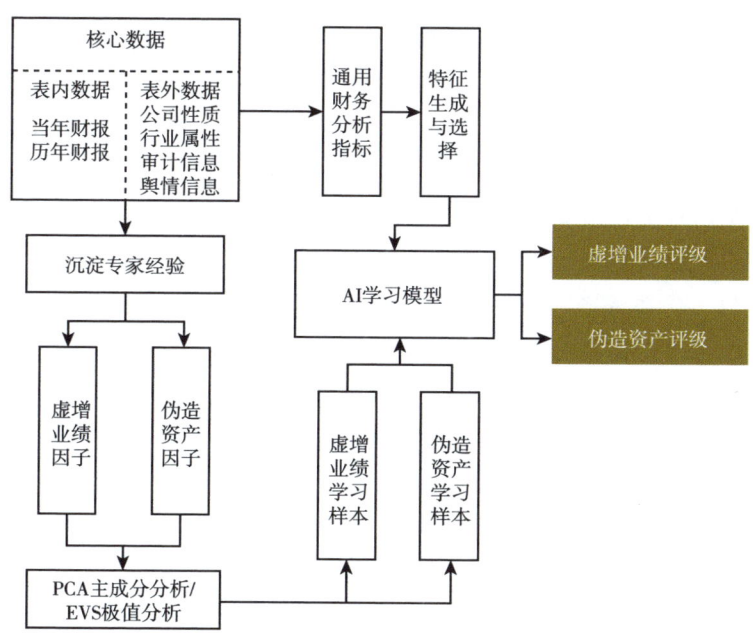

图 6-5-8 预警系统中财务造假检测子模块的整体设计框架

资料来源：平安资产 KYZ

上述两个步骤彼此相辅相成，构成了一个正循环的自增长（bootstrap）过程，并在此基础上研发更为精准的财务粉饰监测模型，旨在发现企业财务造假完整证据链。

（1）通过沉淀专家的分析逻辑并进行演绎，设计更为复杂的规则来识别作假企业。其中包括并不仅限于因子间跨年规律、案例库模式的专家法学习以及主营业务变更如何识别。

（2）基于舞弊理论，结合人工智能和自然语言处理将非结构化的与企业经营状况及财务相关的信息结合到模型中，帮助模型更准确地判断是否为造假企业。

一、高精度专家规则模型

这一步骤中的核心目标有两个：

（1）定义一个能够直接反映企业财务在某些方面具有可疑行为的专家因子；

（2）找出一部分具有较高可信度的财务造假样本企业财报。

前者是根据财务审计专家对舞弊三角理论的研究，将原始的财务科目进行一系列的比例计算，得到有着极高指向性的财务造假检测因子，如"商誉因子""投资玩票因子"等。这些指数的设计会考虑到企业自身财务指标增减趋势的异常（横向比较），与行业中值对标的的纵向比较，以及会计钩稽关系趋势背离，其原则是大部分正常公司财报的因子取值将会集中在中心区域，而远离中心区域的距离则反映出公司在该因子所描述的财务造假行为上有着较高的风险，且距离越远风险越大。

目前我们一共定义了30个左右的专家因子，主要分为了"虚增收入"型财务操控和"伪造资产"型财务操控。在此基础上，我们进一步地对这30个专家因子做了一个简单的主成分分析（PCA）变化，以便能够通过这些因子的简单组合，发现一些较为容易泛化的新的财务造假检测因子。

为了更好地刻画这些指数在偏离正常值时所反映的实际风险，特别是那些因为和某些小众行业进行比较后，可比样本较少的情况下经验频度（Empirical Frequency）具有高度的不稳定性，我们引入了在风险评估领域中常用的极值分布理论（Extreme Value Theory）对尾部风险进行广义帕累托分布的拟合，选取一个相对比较可靠的切分阈值，用以捕捉根据专家经验所定义的疑似财务造假样本。这些经过专家因子配合阈值选择而抓出的疑似财务操控案例会交由我们的审计专家进行进一步检验，过滤掉其中因为某些特殊原因造成因子值偏差较大的特例，保留其中最为可靠的财务造假案例。

二、高覆盖机器学习模型

根据专家所给出的少量高指向性因子标注出来的疑似财务造假案例虽然具

有较高的可信度，但它面临着两个重要缺陷：

（1）为了提高所标注的造假案例的可信度，这些因子的切分阈值往往会偏向于保守，如1%等，从而造成大量造假案例无法被发现；

（2）每一个造假因子都特定地指向一种由专家经验定义的、特定的造假模式，因此所捕捉的造假案例一般都是在某一方面操控特别严重，而无法发现那种在不同的造假维度上都有操控，虽然每一个维度都相对轻微但整体操控行为却十分可疑的案例。

为此，引入第二步高覆盖度的机器学习模型。在这一步骤中，参考步骤一所捕捉的两类财务造假案例，分别作为学习样本，但却使用了一套完全不同于专家因子的特征集合，即我们在一般财务分析中所常用的各类财务比例指标，并使用了拟合能力较强的XGBoost预测模型进行学习。在这一过程中模型所使用的指标数据量大，指向性较弱，但提供了模型足够的泛化能力，可以捕捉到那些有着与已知造假案例有着一定相似性但却尚未被发现的财务造假案例。

考虑到步骤一中大量专家因子都考虑了某些财务指标在不同年份的纵向比较（如当年营业收入增长率与去年的比较等）与市场或行业的横向比较（如毛利率与行业中位数比例，这里根据业务经验对不同的财务比例选择全市场或行业作为对比范围），我们对用于案例泛化的机器学习模型的输入特征也选择性地进行时间轴的拓展。具体的，首先使用随机森林（Random Forest）模型对所有财务指标的预测能力进行排序，然后选择其中权重较高的特征子集计算其与上年的同比和与市场或行业中位数的比例，加入特征集合。

三、证据链发现模型

经过上述两大模块分析处理而后得到的财务造假预测结果面临着与众多现有财务造假模型相类似的问题：

一是模型往往会筛选出大量疑似造假案例，尽管有财务调节行为的企业不在少数，但是很难说市场上存在大规模的深度财务造假行为。

二是模型所发现的财务造假行为只是对它某一特定可疑行为的怀疑，难以有完整的证据链覆盖包括企业的造假动机、造假借口等方面。

为此，在上述已有的财务造假模型中引入一层更为复杂的模型，综合考虑了企业多年可能的财务操控行为，以及各类与企业财务造假动机、借口等相关的因素，如企业性质、高管变动、上市需求等，形成一整套完整证据链，过滤掉那些虽然有财报操控嫌疑但可以由较为正当解释的样本，锁定那些对企业信用和偿债能力有着决定性影响的样本。

第五节　风险传导模型的构建

现实中，公司并非孤立的主体，而是同其他公司及自然人之间存在各种关联关系，导致公司的信用风险不仅仅跟其自身内部状态信息相关，还受到其外部关联方的影响，即关联方的信用风险有可能会传导给公司。风险传导模块主要针对这种由公司外部关联方向公司自身的信用风险传导效应进行建模，其具体结构如图6-5-9所示。

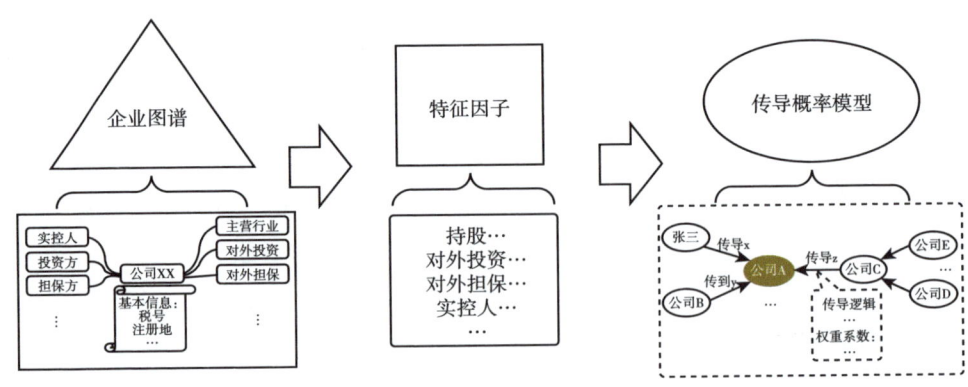

图6-5-9　风险传导模型结构示意图

资料来源：平安资产KYZ

首先，基于公司、机构及自然人等信息以及它们之间各种主要关联关系构建公司图谱。将公司、机构及自然人等重要实体抽象成图中的点，其对应的状态信息以结点属性的形式表示，将公司与公司之间、公司与人员之间的各类关系（如控股、抵押、担保等）抽象为不同类型的、连接点与点之间的边，具体关系的状态信息以边的属性形式表示。

然后，基于公司图谱平台，针对公司间信用风险传导的特点，通过结合专家经验和数据挖掘的方式提取风险传导规则，构建有效特征因子，涵盖持股、对外投资、担保、质押、实际控制人、高管、供应商及客户关系等主要信用风险传导路径。

最后，基于提取到的特征因子，利用机器学习算法进行风险传导概率模型建模，完成风险传导模型。

风险传导模型主要是针对关联公司之间的信用风险传导概率模型，在应用中需要输入外部信用风险值。本预警模型中，风险传导模型的风险源主要来自预警模型中其他模块的信用风险输出。

第六章
基于智能分级预警系统的风险管控体系

金融机构风控预警监测系统通常根据不同预警信号自动分级，根据级别对预警信号进行管理。预警系统的基础信息来源包括金融机构核心系统的黑灰名单、人民银行的征信系统、全国工商信息公示系统、全国法院被执行人信息系统、中国证监会网站上市公司披露信息等。在此基础上，传统投资机构的风控投后管理部门的日常工作还涉及通过复杂非标准化模板计量实现的风险监控、基于人工维护数据表单的非自动化风险量化模型，以及人工跟踪各个信息数据来源的风险信号。依托大数据与人工智能模型，传统风控投后管理的工作流程可通过全面且多维风险的预警和分析释放部分繁琐低效的人工步骤，转移工作重心至分析处理机器学习模型预警信号，并在平衡机器结果与人工决策权重的前提下实施预警分级管控。

第一节 投资业务线的分级预警管控方法体系

通常以风控部门统筹的风险预警管理机制根据投资业务和另类业务划分形成不同的管理流程。其中，投资业务线的风险预警管理全流程包括预警信息来源与处理、决策流程、减持流程和跟踪流程。首先，风控团队统筹各信源发出的内部预警信号通常根据严重程度从轻到重依次可分为风险关注、风险提示和建议减持。其中，风险关注信号建议投资部门持续关注风险，如有投资意向则投资经理须明确风险缓释措施；风险提示信号建议不得新增持仓，投资经理可自行决定是否减持；建议减持信号发出后同样不得新增持仓，且建议投资经理必须减持。

表 6-6-1　　　　　　　　投资业务风险预警信号及措施

内部预警信号	对应措施
风险关注	持续关注风险，如有投资意向，投资经理须明确风险缓释措施
风险提示	不得新增持仓，投资经理自行决定是否减持
建议减持	不得新增持仓，投资经理必须减持

资料来源：平安资产 KYZ

在实际投资业务的风险预警管理流程中，第一类风险关注信号发出后由风控团队执行持续的风险券跟踪。第二类风险提示信号发出后需由投资团队在一定期限内反馈是否减持，若决定不减持则依旧由风控团队继续负责风险券跟踪。第三类建议减持信号发出后一定期限内投资团队需反馈是否减持，根据反馈结果决定下一步流程是否开始减持；否则投资团队须出具深度评估报告并提交至固收投资决策小组进行审批，审批通过后方可转为由风控和信评团队进行风险券跟踪；若审批不通过则继续进入开始减持流程。投资团队开始减持后需在一定期限内择机完成减持，若一定期限内未完成需要反馈出清价格底线至固收投资决策小组决定减持方案，展期依旧未完成的情况则以一事一议的方式解决（见图 6-6-1）。

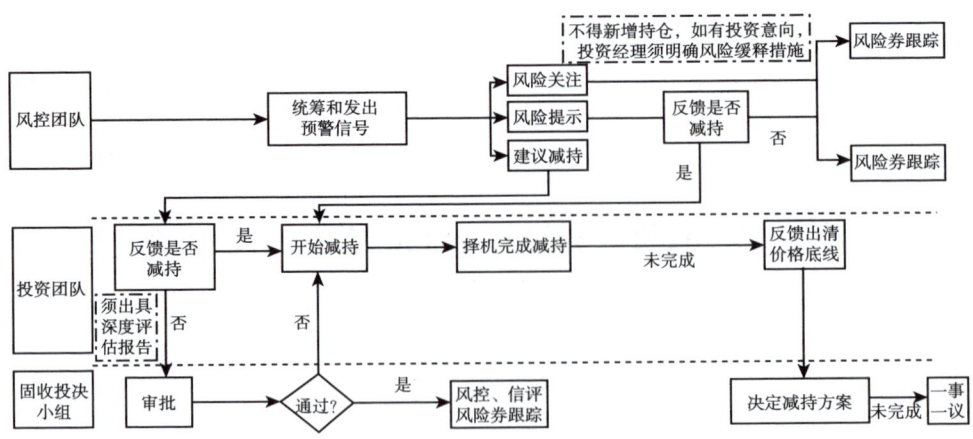

图 6-6-1　投资业务风险预警管理全流程

资料来源：平安资产 KYZ

第二节　另类业务线的分级预警管控方法体系

与投资业务线略有不同，另类业务的风险预警管理全流程包括预警信息来源与处理、决议流程和跟踪流程。风控团队统筹信源并发出的内部预警信号分为风险关注、风险提示和重大预警三个类别，且各类别的含义与投资业务线的预警信号略有不同（见表6-6-2）。其中，风险关注信号代表产品触发除主体评级调降外的加速到期条件，或通过对发行主体财务、经营情况的分析，风控团队、信评团队以及直投团队至少一方认为主体还本付息能力或意愿较上报产委会时有所减弱，上述风险信息对投资计划的本息收回可能造成一定影响。风险提示信号则代表产品触发多项加速到期条件，或通过对发行主体财务、经营情况的分析，风控团队、信评团队以及直投团队至少一方认为其还本付息能力较上报产委会时有显著恶化；或发行主体通过正式函件表达还款意愿减弱；或直投团队明确向风控或信评团队告知主体还款意愿减弱，上述风险信息对投资计划的本息收回可能造成较大影响。最后，重大预警信号表示发行主体对其他金融机构或在公开市场展期或违约，或风险信息对投资计划本息收回产生重大影响，预计发生逾期、代偿的可能性很大。

表6-6-2　　　　　　　　另类业务风险预警信号含义

内部预警信号	含义
风险关注	产品触发除主体评级调降外的加速到期条件，或通过对发行主体财务、经营情况的分析，风控团队、信评团队以及直投团队至少一方认为主体还本付息能力或意愿较上报产委会时有所减弱。上述风险信息对投资计划的本息收回可能造成一定影响。
风险提示	产品触发多项加速到期条件，或通过对发行主体财务、经营情况的分析，风控团队、信评团队以及直投团队至少一方认为其还本付息能力较上报产委会时有显著恶化；或发行主体通过正式函件表达还款意愿减弱；或直投团队明确向风控或信评团队告知主体还款意愿减弱。上述风险信息对投资计划的本息收回可能造成较大影响。
重大预警	发行主体对其他金融机构或在公开市场展期或违约，或风险信息对投资计划本息收回产生重大影响，预计发生逾期、代偿的可能性很大。

资料来源：平安资产KYZ

在另类业务的风险预警管理流程中，第一类风险关注信号发出一般要求加强投后管理频率或力度，或新增投后管理措施，如产品尚未发行则要求暂停发行。第二类风险提示信号触发时需根据相关管理要求上报，同时由直投团队上报另类投资产委会，并根据决议结果采取后续措施。第三类重大预警信号在根据管理要求上报的同时由直投团队经另类投资产委会决策后召开受益人大会，并给予退出建议（见图6-6-2）。

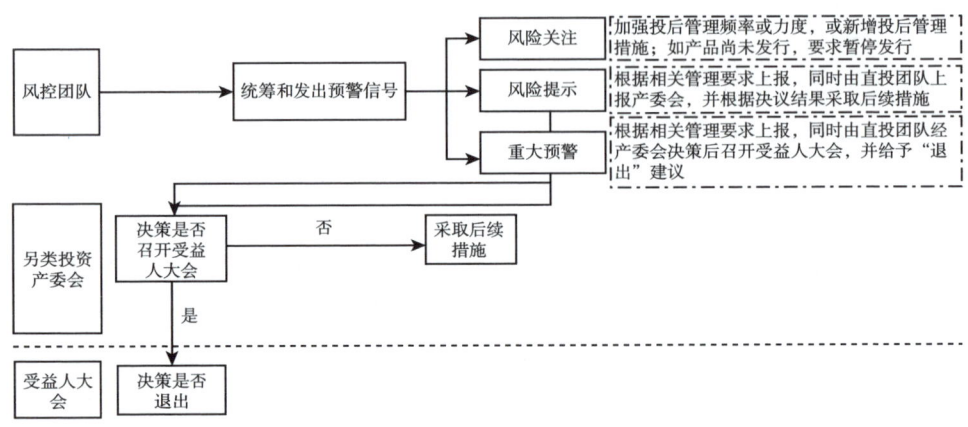

图6-6-2　另类业务风险预警管理全流程

资料来源：平安资产KYZ

第三节　人机结合的风险控制合作体系

在风控经理发出预警信号前进行的信源统筹时，需要将基于大数据与人工智能的预警模型结果与三类内部预警信号建立一套从风险等级到风险维度的完整映射体系。在实际业务实践中，针对风险预警等级为中高风险及以上的主体名单，若有业务敞口则需要业务专家对预警主体重点进行检视分析：对于专家预警的主体发出内部预警信号，对于未预警则将专家意见反馈用于模型优化。针对风险预警等级中风险及以下的主体，如有业务敞口则结合专家意见进行人工判断，对于专家预警的需将专家意见反馈用于模型优化，这是整个人机交互的全场景描述（见表6-6-3）。

专题六 我国信用风险评价体系构建与产业债信用风险分级预警系统研究

表 6-6-3　　　　　　　　　风险预警等级的专家判断

风险预警等级	专家判断
高风险	如有业务敞口，业务专家对预警主体重点进行检视分析 √ 对于专家预警的，发出内部预警信号 √ 对于未预警的，将专家意见反馈用于模型优化
中高风险	
中风险	如有业务敞口，结合专家意见，进行人工判断 √ 对于专家预警的，将专家意见反馈用于模型优化
中低风险	
低风险	

资料来源：平安资产 KYZ

在此基础上，根据预警模型的五类风险维度以及每个维度分别对应的风险类别，可与三类内部预警信号建立映射关系。五类风险维度中，基本面对应的风险类别有资产规模、股东资质、杠杆水平、流动性等；市场面对应债市表现和股市表现；舆情风险对应舆情得分；财报粉饰对应资产造假和业绩虚增；风险传导对应股权关系、担保关系、同一实控人关系和大额资金往来关系等。风控专家基于预警归因的每种风险类别，综合考虑其他因素并进一步分析判断，可分层发出预警信号（见表 6-6-4）。

表 6-6-4　　　　　　　　　预警各风险维度对应风险类别

风险维度	风险类别
基本面	资产规模、股东资质、杠杆水平、流动性等
市场面	债市表现、股市表现
舆情风险	舆情得分
财报粉饰	资产造假、业绩虚增
风险传导	持股、对外担保、对外投资、同一实控人等

资料来源：平安资产 KYZ

风控专家基于预警归因的风险类别可归纳出若干判断维度，如经营情况、负面冲击影响、债券条款或外部保证措施、非标项目个性化加速到期条件等。以投资业务为例，各判断维度的情况可分别对标至风险关注、风险提示、风险减持三类预警信号。比如项目层面募投项目现金流较发行时发生大幅恶化，经营层面房地产企业拿地向三四线城市大幅倾斜等，均可对应到各判断维度进行预警信号的量化映射（见表 6-6-5）。

表 6-6-5　　　　　　　专家发出预警信号标准举例

专家判断维度	三类预警信号		
	风险关注	风险提示	建议减持
经营情况	恶化	明显恶化	严重恶化
负面冲击影响	一定程度影响	影响较大	影响正常经营
债券条款或外部保证措施	一定程度削弱	较大削弱	大幅削弱
非标项目个性化加速到期条件	触发除评级调降外一项	触发多项	发生交叉违约
其他	—	—	—

资料来源：平安资产 KYZ

在实际操作流程中，专家先基于展示预警信息进行判断并发出预警信号，然后在内部投资流程平台中将信号录入预警库。在投中环节内部投资流程平台对投资业务进行控制，同时系统中同步对接内部预警信号并在投资组合层面展示预警信号。

基于大数据与人工智能模型在预警分级管控系统中的应用情况，总体而言可根据资本市场和非资本市场分为两种情况。一方面，将资本市场发债企业及上市公司全量清单与黑灰名单撞库后，抓取重大预警客户信息，然后形成单独的清单进行内部投资流程系统管控。另一方面，通过内部投资流程系统，在投前立项阶段进行撞库强控，投后自动判断重大预警标识变动，并发邮件预警相关人员关注。

第七章　结论与展望

尽管大数据和人工智能技术已能处理高维空间分析问题，从而提高企业信用风险预警的准确性和及时性，但我国金融市场发展历史较短，中国债券违约的规模性发生也仅从 2016 年开始，截至目前为止所积累的违约案例非常稀少，仅为 200 多例，债券市场更面临一定程度流动性缺乏和定价机制不够完善的问题，因此债券信用风险预警的研究仍面临着较大的挑战。

本文基于大数据和人工智能技术创新性地构建产业债信用风险分级预警系

统。预警系统输出的结果为企业的未来一段时间的信用风险等级和信用风险趋势，代表了企业未来3—9个月内预期的整体信用风险。信用风险演化趋势，则是通过对相关高频数据的分析，对企业未来的信用风险是否会恶化做出判断，代表其相对风险。信用债违约预警模型能够对企业违约提前做出预警，避免踩雷，也可为不同风险偏好的投资者制定投资和交易决策提供参考。

模型构建时考虑到整个预警需要综合多种数据来源、多种数据形态、不同分析体系进行预测，整个系统的设计可分为一个集成模块和多个子模块。在具体设计过程中，集成模块从预警企业的内部风险和外部风险两个角度考量，针对基本面、市场面、舆情面、财务粉饰、关联风险传导这五个方面分别设立对应的辅助目标来监控预警企业全方位的信用风险表现。而五大子模块是相互独立而又相互补充的有机体。

预警系统将企业信用风险分为五个等级，分别为低风险、中低风险、中风险、中高风险以及高风险，中高风险和高风险的企业是投资者需要规避的企业。结合国内债券实质违约情况，对2020年全年预警结果进行回测。结果显示，2020年1月1日高风险预警名单中的192家企业，其中152家都在一年内发生各类信用风险事件（包括违约、外评AA-及以下、外评下调、债券收益率过高等），占比达到79.2%，其中2020年内发生违约事件的主体数为31家。从排雷有效性角度来看，违约企业预警模型已全部提前预警。如果以预警提前量不足3个月为基准，2019年和2020年整体漏警率为4.39%，其中2020年全年漏警率仅为2.2%；如果以预警提前量不足6个月为基准，2019年和2020年整体漏警率为12.05%。从预警提前量来看，2020年预警模型覆盖的新增违约主体为45家，预警模型提前量最多达到810天，平均提前量为478天。

通过大数据与人工智能构建的智能分级预警系统，无论在投资业务线还是另类业务线，依托大数据与人工智能模型，可以通过全面且多维风险的预警和分析释放部分烦琐低效的人工步骤，将工作重心转移到大数据与人工智能无法处理的工作中，平衡机器结果与人工决策权重的前提下实施预警分级管控。在投资业务中，对于风险提示与建议减持的信号触发时，业务人员需要结合自身经验与风控、投资团队讨论相关信源的正确与合理性，来决策后续的操作流程。在另类业务中，对于风险提示与重大预警信号触发时，风控团队、信评团队以及直投团队会根据自身业务常识与经验来作出后续决策操作。

在未来的智能分级预警系统的建模中，需重点研究解决的问题是，如何扩充模型训练样本的数量，现在人工智能能够有效识别模式的前提就是有着充分的训练样本。其次，零碎信息的整合，相较于上市公司，发债企业在信息的披露上有着先天不足，财报披露时效性差，甚至常常延期发布，其他相关信息披露也相当有限。最后，如何缩短风控、信评、投资团队的决策流程是未来需要探讨的发展方向。

本专题参考文献

［1］ Altman E I. Financial Ratios, Discriminant Analysis and the Prediction of Corporate Bankruptcy［J］. The Journal of Finance, 1968, 23 (4): 589 – 609.

［2］ Ohlson J. Financial Ratios and the Probabilistic Prediction of Bankruptcy［J］. Journal of Accounting Research. 1980, 18 (1): 109 – 131.

［3］ Merton R C. on The Pricing of Corporate Debt: The Risk Structure of Interest Rates［J］. The Journal of Finance, 1974, 29 (2): 449 – 470.

［4］ Dewitt D, Gray J. Parallel Database Systems: The Future of High Performance Database Systems［J］. Communications of The Acm, 1992, 35 (6): 85 – 98.

［5］ Ghemawat S, Gobioff H, Leung S T. The Google File System［C］. Proceedings of The Nineteenth Acm Symposium on Operating Systems Principles, 2003: 29 – 43.

［6］ Dean J, Ghemawat S. Mapreduce: Simplified Data Processing on Large Clusters［J］. Communications of The Acm, 2008, 51 (1): 107 – 113.

［7］ Tansley S, Tolle K M. The Fourth Paradigm: Data – Intensive Scientific Discovery［M］. Redmond, Wa: Microsoft Research, 2009.

［8］ Gantz J, Reinsel D. Extracting Value From Chaos［J］. Idc Iview, 2011, 1142 (2011): 1 – 12.

［9］ Fukushima K. Neural Network Model for a Mechanism of Pattern Recognition Unaffected By Shiftin Position – Neocognitron［J］. Ieice Technical Report, A, 1979, 62 (10): 658 – 665.

［10］ Smolensky P. Information Processingin Dynamical Systems: Foundations of Harmony Theory［R］. Colorado Univ At Boulder Dept of Computer Science, 1986.

［11］ Rumelhart D E, Hinton G E, Williams R J. Learning Representations By Back – Propagating Errors［J］. Nature, 1986, 323 (6088): 533 – 536.

［12］ Schapire R E. A Brief Introduction to Boosting［C］//Ijcai. 1999, 99: 1401 – 1406.

［13］ Cortes C, Vapnik V. Support – Vector Networks［J］. Machine Learning, 1995, 20 (3): 273 – 297.

［14］ Krizhevsky A, Sutskever I, Hinton G E. Imagenet Classification with Deep Convolutional Neural Networks［J］. Advancesin Neural Information Processing Systems, 2012, 25: 1097 – 1105.

[15] Russakovsky O, Deng J, Su H, Et Al. Imagenet Large Scale Visual Recognition Challenge [J]. International Journal of Computer Vision, 2015, 115 (3): 211-252.

[16] Goodfellow I, Pouget-Abadie J, Mirza M, Et Al. Generative Adversarial Nets [J]. Advancesin Neural Information Processing Systems, 2014, 27.

[17] Lecun Y, Bengio Y, Hinton G. Deep Learning [J]. Nature, 2015, 521 (7553): 436-444.

[18] Silver D, Huang A, Maddison C J, Et Al. Mastering the Game of Go with Deep Neural Networks and Tree Search [J]. Nature, 2016, 529 (7587): 484-489.

[19] Vaswani A, Shazeer N, Parmar N, Et Al. Attention Is All You Need [C] //Advancesin Neural Information Processing Systems, 2017: 5998-6008.

[20] Chen T, He T, Benesty M, Et Al. Xgboost: Extreme Gradient Boosting [J]. R Package Version 0.4-2, 2015, 1 (4): 1-4.

[21] Lundberg S M, Lee S I. A Unified Approach to Interpreting Model Predictions [C]. Proceedings of The 31st International Conference on Neural Information Processing Systems, 2017: 4768-4777.

[22] Black F, Cox C J. Valuing Corporate Securities: Some Effects of Bond Indenture Provisions [J]. The Journal of Finance, 1976, 31 (2): 351-367.

[23] Jarrow R A, Trunbull S. Pricing Derivatives on Financial Securities Subject to Credit Risk [J]. Journal of Finance, 1995, 50 (4), 53-85.

[24] Lando D. on Cox Processes and Credit Risky Securities [J]. Review of Derivatives Research, 1998, 2 (2), 99-120.

[25] Jarrow R A, Lando D. Turnbull S. A Markov Model for the Term Structure of Credit Risk Spreads [J]. Review of Financial Studies, 1997, 10 (2), 481-523.

[26] Duffie D, Singleton K J. Modeling Term Structures of Defaultable Bonds [J]. Review of Financial Studies, 1999, 12 (4), 687-720.

[27] Bazarbash M, Fintechin Financial Inclusion: Machine Learning Applicationsin Assessing Credit Risk [J]. Imf Working Paper, 2019, No. 19/109.

[28] Mckee T E, Greenstein M. Predicting Bankruptcy Using Recursive Partitioning and a Realistically Proportioned Data Set [J]. Journal of Forecasting, 2000, 19 (3).

[29] Baesens B, Gestel T V, Et Al. Benchmarking State-Of-The-Art Classification Algorithms for Credit Scoring [J]. Journal of the Operational Research Society, 2003, 54 (6): 627-635.

[30] Golbayani P, Florescu I, Chatterjee R. A Comparative Study of Forecasting Corporate Credit Ratings Using Neural Networks, Support Vector Machines, and Decision Trees [J]. The North American Journal of Economics and Finance, 2020.

[31] Altman E I, Kishore V, Varetto F. Corporate Distress Diagnosis: Comparisons Using

Linear Discriminant Analysis and Neural Networks [J]. Journal of Banking and Finance, 1994, 505 – 529.

[32] Luo D, Wu D, Wu D. A Deep Learning Approach for Credit Scoring Using Credit Default Swaps [J]. Engineering Applications of Artificial Intelligence, 2017, 65: 465 – 470.

[33] Yu L, Zhou R, Tang L., Et Al. A Dbn – Based Resampling Svm Ensemble Learning Paradigm for Credit Classification with Imbalanced Data [J]. Applied Soft Computing, 2018, 69: 192 – 202.

[34] Chang Y C, Wu G J. Application of Extreme Gradient Boosting Treesin The Construction of Credit Risk Assessment Models for Financial Institutions [J]. Applied Soft Computing, 2018, 73: 914 – 920.

[35] Climent F, Momparler A, Carmona P. Anticipating Bank Distressin The Eurozone: An Extreme Gradient Boosting Approach [J]. Journal of Business Research, 2019, 101: 885 – 896.

[36] Craja P, Kim A, Lessmann S. Deep Learning Application for Fraud [J]. Detectionin Financial Statements, 2020.

[37] Chatzis S. P., Siakoulis V., Petropoulos A., Et Al. Forecasting Stock Market Crisis Events Using Deep and Statistical Machine Learning Techniques [J]. Expert Systems with Applications, 2018, 112: 353 – 371.

[38] Bordes A, Usunier N, Garcia – Duran A, Et Al. Translating Embeddings for Modeling Multi – Relational Data [J]. Advancesin Neural Information Processing Systems, 2013, 26.

[39] 杨华. 浅谈金融投资风险控制 [J]. 商场现代化, 2013.

[40] 苏静. 中国保险资金另类投资的实践与创新研究. 中国社会科学院研究生院, 2014.

[41] 董建明, 傅利民, 沙尔文迪. 人机交互: 以用户为中心的设计和评估 [M]. 清华大学出版社, 2010.